高等职业院校土建专业创新系列教材

建设工程法规
(微课版)

孙晶晶　周　芳　主　编
杨渝青　潘　娟　郑相伟
张　巍　叶庆卫　副主编

清华大学出版社
北京

内容简介

本书依托建造师考试大纲，以及现行的法律法规进行编写。全书共分为 8 个项目，主要包括建设工程法律基本知识、施工许可法律制度、建设工程承发包法律制度、建设工程合同和劳动合同法律制度、建设工程施工环境保护和节约能源法律制度、建设工程安全管理制度、建设工程质量法律制度和解决建设工程纠纷的相关法律制度等内容。在编写过程中坚持与现行法律法规、规范标准相结合，与当前先进的工程技术相结合，与用人单位的实际需求相结合的原则，结合职业教育的特点，强调针对性和实用性，通过各项目的学习，指引学习者了解建筑工程法律法规的基本知识，通过工程案例及课后习题，强化知识体系的建立和工程实践能力的培养。

本书既可作为高职学校土建类相关专业学习者学习，也可供其他从事工程管理的人员使用。

本书封面贴有清华大学出版社防伪标签，无标签者不得销售。
版权所有，侵权必究。举报：010-62782989，beiqinquan@tup.tsinghua.edu.cn。

图书在版编目(CIP)数据

建设工程法规：微课版/孙晶晶，周芳主编. —北京：清华大学出版社，2023.10（2024.4重印）
高等职业院校土建专业创新系列教材
ISBN 978-7-302-64743-0

Ⅰ.①建… Ⅱ.①孙… ②周… Ⅲ.①建筑法—中国—高等职业教育—教材 Ⅳ.①D922.297

中国国家版本馆 CIP 数据核字(2023)第 193942 号

责任编辑：孟　攀
封面设计：刘孝琼
责任校对：李玉茹
责任印制：宋　林

出版发行：清华大学出版社
网　　址：https://www.tup.com.cn，https://www.wqxuetang.com
地　　址：北京清华大学学研大厦 A 座
邮　　编：100084
社 总 机：010-83470000
邮　　购：010-62786544
投稿与读者服务：010-62776969，c-service@tup.tsinghua.edu.cn
质量反馈：010-62772015，zhiliang@tup.tsinghua.edu.cn
课件下载：https://www.tup.com.cn，010-62791865

印 装 者：三河市铭诚印务有限公司
经　　销：全国新华书店
开　　本：185mm×260mm
印　　张：13.25
字　　数：322 千字
版　　次：2023 年 10 月第 1 版
印　　次：2024 年 4 月第 2 次印刷
定　　价：39.80 元

产品编号：098147-01

前　言

　　高等职业教育是高等教育的重要组成部分，目的是培养适应生产、建设、管理、服务第一线的高等技术应用型人才。本书以二十大"加快建设高质量教育体系，发展素质教育，促进教育公平"为指导思想，以培养高技能人才和大国工匠为编写指南，并把"职普融合、产教融合、科教融汇"放在首位，坚持正确的政治方向和价值导向，遵循职业教育教学规律和人才成长规律，落实课程思政要求，体现了先进的职业教育理念，针对高职高专学生的特点，教学内容突出实用、够用的原则，总结编者多年的教学经验，具有很强的针对性和实用性。

　　本书在力求做到保证知识的系统性和完整性的前提下，每个项目增加了与建造师考试同类型、同难点的练习题，让学生通过课后练习，强化专业技能培养。

　　本书各个项目推荐学时安排见下表。

项目	内容	建议学时
1	建设工程法律基本知识	4
2	施工许可法律制度	2
3	建设工程承发包法律制度	8
4	建设工程合同和劳动合同法律制度	10
5	建设工程施工环境保护和节约能源法律制度	4
6	建设工程安全管理制度	4
7	建设工程质量法律制度	4
8	解决建设工程纠纷的相关法律制度	2
总计		38

　　本书具有如下一些特色。

　　(1) 为了帮助学习者加深理解，引入大量案例。

　　(2) 以法律法规为基础，融入思政元素，加强思想政治建设，弘扬正能量。

　　(3) 为了保证时效性，采用了最新的法律法规。

　　(4) 为了帮助学习者加深理解，对于重点、难点录制了微课。

　　(5) 紧贴建造师考试大纲，为学习者以后参加建造师考试打好基础。

　　本书由重庆能源职业学院孙晶晶、周芳担任主编，重庆建筑科技职业学院潘娟、重庆建工桥梁工程有限责任公司郑相伟、重庆能源职业学院杨渝清、西安三好软件股份有限公司张巍、叶庆卫担任副主编。具体分工如下：孙晶晶编写项目1、项目2、项目3和项目4，周芳编写项目5、项目7和项目8，郑相伟、杨渝清编写项目6，潘娟、张巍和叶庆卫进行了校对。

在本书编写过程中，参考了国内外同类教材和相关资料，在此向相关作者表示深深的谢意！同时，对为本书付出辛勤劳动的编辑同志们也表示衷心的感谢！

由于编者水平有限，书中难免有不妥之处，恳请各位读者批评、指正。

编　者

目 录

项目1 建设工程法律基本知识 1

任务1.1 建设法律关系 3
- 1.1.1 建设法律关系的概念 3
- 1.1.2 建设法律关系的三要素 3
- 1.1.3 建设法律关系的产生、变更和消灭 4

任务1.2 工程建设法律体系 4
- 1.2.1 建设法律 5
- 1.2.2 建设行政法规 5
- 1.2.3 地方性法规、自治条例和单行条例 5
- 1.2.4 部门规章 5
- 1.2.5 地方政府规章 5

任务1.3 建设工程法人制度 6
- 1.3.1 法人应具备的条件及法人的分类 6
- 1.3.2 法人在建设工程中的地位和作用 7
- 1.3.3 企业法人与项目经理部的法律关系 8

任务1.4 建设工程代理制度 9
- 1.4.1 代理的法律特征和主要种类 9
- 1.4.2 建设工程代理行为的设立和终止 10
- 1.4.3 代理人和被代理人的权利、义务及法律责任 11

任务1.5 建设工程物权制度 14
- 1.5.1 物权的法律特征和主要种类 14
- 1.5.2 土地所有权、建设用地使用权和地役权 15
- 1.5.3 物权的设立、变更、转让、消灭和保护 17

任务1.6 建设工程债权制度 18
- 1.6.1 债的基本法律关系 19
- 1.6.2 建设工程债的产生依据 19
- 1.6.3 建设工程债的常见种类 20

任务1.7 建设工程担保制度 20
- 1.7.1 担保与担保合同的规定 21
- 1.7.2 建设工程保证担保的方式和责任 21
- 1.7.3 抵押权、质权、留置权、定金的规定 24

任务1.8 建设工程法律责任制度 27
- 1.8.1 法律责任的基本种类和特征 27
- 1.8.2 建设工程民事责任的种类及承担方式 28
- 1.8.3 建设工程行政责任的种类及承担方式 28
- 1.8.4 建设工程刑事责任的种类及承担方式 29

项目2 施工许可法律制度 31

任务2.1 建设工程施工许可证 33
- 2.1.1 建设工程施工许可的适用范围 34
- 2.1.2 建设工程施工许可证的申请主体 35
- 2.1.3 建设工程施工许可证的法定批准条件 35
- 2.1.4 特殊情况的规定 37
- 2.1.5 违反施工许可证制度的法律责任 39

任务2.2 施工企业从业资格制度 40
- 2.2.1 施工资质的等级 40
- 2.2.2 施工企业资质证书的申请、延续和变更 42

任务2.3 建造师注册执业制度 44
- 2.3.1 建造师考试、注册和继续教育的规定 45

2.3.2　建造师的基本权利和义务......51
　　2.3.3　违法行为应承担的法律责任....54

项目3　建设工程承发包法律制度...........57

任务3.1　建设工程招标投标制度
　　3.1.1　建设工程法定招标的范围、招标方式和交易场所.........59
　　3.1.2　招标基本程序、禁止肢解发包和限制/排斥投标人的规定............62
　　3.1.3　投标人、联合体投标、投标文件、投标有效期和投标保证金............68
　　3.1.4　禁止串通投标和其他不正当竞争行为的规定.........71
　　3.1.5　中标的法定要求和招标投标投诉处理..........74
　　3.1.6　违法行为应承担的法律责任....76

任务3.2　建设工程承包制度..........76
　　3.2.1　建设工程总承包的规定............77
　　3.2.2　建设工程共同承包的规定........78
　　3.2.3　建设工程分包的规定................79
　　3.2.4　违法行为应承担的法律责任....82

任务3.3　建筑市场信用体系建设..........84
　　3.3.1　建筑市场诚信行为信息的分类............84
　　3.3.2　建筑市场施工单位不良行为记录认定标准............84
　　3.3.3　建筑市场诚信行为的公布和奖惩机制............86
　　3.3.4　建筑市场主体诚信评价的基本规定............87

项目4　建设工程合同和劳动合同法律制度............88

任务4.1　建设工程合同制度..........90
　　4.1.1　合同的法律特征和订立原则....90
　　4.1.2　合同的要约与承诺................93
　　4.1.3　建设工程工期和价款的规定....97
　　4.1.4　建设工程赔偿损失的规定....101

　　4.1.5　合同的效力........103
　　4.1.6　合同的履行、变更、转让和终止........107
　　4.1.7　违约责任........113
　　4.1.8　建设工程合同的示范文本....116

任务4.2　合同劳动及劳动者权益保护制度........119
　　4.2.1　劳动合同订立的规定........119
　　4.2.2　劳动合同的履行和变更........122
　　4.2.3　劳动合同的解除和终止........123
　　4.2.4　合法用工方式与违法用工模式的规定........124
　　4.2.5　劳动保护的规定........127
　　4.2.6　劳动争议解决........131

项目5　建设工程施工环境保护和节约能源法律制度............134

任务5.1　施工现场环境保护制度............135
　　5.1.1　施工现场噪声污染防治的规定........136
　　5.1.2　施工现场废气、废水污染防治的规定........138
　　5.1.3　施工现场固体废弃物污染防治的规定........142

任务5.2　施工节约能源制度............144
　　5.2.1　施工合理使用与节约能源的规定........144
　　5.2.2　施工节能技术进步和激励措施的规定........147
　　5.2.3　违法行为应承担的法律责任........148

项目6　建设工程安全管理制度............150

任务6.1　施工安全生产许可证制度........152

任务6.2　施工安全生产责任........156
　　6.2.1　施工单位安全生产责任........156
　　6.2.2　勘察设计人员安全生产管理责任........162
　　6.2.3　监理人员安全生产管理责任........162

6.2.4 工程建设相关单位违法
责任 162
任务 6.3 安全生产教育培训制度 164
6.3.1 管理人员的安全教育 165
6.3.2 特种作业人员的安全教育 165
6.3.3 企业员工的安全培训 166
任务 6.4 安全事故报告和调查处理
制度 166
6.4.1 安全事故分类 166
6.4.2 安全事故上报 166
6.4.3 安全事故调查 167
6.4.4 安全事故处理 168
6.4.5 法律责任 169

项目 7 建设工程质量法律制度 170

任务 7.1 建设工程质量法律制度相关
理论知识 172
7.1.1 工程建设质量管理法规
体系 172
7.1.2 建设工程质量标准化制度 173
任务 7.2 建设单位的质量责任和义务 177
7.2.1 建设单位的质量责任
及义务 177
7.2.2 建设单位质量违法行为应
承担的法律责任 179
任务 7.3 施工单位的质量责任和义务 180
7.3.1 施工单位的质量责任
及义务 180
7.3.2 施工单位质量违法行为应
承担的法律责任 182
任务 7.4 勘察、设计单位质量管理
责任和义务 183
7.4.1 勘察、设计单位的质量
责任和义务 183

7.4.2 勘察、设计单位的违法行为应
承担的法律责任 184
任务 7.5 监理单位质量管理责任和
义务 185
7.5.1 监理单位质量管理责任
及义务 185
7.5.2 监理单位违法行为应承担的
法律责任 186
任务 7.6 建设工程质量保修制度 186
7.6.1 质量保修书和最低保修
期限的规定 187
7.6.2 质量责任的损失赔偿 187
7.6.3 违法行为应承担的法律
责任 189

项目 8 解决建设工程纠纷的相关法律
制度 190

任务 8.1 建设工程纠纷的主要种类和法律
解决途径 192
8.1.1 建设工程纠纷的主要种类 192
8.1.2 民事纠纷的法律解决途径 193
任务 8.2 民事诉讼制度 194
8.2.1 民事诉讼的法院管辖 195
8.2.2 民事诉讼当事人和代理人的
规定 196
8.2.3 民事诉讼时效的规定 197
8.2.4 民事诉讼的执行程序 198
任务 8.3 仲裁制度 200
8.3.1 仲裁协议的规定 201
8.3.2 仲裁的开庭与裁决 201
8.3.3 仲裁裁决的执行 203

参考文献 204

项目 1　建设工程法律基本知识

学习目标

(1) 了解建设法律关系的概念、要素、产生、变更和消灭。

(2) 掌握建设法律体系。

(3) 掌握法人具备的条件和企业法人与项目经理部的关系。

(4) 掌握建设工程代理行为的设立、种类。

(5) 掌握建设工程物权的种类、设立、变更和转让。

(6) 掌握抵押权、质权、留置权、定金的相关规定。

(7) 熟悉建设工程法律责任制度。

思政课堂

请看下面一则消息：

2020年，武汉市面对突如其来的新冠疫情，决定参照2003年北京小汤山医院建设一座大型专科医院，集中收治患者。医院总建筑面积为3.39万平方米，编设床位1 000张，建设工期仅为10天。

从1月24日工程机械进场到2月2日火神山医院正式交付，10天时间，火神山医院以惊人的速度在泥泞中拔地而起，成为抗击疫情的堡垒。武汉火神山医院的落成不仅被国外媒体称之为"奇迹"，就连对"中国速度"已见多不怪的国内舆论也咋舌称奇。

10天建成一家超级医院看似神奇，在它背后，其实是建设者用自己的智慧和汗水在点滴之间凝聚的超级力量。这份力量也必将来推动整个中国，披荆斩棘，破浪前行。

(资料来源：https://www.sohu.com/a/388307889_120088702，有改动)

请就以上消息思考：

作为新时代土建类专业的学生，你对10天建成的超级医院——火神山医院有什么看法？课下观看纪录片《超级医院》，谈谈你的感受，并将其写入空白处。

建设法规是国家法律体系的重要组成部分，是指国家立法机关或其授权的行政机关制定的，旨在调整国家及其有关机构、企事业单位、社会团体、公民之间，在建设活动中或建设行政管理活动中发生的各种社会关系的法律、法规的总称。

任务 1.1　建设法律关系

案例引入

甲公司与乙公司签订了一份建设工程施工合同。合同约定，由乙公司承建甲公司某花园工程。合同签订后，乙公司开始施工，但是甲公司并没有取得建设工程规划许可证和施工许可证。在施工过程中，由于工程存在严重的质量问题，被有关主管部门责令停工。乙公司以甲公司未提供施工许可证为由将甲公司诉上法庭，甲公司则以工程质量问题提出反诉。

问题：
(1) 甲公司与乙公司之间属于什么性质的法律关系？
(2) 甲公司与乙公司之间的法律关系应当使用什么法规予以调整？
(3) 甲公司与有关主管部门之间的法律关系应当使用什么法律予以调整？

建设工程法规
入门基础知识
(微课)

1.1.1　建设法律关系的概念

法律关系是指由法律规范调整一定社会关系而形成的权利与义务关系。建设法律关系是指由建设法律规范所确认和调整的，在建设管理和建设协作过程中所产生的权利、义务关系。建设法律关系由建设法律关系主体、建设法律关系客体、建设法律关系内容三要素构成。建设活动面广、内容繁杂，建设法律关系具有综合性、复杂性等特点。

1.1.2　建设法律关系的三要素

建设法律关系主体是指建设法律关系中一定权利的享有者和义务的承担者，主要有国家机关、社会组织、自然人。全国人民代表大会及其常务委员会是建设法律的制定机关；地方人民代表大会及其常务委员会是地方性建设法规的制定机关；国务院是建设法规的制定机关；建设部(现为住房和城乡建设部)是建设规章的制定机关和建设活动的执法机关；水利部、交通部(现为交通运输部)、铁道部(现为国家铁路局和中国国家铁路集团有限公司)等部门是相关建设活动规章的制定机关和相关建设活动的执法机关；财政部、中国人民银行、国家统计局、审计署是建设活动的监督机关。社会组织主要是工程建设的投资者和工程建设的承担者。工程建设的投资者就是建设单位，工程建设的承担者包括城市规划编制单位、建设工程勘察设计企业、建筑业企业、房地产开发企业、工程监理企业、工程造价咨询单位等。自然人也是建设法律关系的主体之一。

建设法律关系客体是指建设法律关系主体享有的权利和义务所共同指向的对象，一般是行为、财、物、智力成果。行为是法律关系主体为达到一定的目的所进行的活动，建设法律关系客体的行为包括建设执法、勘察设计、建筑安装、工程监理等活动；财包括货币和有价证券，建设法律关系客体的财主要是建设资金；物是指可以被人们控制和支配的以物质形态表现出来具有一定价值的物体，建设法律关系客体的物是建设材料、建设设备、建设产品等；智力成果是人们脑力劳动产生的成果，建设法律关系客体的智力成果包括设计图纸等。

建设法律关系的内容，即建设法律主体之间的权利和义务。建设法律关系的内容是建设法律关系主体的具体要求，决定着建设法律关系的性质。建设权利是指建设法律关系主体根据建设法律要求和自身业务活动的需要有权进行各种建设活动的资格。权利主体可要求其他主体作出一定行为或抑制一定行为，以实现自己的权利。建设义务是指建设法律关系主体必须按法律规定或约定承担应负的责任，义务主体如果不履行或不适当履行就要受到制裁。

1.1.3 建设法律关系的产生、变更和消灭

建设法律关系的产生，是指建设法律关系的主体之间形成了一定的权利和义务关系。建设法律关系的变更是指建设法律关系的三个要素(即主体、客体和内容)发生变化。主体的变更可以是建设法律关系主体数目增多或减少，也可以是主体本身的改变。客体的变更是指建设法律关系中权利义务所指向的事物发生变化，包括法律关系范围和性质的变更。建设法律关系主体与客体的变更，必定会导致相应的权利和义务的变更，即内容的变更。建设法律关系的消灭是指建设法律关系主体之间的权利义务不复存在，彼此丧失了约束力。包括自然消灭、协议消灭、违约消灭。

建设法律关系的产生、变更和消灭是由法律事实引起的。法律事实是指法律规定的，能够引起建设法律关系产生、变更和消灭的客观现象和事实。建设法律事实按是否包含当事人的意志分为两类，即事件和行为。事件是指不以当事人意志为转移而产生的自然现象，如地震、台风、水灾、火灾等自然现象和战争、暴乱、政府禁令等社会现象，这些都可成为建设法律关系产生、变更或消灭的原因。行为是指人有意识的活动，包括积极的作为和消极的不作为，都会引起建设法律关系的产生、变更或消灭，行为有合法行为和违法行为。建设活动中的民事法律行为、行政行为、立法行为、司法行为以及违法行为都可成为建设法律关系产生、变更或消灭的原因。

任务 1.2 工程建设法律体系

案例引入

在城乡建设中系统保护、利用、传承好历史文化遗产，对延续历史文脉，推动城乡建设高质量发展，坚定文化自信，建设社会主义文化强国具有重要意义。为进一步在城乡建设中加强历史文化保护传承，2021年9月3日，中共中央办公厅、国务院办公厅印发《关于在城乡规划建设中加强历史文化保护传承的意见》。本意见为下一步做好历史文化保护传承工作指明了方向，提供了根本依据。

问题：

中共中央办公厅、国务院办公厅印发《关于在城乡规划建设中加强历史文化保护传承的意见》属于工程建设法律体系吗？

建设法规体系，是指把已经制定和需要制定的建设法律、建设行政法规和建设部门规章衔接起来，形成一个相互联系、相互补充、相互协调的完整统一的框架结构。就广义的

建设法规体系而言，体系中还应包括地方性建设法规和建设规章。因此，广义的建设法规体系由五个层次组成，具体如下。

1.2.1 建设法律

建设法律指由全国人民代表大会及其常务委员会制定颁布施行的、属于国务院建设行政主管部门主管业务范围的各项法律。其效力仅次于宪法，在全国范围内具有普遍约束力，如《中华人民共和国城市规划法》《中华人民共和国房地产管理法》《中华人民共和国建筑法》《中华人民共和国民法典》和《中华人民共和国招标投标法》等。

1.2.2 建设行政法规

建设行政法规指由国务院制定颁布施行的、属于建设行政主管部门主管业务范围的各项法规。建设行政法规是仅次于建设法律的重要立法层次，如《中华人民共和国招投标法实施条例》《建设工程勘察设计管理条例》《建设工程质量管理条例》《城市房地产开发经营管理条例》等。

1.2.3 地方性法规、自治条例和单行条例

地方性法规指地方国家权力机关制定的在本行政区域范围内实施的规范性文件，如《广东省建设工程招标投标管理条例》《深圳经济特区建设工程质量管理条例》等。

1.2.4 部门规章

部门规章规定的事项应当属于执行法律或者国务院的行政法规、决定、命令的事项，其名称可以是"规定""办法"和"实施细则"等。没有法律或者国务院的行政法规、决定、命令的依据，部门规章不得设定减损公民、法人和其他组织权利或者增加其义务的规范，不得增加本部门的权力或者减少本部门的法定职责。目前，大量的建设法规是以部门规章的形式发布，如住房和城乡建设部发布的《房屋建筑和市政基础设施工程质量监督管理规定》《房屋建筑和市政基础设施工程竣工验收备案管理办法》《市政公用设施抗灾设防管理规定》，国家发展和改革委员会发布的《招标公告发布暂行办法》《工程建设项目招标范围和规模标准规定》等。

1.2.5 地方政府规章

地方政府规章是指由省、自治区、直辖市人民政府制定的普遍适用于本地区的规定、办法、规则等规范性文件，如《广东省建筑市场管理规定》《深圳市建设工程勘察设计合同管理暂行办法》等。

在以上五个层次的法规中，较低层次的法规不得与较高层次的法规相抵触，如果出现矛盾，较低层次的法规应服从较高层次法规的规定。五种建设法的形式比较如表 1-1 所示。

表 1-1　建设法的形式比较

法的形式	制定机关	名称规律
法律	全国人民代表大会及其常务委员会	××法
行政法规	国务院	××条例
地方性法规	省级、设区的市人民代表大会及其常务委员会	
部门规章	国务院各部委	××规定、××办法、××实施细则
地方政府规章	省(自治区、直辖市)人民政府，设区的市人民政府	

任务 1.3　建设工程法人制度

法的效力

案例引入

地处 A 市的某设计院承担了坐落在 B 市的某项"设计—采购—施工"承包任务。该设计院将工程的施工任务分包给 B 市的某施工单位。设计院在施工现场派驻了包括甲在内的项目管理班子，施工单位则由乙担任项目经理成立了项目经理部。施工任务完成后，施工单位以设计院尚欠工程款为由向仲裁委员会申请仲裁，主要依据是有甲签字确认的所增加的工程量。设计院认为甲并不是该项目的设计院方的项目经理，不承认甲签字的效力。经查实，甲既不是合同中约定的设计院的授权负责人，也没有设计院的授权委托书。但合同中约定的授权负责人基本没有去过该项目现场。事实上，该项目一直由甲实际负责，且有设计院曾经认可甲签字付款的情形。

问题：

设计院是否应当承担付款责任？为什么？

2020 年 5 月，由第十三届全国人民代表大会第三次会议表决通过的《中华人民共和国民法典》(简称《民法典》)规定，法人是具有民事权利能力和民事行为能力，依法独立享有民事权利和承担民事义务的组织。

法人是与自然人相对应的概念，是法律赋予社会组织具有法律人格的一项制度。这一制度为确立社会组织的权利、义务，便于社会组织独立承担责任提供了基础。

1.3.1　法人应具备的条件及法人的分类

1. 法人应当具备的条件

(1) 依法成立。法人不能自然产生，它的产生必须经过法定的程序。设立法人必须经过政府主管机关的批准或者核准登记。

(2) 应当有自己的名称、组织机构、住所、财产或者经费。①法人的名称是法人相互区别的标志和法人进行活动时使用的代号。②法人的组织机构是指对内管理法人事务、对外代表法人进行民事活动的机构。③法人的住所则是法人进行业务活动的所在地,也是确定法律管辖的依据。法人以其主要办事机构所在地为住所。依法需要办理法人登记的,应当将主要办事机构所在地登记为住所。④有必要的财产或者经费是法人进行民事活动的物质基础。它要求法人的财产或者经费必须与法人的经营范围或者设立目的相适应,否则将不能被批准设立或者核准登记。

(3) 能够独立承担民事责任。法人必须能够以自己的财产或者经费承担民事活动中的债务,在民事活动中给其他主体造成损失时能够承担赔偿责任。

(4) 有法定代表人。依照法律或者法人章程的规定,代表法人从事民事活动的负责人,为法人的法定代表人。法定代表人以法人名义从事的民事活动,其法律后果由法人承担。法人章程或者法人权力机构对法定代表人代表权的限制,不得对抗善意相对人。法定代表人因执行职务造成他人损害的,由法人承担民事责任。法人承担民事责任后,依照法律或者法人章程的规定,可以向有过错的法定代表人追偿。法人和法定代表人的关系如图1-1所示。

图 1-1　法人和法定代表人的关系

2. 法人的分类

法人分为营利法人、非营利法人和特别法人三大类。

营利法人指的是以取得利润并分配给股东等出资人为目的成立的法人,包括有限责任公司、股份有限公司和其他企业法人等。营利法人经依法登记成立。并由登记机关发给营利法人营业执照。营业执照签发日期为营利法人的成立日期。

非营利法人指的是为公益目的或者其他非营利目的成立,不向出资人、设立人或者会员分配所取得利润的法人,包括事业单位、社会团体、基金会、社会服务机构等。一般具备法人条件,为适应经济社会发展需要,提供公益服务设立的事业单位,经依法登记成立,可取得事业单位法人资格;依法不需要办理法人登记的,从成立之日起,就具有事业单位法人资格。

特别法人指的是机关法人、农村集体经济组织法人、城镇农村的合作经济组织法人、基层群众性自治组织法人。有独立经费的机关和承担行政职能的法定机构从成立之日起,具有机关法人资格,可以从事为履行职能所需要的民事活动。

1.3.2　法人在建设工程中的地位和作用

1. 法人在建设工程中的地位

在建设工程中,大多数建设活动主体都是法人。施工单位、勘察设计单位、监理单位都是具有法人资格的组织。建设单位一般也应当具有法人资格。但有时候，建设单位也可能是没有法人资格的其他组织。

法人在建设工程中的地位，表现在其具有民事权利能力和民事行为能力。依法独立享有民事权利和承担民事义务，方能承担民事责任。在法人制度产生以前，只有自然人才具有民事权利能力和民事行为能力。随着社会生产活动的扩大和专业化水平的提高，许多社会活动必须由自然人合作完成。因此，法人是出于需要，由法律将其拟制为自然人以确定团体利益的归属，即所谓"拟制人"。法人是社会组织在法律上的人格化，是法律意义上的"人"，而不是实实在在的生命体。建设工程规模浩大，需要众多的自然人合作完成。法人制度的产生，使这种合作成为常态。这是建设工程发展到当今的规模和专业程度的基础。

2. 法人在建设工程中的作用

(1) 法人是建设工程中的基本主体。在计划经济时期，从事建设活动的各企事业单位实际上是行政机关的附属，是不独立的。但在市场经济中，每个法人都是独立的，可以独立开展建设活动。

法人制度有利于企业或者事业单位根据市场经济的客观要求，打破地区、部门和所有制的界限，发展各种形式的横向经济联合，在平等、自愿、互利的基础上建立起新的经济实体。实行法人制度，一方面可以保证企业在民事活动中以独立的"人格"享有平等的法律地位，不再受来自行政主管部门的不当干涉；另一方面使作为法人的企业也不得以自己的某种优势去干涉其他法人的经济活动，或者进行不等价的交换。这样，可以使企业发挥各自优势，进行正当竞争，按照社会化大生产的要求，加快市场经济的发展。

(2) 确立了建设领域国有企业的所有权和经营权的分离，建设领域曾经是以国有企业为主体的。确认企业的法人地位，明确法人的独立财产责任并建立起相应的法人破产制度，这就真正在法律上使企业由国家行政部门的"附属物"变成了自主经营、自负盈亏的商品生产者和经营者，从而进一步促进企业加强经济核算和科学管理，增强企业在市场竞争中的活力与动力，为我国市场经济的发展和工程建设的顺利实施创造更好的条件。

1.3.3 企业法人与项目经理部的法律关系

1. 项目经理部的概念和设立

项目经理部不具备法人资格，而是施工企业根据建设工程施工项目而组建的非常设的下属机构。项目经理根据企业法人的授权，组织和领导本项目经理部的全面工作。

2. 项目经理是企业法人授权在建设工程施工项目上的管理者

施工企业的项目经理是受企业法人的委派，对建设工程施工项目全面负责的项目管理者，是一种施工企业内部的岗位职务。

建设工程项目中的生产经营活动，必须在企业制度的制约下运行，其质量、安全、技术等活动，须接受企业相关职能部门的监督和指导。推行项目经理责任制，绝不意味着可以搞"以包代管"。过分强调建设工程项目承包的自主权，过度下放管理权限，将会削弱

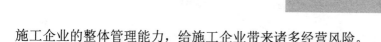
项目 1　建设工程法律基本知识

施工企业的整体管理能力，给施工企业带来诸多经营风险。

3. 项目经理部行为的法律后果由企业法人承担

由于项目经理部不具备独立的法人资格，无法独立承担民事责任，所以项目经理部行为的法律后果将由企业法人承担，例如，项目经理部没有按照合同约定完成施工任务，则应由施工企业承担违约责任；项目经理签字的材料款如果不按时支付，那么材料供应商应当以施工企业为被告提起诉讼。

【例 1-1】项目经理未按时完成施工任务，责任应由施工企业承担，而不是项目经理本人承担，也不是由项目经理部承担；项目经理签字的材料款，如果不按时支付，材料供应商应当以施工企业作为被告，而不能直接告项目经理个人，也不能告项目经理部。

任务 1.4　建设工程代理制度

案例引入

甲施工企业在某条公路的施工过程中，需要购买一批水泥。甲施工企业的采购员张某持介绍信到乙建材公司要求购买一批 B 强度等级的水泥。由于双方有长期的业务关系，未签订书面的水泥买卖合同，乙建材公司很快就发货了。但乙建材公司发货后，甲施工企业拒绝支付货款。甲施工企业提出的理由是，公司让张某购买的水泥是 A 强度等级，而非 B 强度等级。双方由此发生纠纷。

问题：
(1) 该水泥买卖合同是否有效？
(2) 合同纠纷应当如何处理？

在建设工程活动中，通过委托代理实施民事法律行为的情形较为常见。因此，了解并熟悉有关代理的基本法律知识是十分必要的。

1.4.1　代理的法律特征和主要种类

《民法典》规定，民事主体可以通过代理人实施民事法律行为。依照法律规定、当事人约定或者民事法律行为的性质，应当由本人亲自实施的民事法律行为，不得代理。代理人在代理权限内，以被代理人名义实施的民事法律行为，对被代理人发生效力。代理人不履行或者不完全履行职责，造成被代理人损害的，应当承担民事责任。代理人和相对人恶意串通，损害被代理人合法权益的，代理人和相对人应当承担连带责任。

1. 代理的法律特征

代理具有如下法律特征。

(1) 代理人必须在代理权限范围内实施代理行为。代理人实施代理活动的直接依据是代理权。因此，代理人必须在代理权限范围内与第三人或相对人实施代理行为。

代理人实施代理行为时有独立进行意思表示的权利。代理制度的存在，正是为了弥补一些民事主体没有资格、精力和能力去处理有关事务的缺陷。如果仅是代为传达当事人的意思表示或接受意思表示，而没有任何独立决定意思表示的权利，则不是代理，只能视为传达意思表示的使者。

(2) 代理人应该以被代理人的名义实施代理行为。《民法典》规定，代理人在代理权限内，以被代理人名义实施的民事法律行为，对被代理人发生效力。

(3) 代理行为必须是具有法律意义的行为。代理人为被代理人实施的是能够产生法律上的权利义务关系，产生法律后果的行为。

(4) 代理行为的法律后果归属于被代理人。代理人在代理权限内，以被代理人的名义同相对人进行的具有法律意义的行为，在法律上产生与被代理人自己的行为相同的后果。因而，被代理人对代理人的代理行为承担民事责任。

2. 代理的主要种类

代理包括委托代理和法定代理。

(1) 委托代理。委托代理按照被代理人的委托行使代理权。因委托代理中，被代理人是以意思表示的方法将代理权授予代理人的，故又称"意定代理"或"任意代理"。

委托代理授权采用书面形式的，授权委托书应当载明代理人的姓名或者名称、代理事项、权限和期限，并由被代理人签名或者盖章。数人为同一代理事项的代理人的，应当共同行使代理权，但是当事人另有约定的除外。代理人知道或者应当知道代理事项违法仍然实施代理行为，或者被代理人知道或者应当知道代理人的代理行为违法未作反对表示的，被代理人和代理人应当承担连带责任。

因此，建设工程活动中一切代理均属于委托代理。例如，招标、采购、诉讼活动均可以委托代理。

(2) 法定代理。法定代理是指根据法律的规定而发生的代理。《民法典》规定，无民事行为能力人、限制民事行为能力人的监护人是其法定代理人。例如，未成年人、精神病人的监护人就是其法定代理人。

1.4.2 建设工程代理行为的设立和终止

1. 建设工程代理行为的设立

(1) 不得委托代理的建设工程活动。《民法典》规定，依照法律规定、当事人约定或者民事法律行为的性质，应当由本人实施的民事法律行为，不得代理。

建设工程的承包活动不得委托代理。《中华人民共和国建筑法》规定，禁止承包单位将其承包的全部建筑工程转包给他人，禁止承包单位将其承包的全部建筑工程肢解以后以分包的名义分别转包给他人。施工总承包的，建筑工程主体结构的施工必须由总承包单位自行完成。

(2) 一般代理行为无法定的资格要求。一般的代理行为可以由自然人、法人担任代理人，对其资格并无法定的严格要求。即使是诉讼代理人，也不要求必须由具有律师资格的人担任。2021年12月经修改后颁布的《中华人民共和国民事诉讼法》第六十一条规定，下列人员可以被委托为诉讼代理人：

① 律师、基层法律服务工作者；

② 当事人的近亲属或者工作人员；
③ 当事人所在社区、单位以及有关社会团体推荐的公民。
(3) 民事法律行为的委托代理。

建设工程代理行为多为民事法律行为的委托代理。民事法律行为的委托代理，可以用书面形式，也可以用口头形式。但是法律规定用书面形式的，应当用书面形式。

2. 建设工程代理行为的终止

《民法典》规定，有下列情形之一的，委托代理终止：
① 代理期限届满或者代理事务完成；
② 被代理人取消委托或者代理人辞去委托；
③ 代理人丧失民事行为能力；
④ 代理人或者被代理人死亡；
⑤ 作为被代理人或者代理人的法人、非法人组织终止。

建设工程代理行为的终止，主要是上面第①、②、⑤三种情况，分别介绍如下。

(1) 代理期间届满或代理事项完成。被代理人通常是授予代理人某一特定期间内的代理权，或者是某一项也可能是某几项特定事务的代理权，那么在这一期间届满或者被指定的代理事项全部完成，代理关系即告终止，代理行为也随之终止。

(2) 被代理人取消委托或代理人辞去委托。委托代理是被代理人基于对代理人的信任而授权其进行代理事务的。如果被代理人由于某种原因失去了对代理人的信任，法律就不应当强制被代理人仍须以其为代理人。反之，如果代理人由于某种原因不愿意再继续代理，法律也不能强制要求代理人继续从事代理。因此，法律规定被代理人有权根据自己的意愿单方取消委托，也允许代理人单方辞去委托，均不必以对方同意为前提，并以通知到对方时为准，代理权即自动消灭。

但是单方取消或辞去委托可能会承担相应的民事责任。《民法典》规定，委托人或者受托人可以随时解除委托合同。因解除合同造成对方损失的，除不可归责于该当事人的事由外，无偿委托合同的解除方应当赔偿因解除时间不当而造成的直接损失，有偿委托合同的解除方应当赔偿对方的直接损失和合同履行后可以获得的利益。

(3) 作为被代理人或者代理人的法人、非法人组织终止。在建设工程活动中，不管是被代理人还是代理人，任何一方的法人终止，代理关系均随之终止。因为对方的主体资格已消灭，代理行为将无法继续，其法律后果亦将无从承担。

1.4.3 代理人和被代理人的权利、义务及法律责任

1. 代理人在代理权限内以被代理人的名义实施代理行为

《民法典》规定，代理人在代理权限内，以被代理人的名义实施民事法律行为，被代理人对代理人的代理行为承担民事责任。

2. 转托他人代理应当事先取得被代理人的同意

《民法典》规定，委托代理人为被代理人的利益需要转托他人代理的，应当事先取得代理人的同意。事先没有取得被代理人同意或追认的，应当在事后及时告知被代理人，如

果被代理人不同意，由代理人对自己所转托的人的行为负民事责任，但在紧急情况下，为了保护被代理人的利益而转托第三人代理的除外。转代理的三种情况如图1-2所示。

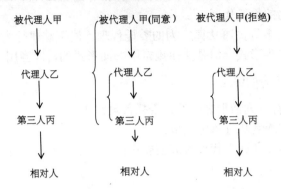

图1-2 转代理的三种情况

代理人为处理代理事务，为被代理人选任其他人进行代理的行为被称为复代理。复代理所基于的代理称为本代理，由本代理中的代理人转托的代理人称为复代理人。

3. 无权代理与表见代理

《民法典》规定，行为人没有代理权、超越代理权或者代理权终止后，仍然实施代理行为，未经被代理人追认的，对被代理人不发生效力。相对人可以催告被代理人自收到通知之日起30日内予以追认。被代理人未作表示的，视为拒绝追认。行为人实施的行为被追认前，善意相对人有撤销的权利。撤销应当以通知的方式作出。

(1) 无权代理。无权代理是指行为人不具有代理权，但以他人的名义与相对人进行法律行为。无权代理一般存在三种表现形式：

① 自始至终未经授权。如果行为人自始至终没有被授予代理权，就以他人的名义进行民事行为，属于无权代理。

② 超越代理权。代理权限是有范围的，超越了代理权限，依然属于无权代理。

③ 代理权已终止。行为人虽曾得到被代理人的授权，但该代理权已经终止的，行为人如果仍以被代理人的名义进行民事行为，则属无权代理。

被代理人对无权代理人实施的行为如果予以追认，则无权代理可转化为有权代理，产生与有权代理相同的法律效力，并不会发生代理人的赔偿责任。如果被代理人不予追认的，对被代理人不发生效力，则无权代理人须承担因无权代理行为给被代理人和善意相对人造成的损失。图1-3所示为无权代理的三种情况。

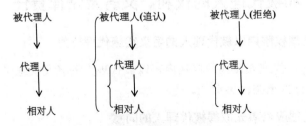

图1-3 无权代理的三种情况

身边的表见代理案例

(2) 表见代理。表见代理是指行为人虽无权代理，但由于行为人的某些行为，使善意相对人相信其有代理权，而与善意相对人进行的、由本人承担法律后果的代理行为。《民法典》规定，行为人没有代理权、超越代理权或者代理权终止后，仍然实施代理行为，相对人有理由相信行为人有代理权的，代理行为有效。

表见代理除须符合代理的一般条件外，还须具备以下特别构成要件。

① 须存在足以使相对人相信行为人具有代理权的事实或理由。这是构成表见代理的客观要件。它要求行为人与本人之间应存在某些事实上或法律上的联系，如行为人持有由本人发出的委任状、已加盖公章的空白合同书或者有显示本人向行为人授予代理权的通知函告等证明类文件。

② 须本人存在过失。其过失表现为本人表达了足以使相对人相信有授权意思的表示，或者实施了足以使相对人相信有授权意义的行为，发生了外表授权的事实。

③ 须相对人主观善意。这是构成表见代理的主观要件。如果相对人明知行为人无代理权而仍与之实施民事行为，则相对人为主观恶意，不构成表见代理。

表见代理对本人产生有权代理的效力，即在相对人与本人之间产生民事法律关系。本人受表见代理人与相对人之间实施的法律行为的约束，享有该行为设定的权利和履行该行为约定的义务。本人不能以无权代理为抗辩。本人在承担表见代理行为所产生的责任后，可以向无权代理人追偿因代理行为而遭受的损失。

(3) 知道他人以本人名义实施民事行为不作否认表示的视为同意。本人知道他人以本人名义实施民事行为而不作否认表示的，视为同意。这是一种被称为默示方式的特殊授权。也就是说，即使本人没有授予他人代理权，但事后并未作否认的意思表示，应视为授予了代理权。因此，他人以其名义实施法律行为的后果应由本人承担。图1-4所示为表见代理的几种情况。

图1-4 表见代理的几种情况

【例1-2】甲施工企业委托乙为其购买标号为32.5 MPa的水泥，乙没有买到该标号的水泥，但是根据自己的判断购买了标号为42.5 MPa的水泥。关于这一行为后果的说法，甲有权拒绝收下水泥，并索回预付给乙的水泥款项。

【例1-3】甲单位与采购员乙因矛盾解除代理关系，但有两份盖有甲单位公章的空白授权书未收回。乙为泄愤，持授权书向供应商丙、丁高价采购材料。丙、丁均及时发货至施工现场。经查，丙不知乙离职，而丁知道乙离职。关于本案，甲对丙应承担付款义务。

4. 不当或违法行为应承担的法律责任

(1) 委托书授权不明应承担的法律责任。委托书授权不明的，被代理人应当向第三人承担民事责任，代理人负连带责任。

(2) 损害被代理人利益应承担的法律责任。代理人不履行职责而给被代理人造成损害的，应当承担民事责任。代理人和第三人串通，损害被代理人的利益的，由代理人和第三人负连带责任。

(3) 第三人故意行为应承担的法律责任。第三人知道行为人没有代理权、超越代理权或者代理权已终止还与行为人实施民事行为给他人造成损害的，由第三人和行为人负连带责任。

(4) 违法代理行为应承担的法律责任。代理人知道被委托代理的事项违法仍然进行代理活动的，或者被代理人知道代理人的代理行为违法不表示反对的，由被代理人和代理人负连带责任。

任务 1.5　建设工程物权制度

案例引入

某实业有限公司与某县土地管理局于 2020 年 8 月 18 日订立《工业开发及用地出让合同》，约定该实业有限公司在取得土地使用证后的 1 个月内将进行工业项目开工建设等相关事项。之后，县土地管理局依合同约定将土地交付给该实业有限公司使用。该实业有限公司对土地进行了平整等工作，支付相关费用 78 万元。2020 年 11 月 16 日，县土地管理局以改变土地规划为由，要求该实业有限公司退回土地使用权。此时，尚未完成土地使用权登记。县土地管理局认为由于尚未进行土地使用权登记，合同还没有生效。该实业有限公司则向法院提起诉讼，要求继续履行合同，并办理建设用地使用权登记手续。

问题：
(1) 双方订立的合同是否生效？
(2) 原告的建设用地使用权是否已经设立？

1.5.1　物权的法律特征和主要种类

1. 物权的法律特征

物权，是指权利人依法对特定的物享有直接支配和排他的权利。

所有民事主体都能够成为物权权利人，包括法人、法人以外的其他组织、自然人。物权的客体一般是物，包括不动产和动产。不动产，是指土地以及房屋、林木等地上定着物。动产是指不动产以外的物。

物权具有以下几个特征。

① 物权是支配权。物权是权利人直接支配的权利，即物权人可以依自己的意志就标的物直接行使权利，无须他人的意思或义务人的行为介入。

② 物权是绝对权。物权的权利人可以对抗一切不特定的人。物权的权利人是特定的，义务人是不特定的，且义务内容是不作为，即只要不侵犯物权人行使权利就履行义务。

③ 物权是财产权。物权是一种具有物质内容的、直接体现为财产利益的权利。财产利益包括对物的利用、物的归属和就物的价值设立的担保。

④ 物权具有排他性。物权人有权排除他人对于他行使物权的干涉，而且同一物上不许有内容不相容的物权并存，即"一物一权"。

2. 物权的种类

物权包括所有权、用益物权和担保物权。

(1) 所有权。所有权是所有人依法对自己财产(包括不动产和动产)所享有的占有、使用、收益和处分的权利。

物权的种类示例

① 占有权。占有权是指对财产实际掌握、控制的权能。例如，根据货物运输合同，承运人对托运人的财产享有占有权。

② 使用权。使用权是指对财产的实际利用和运用的权能。使用权是所有人所享有的一项独立权能。

③ 收益权。收益权是指收取由原物产生出来的新增经济价值的权能。收益权本身是一项独立的权能，而使用权并不包括收益权。

④ 处分权。处分权的行使决定着物的归属。处分权是所有人的最基本的权利，是所有权内容的核心。

(2) 用益物权。用益物权是权利人对他人所有的不动产或者动产，依法享有占有、使用和收益的权利。用益物权包括土地承包经营权、建设用地使用权、宅基地使用权和地役权。

国家所有或者国家所有由集体使用以及法律规定属于集体所有的自然资源，单位、个人依法可以占有、使用和收益。此时，单位或者个人就成为用益物权人。

(3) 担保物权。担保物权是权利人在债务人不履行到期债务或者发生当事人约定的实现担保物权的情形，依法享有就担保财产优先受偿的权利。债权人在借贷、买卖等民事活动中，为保障实现其债权，需要担保的，可以依照《民法典》和其他法律的规定设立担保物权。

1.5.2 土地所有权、建设用地使用权和地役权

1. 土地所有权

土地所有权是国家或农民集体依法对归其所有的土地所享有的具有支配性和绝对性的权利。我国实行土地的社会主义公有制，即全民所有制和劳动群众集体所有制。城市的土地，属于国家所有。无居民海岛、矿藏、水流、海域属于国家所有。集体所有的不动产包括法律规定属于集体所有的土地和森林、山岭、草原、荒地、滩涂等。

全民所有即国家所有土地的所有权由国务院代表国家行使。农村集体经济组织实行家庭承包经营为基础、统分结合的双层经营体制。农民集体所有和国家所有由农民集体使用的耕地、林地、草地以及其他用于农业的土地，依法实行土地承包经营制度。耕地的承包期为 30 年，草地的承包期为 30 年至 50 年，林地的承包期为 30 年至 70 年。承包期限届满，由土地承包经营权人依照农村土地承包的法律规定继续承包。

国家实行土地用途管制制度。国家编制土地利用总体规划，规定土地用途，将土地分为农用地、建设用地和未利用地。严格限制农用地转为建设用地，控制建设用地总量，对耕地实行特殊保护。建设用地使用权人应当合理利用土地，不得改变土地用途；需要改变土地用途的，应当依法经有关行政主管部门批准。

2. 建设用地使用权

(1) 建设用地使用权的概念。建设用地使用权是因建造建筑物、构筑物及其附属设施而使用国家所有的土地的权利。建设用地使用权只能存在于国家所有的土地上，不包括集体所有的农村土地。

取得建设用地使用权后，建设用地使用权人依法对国家所有的土地享有占有、使用和收益的权利，有权利用该土地建造建筑物、构筑物及其附属设施。

(2) 建设用地使用权的设立。建设用地使用权可以在土地的地表、地上或者地下分别设立。新设立的建设用地使用权，不得损害已设立的用益物权。

设立建设用地使用权，可以采取出让或者划拨等方式。工业、商业、旅游、娱乐和商品住宅等经营性用地以及同一土地有两个以上意向用地者的，应当采取招标、拍卖等公开竞价的方式出让。严格限制以划拨方式设立建设用地使用权。采取划拨方式的，应当遵守法律、行政法规关于土地用途的规定。

设立建设用地使用权的，应当向登记机构申请建设用地使用权登记。建设用地使用权自登记时设立。登记机构应当向建设用地使用权人发放建设用地使用权证书。建设用地使用权人应当合理利用土地，不得改变土地用途；需要改变土地用途的，应当依法经有关行政主管部门批准。

(3) 建设用地使用权的流转、续期和消灭。建设用地使用权人有权将建设用地使用权转让、互换、出资、赠予或者抵押，但法律另有规定的除外。建设用地使用权人将建设用地使用权转让、互换、出资、赠予或者抵押，应当符合以下规定。

① 当事人应当采取书面形式订立相应的合同。使用期限由当事人约定，但不得超过建设用地使用权的剩余期限。

② 应当向登记机构申请变更登记。

③ 附着于该土地上的建筑物、构筑物及其附属设施一并处分。

住宅建设用地使用权期间届满的，自动续期。续期费用的缴纳或者减免，依照法律、行政法规的规定办理。非住宅建设用地使用权期间届满后的续期，应当依照法律规定办理。该土地上的房屋及其他不动产的归属，有约定的，按照约定分配；没有约定或者约定不明确的，依照法律、行政法规的规定办理。

建设用地使用权消灭的，出让人应当及时办理注销登记。登记机构应当收回建设用地使用权证书。

综上所述，土地的类型及相关的内容可以用图 1-5 来表示。

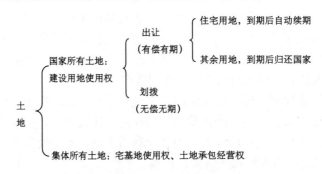

图 1-5　土地的类型

3. 地役权

地役权是指为使用自己不动产的便利或提高其效益而按照合同约定利用他人不动产的权利。从性质上说，地役权是按照当事人的约定设立的用益物权。

（1）地役权的设立。设立地役权，当事人应当采取书面形式订立地役权合同。地役权合同一般包括下列条款。

① 当事人的姓名或者名称和住所；
② 供役地和需役地的位置；
③ 利用目的和方法；
④ 地役权期限；
⑤ 费用及其支付方式；
⑥ 解决争议的方法。

地役权与相邻权的区别

地役权自地役权合同生效时设立。当事人要求登记的，可以向登记机构申请地役权登记；未经登记的，不得对抗善意第三人。

土地上已设立土地承包经营权、建设用地使用权、宅基地使用权等权利的，未经用益物权人同意，土地所有权人不得设立地役权。

（2）地役权的变动。需役地以及需役地上的土地承包经营权、建设用地使用权、宅基地使用权部分转让时，转让部分涉及地役权的，受让人同时享有地役权。供役地以及供役地上的土地承包经营权、建设用地使用权、宅基地使用权部分转让时，转让部分涉及地役权的，地役权对受让人具有约束力。

1.5.3 物权的设立、变更、转让、消灭和保护

1. 不动产物权的设立、变更、转让、消灭

不动产物权的设立、变更、转让和消灭，应当依照法律规定登记，自记载于不动产登记簿时发生效力。经依法登记，发生效力；未经登记，不发生效力，但法律另有规定的除外。依法属于国家所有的自然资源，所有权可以不登记。不动产登记，由不动产所在地的登记机构办理。

未办理物权登记的，不影响合同效力。

2. 动产物权的设立和转让

动产物权以占有和交付为公示手段。动产物权的设立和转让，应当依照法律规定交付。动产物权的设立和转让，自交付时发生效力，但法律另有规定的除外。船舶、航空器和机动车等物权的设立、变更、转让和消灭，未经登记，不得对抗善意第三人。

3. 物权的保护

因物权的归属、内容发生争议的，利害关系人可以请求确认权利。无权占有不动产或者动产的，权利人可以请求返还原物。妨害物权或者可能妨害物权的，权利人可以请求排除妨害或者消除危险。造成不动产或者动产毁损的，权利人可以请求修理、重作、更换或者恢复原状。侵害物权，造成权利人损害的，权利人可以请求损害赔偿，也可以请求承担

其他民事责任。对于物权保护方式，可以单独适用，也可以根据权利被侵害的情形合并适用。关于物权保护的具体内容见表 1-2。

表 1-2　物权保护

一般规定	侵害物权，造成权利人损害的，权利人可以依法请求损害赔偿，也可依法请求承担其他民事责任	
具体规定	归属、内容发生争议	请求确认权利
	无权占有	请求返还原物
	妨害物权	请求排除妨害
	可能发生侵害	请求消除危险
	造成毁损	请求修理、重作、更换
		请求恢复原状

案例分析

问题：

甲将闲置不用的工程设备出售给乙，双方约定 3 天后交付设备，次日，甲又将该设备卖给丙，并向丙交付了该设备。经查，丙不知甲与乙之间有合同关系。关于甲、乙、丙之间的合同效力的说法，正确的是(　　)。

A. 甲与乙、丙之间的合同均有效

B. 甲与乙之间的合同无效，甲与丙之间的合同有效

C. 甲与乙、丙之间的合同均无效

D. 甲与乙之间的合同先生效后失效，甲与丙之间的合同有效

分析：

甲与乙、甲与丙之间的合同均是有效的，但由于甲、丙之间交付了设备，根据《物权法》，动产物权的设立和转让，自交付时发生效力。因此，甲、丙之间已转让了物权，但并不等于甲、乙之间的合同失效。正确的处理是，甲、乙之间已转让物权，所以设备归丙所有，但甲、乙之间合同有效，根据此合同，甲向乙承担违约责任。

任务 1.6　建设工程债权制度

案例引入

某施工项目在施工过程中，施工单位与 A 材料供应商订立了材料买卖合同，但施工单位误将应支付给 A 材料供应商的货款支付给了 B 材料供应商。

问题：

(1) B 材料供应商是否应当返还材料款？应当返还给谁？为什么？

(2) 如果 B 材料供应商拒绝返还材料款，A 材料供应商应当如何保护自己的权利？为什么？

1.6.1 债的基本法律关系

1. 债的概念

《民法典》规定,债权是因合同、侵权行为、无因管理、不当得利以及法律的其他规定,权利人请求特定义务人为或者不为一定行为的权利。

债是特定当事人之间的法律关系。债权人只能向特定的人主张自己的权利,债务人也只需向享有该项权利的特定人履行义务,即债的相对性。

2. 债的内容

债的内容,是指债的主体双方间的权利与义务,债权与物权不同,物权是绝对权,而债权是相对权。债权相对性理论的内涵,可以归纳为以下三个方面。

(1) 债权主体的相对性。
(2) 债权内容的相对性。
(3) 债权责任的相对性。债务是根据当事人的约定或者法律规定,债务人所负担的应为特定行为的义务。

1.6.2 建设工程债的产生依据

建设工程债产生的依据有合同、侵权、无因管理和不当得利。

1. 合同

在当事人之间因产生了合同法律关系,也就是产生了权利义务关系,便设立了债的关系。任何合同关系的设立,都会在当事人之间发生债权债务的关系。合同引起债的关系,是债发生的最主要、最普遍的依据。合同产生的债被称为合同之债。

2. 侵权

侵权是指公民或法人没有法律依据而侵害他人的财产权利或人身权利的行为。侵权行为一经发生,即在侵权行为人和被侵权人之间形成债的关系。在建设工程活动中,也常会产生侵权之债。如施工现场的施工噪声,就有可能产生侵权之债。

《民法典》规定,建筑物、构筑物或者其他设施及其搁置物、悬挂物发生脱落、坠落造成他人损害,所有人、管理人或者使用人不能证明自己没有过错的,应当承担侵权责任。所有人、管理人或者使用人赔偿后,有其他责任人的,有权向其他责任人追偿。

建筑物、构筑物或者其他设施倒塌造成他人损害的,由建设单位与施工单位承担连带责任。建设单位、施工单位赔偿后,有其他责任人的,有权向其他责任人追偿。

3. 无因管理

无因管理是指管理人员和服务人员没有法律上的特定义务,也没有受到他人委托,自觉为他人管理事务或提供服务。无因管理在管理人员或服务人员与受益人之间形成了债的关系。无因管理产生的债被称为无因管理之债。

4. 不当得利

不当得利是指没有法律上或者合同上的依据，损害他人利益而自身取得利益的行为。由于不当得利可以造成他人利益的损害，所以在得利者与受害者之间会形成债的关系。得利者应当将所得的不当利益返还给受损失的人。不当得利产生的债被称为不当得利之债。

1.6.3 建设工程债的常见种类

1. 施工合同债

施工合同债是发生在建设单位和施工单位之间的债。

2. 买卖合同债

在建设工程活动中，会产生大量的买卖合同，主要是材料设备买卖合同。材料设备的买方有可能是建设单位，也可能是施工单位。它们会与材料设备供应商产生债务关系。

3. 侵权之债

在侵权之债中，最常见的是施工单位的施工活动产生的侵权。例如，施工噪声或者废水废弃物排放等扰民行为，可能对工地附近的居民构成侵权。此时，居民是债权人，施工单位或者建设单位是债务人。

案例分析

施工项目在施工过程中，施工单位与 A 材料供应商订立了材料买卖合同，但施工单位误将应支付给 A 材料供应商的货款支付给了 B 材料供应商。

问题：

(1) B 材料供应商是否应当返还材料款？应当返还给谁？为什么？

(2) 如果 B 材料供应商拒绝返还材料款，A 材料供应商应当如何保护自己的权利？为什么？

分析：

(1) B 材料供应商应当返还材料款，其材料款应当返还给施工单位。因为 B 材料供应商获得的这一材料款没有法律上或者合同上的依据，且损害他人利益，而自身取得利益，属于债的一种，即不当得利之债，故应当返还。这一债是建立在施工单位与 B 材料供应商之间的，故应当返还给施工单位。

(2) A 材料供应商应当向施工单位要求支付材料款来保护自己的权利。因为由于施工单位误将应支付给 A 材料供应商的货款支付给了 B 材料供应商，这就意味着施工单位没有完成应当向 A 材料供应商付款的义务。B 材料供应商与 A 材料供应商之间并无债权债务关系。因此，A 材料供应商无权向 B 材料供应商主张权利。

任务 1.7　建设工程担保制度

案例引入

A 房地产开发公司与 B 公司共同出资设立了注册资本为 80 万元人民币的 C 有限责任公

司。A 房地产开发公司的协议出资额为 70 万元，但未到位；B 公司的协议出资额为 10 万元人民币，已经到位。C 公司成立后与 D 银行订立了一个借款合同，借款额为 50 万元人民币，期限为 1 年，利息为 5 万元。该借款合同由 E 公司作为担保人，E 公司将其一处评估价为 80 万元的土地使用权抵押给了 D 银行。C 公司在经营中亏损，借款到期后无力还款。

问题：
D 银行能否要求 A 公司承担还款责任？为什么？

1.7.1　担保与担保合同的规定

担保是指当事人根据法律规定或者双方约定，为促使债务人履行债务实现债权人的权利的法律制度。

《民法典》规定，债权人在借贷、买卖等民事活动中，为保障实现其债权，需要担保的，可以依照本法和其他法律的规定设定担保物权。

第三人为债务人向债权人提供担保时，可以要求债务人提供反担保。反担保适用《民法典》中对担保的规定。

担保合同是主合同的从合同，主合同无效，担保合同无效。担保合同另有约定的，按照约定。担保合同被确认无效后，债务人、担保人、债权人有过错的，应当根据其过错各自承担相应的民事责任。

1.7.2　建设工程保证担保的方式和责任

《民法典》规定，担保方式为保证、抵押、质押、留置和定金。

在建设工程活动中，保证是最为常用的一种担保方式。所谓保证，是指保证人和债权人约定，当债务人不履行债务时，保证人按照约定履行债务或者承担责任的行为。具有代为清偿债务能力的法人、其他组织或者公民，可以作保证人。但在建设工程活动中，由于担保的标的额较大，保证人往往是银行，也有信用较高的其他担保人，如担保公司。银行出具的保证通常被称为保函，其他保证人出具的书面保证一般称其为保证书。

1. 保证的基本法律规定

(1) 保证合同。保证合同是为保障债权的实现，保证人和债权人约定，当债务人不履行到期债务或者发生当事人约定的情形时，保证人履行债务或者承担责任的合同。保证合同是主债权债务合同的从合同。主债权债务合同无效的，保证合同也无效，但是法律另有规定的除外。保证合同经确认无效后，债务人、保证人、债权人有过错的，应当根据其过错各自承担相应的民事责任。

保证合同的内容一般包括被保证的主债权的种类、数额，债务人履行债务的期限，保证的方式、范围和期间等条款。

债权人、债务人和保证人的关系可以用图 1-6 表示。

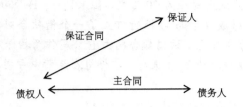

图1-6 债权人、债务人和保证人的关系

(2) 保证方式。保证的方式有两种：一般保证和连带责任保证。

当事人在保证合同中约定，债务人不能履行债务时，由保证人承担保证责任的，为一般保证。一般保证的保证人在主合同纠纷未经审判或者仲裁，并就债务人财产依法强制执行仍不能履行债务前，有权拒绝向债权人承担保证责任，但是有下列情形之一的除外：

① 债务人下落不明，且无财产可供执行；
② 人民法院已经受理债务人破产案件；
③ 债权人有证据证明债务人的财产不足以履行全部债务或者债务人已丧失履行债务的能力；
④ 保证人书面表示放弃本款规定的权利。

当事人在保证合同中约定保证人与债务人对债务承担连带责任的，为连带责任保证。连带责任保证的债务人在主合同规定的债务履行期届满没有履行债务的，债权人可以要求债务人履行债务，也可以要求保证人在其保证范围内承担保证责任。

当事人在保证合同中对保证方式没有约定或者约定不明确的，按照一般保证承担保证责任。

两种保证方式的区别如图1-7所示。

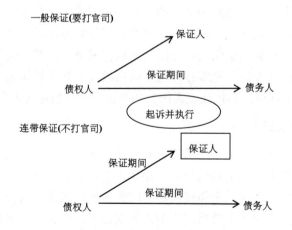

图1-7 两种保证方式的区别

(3) 保证人资格。具有代为清偿债务能力的法人、其他组织或者公民，可以作为保证人。机关法人不得为保证人，但是经国务院批准为使用外国政府或者国际经济组织贷款进行转贷的除外。以公益为目的的非营利法人、非法人组织不得为保证人。

(4) 保证责任。保证合同生效后，保证人就应当在合同约定的保证范围和保证期间承担保证责任。

保证担保的范围包括主债权及利息、违约金、损害赔偿金和实现债权的费用。保证合同另有约定的，按照约定。当事人对保证担保的范围没有约定或者约定不明确的，保证人应当对全部债务承担责任。

保证期间，债权人依法将主债权转让给第三人的，保证人在原保证担保的范围内继续承担保证责任。保证合同另有约定的，按照约定。保证期间，债权人许可债务人转让债务的，应当取得保证人书面同意，保证人对未经其同意转让的债务，不再承担保证责任。债权人与债务人协议变更主合同的，应当取得保证人书面同意，未经保证人书面同意的，保证人不再承担保证责任。保证合同另有约定的，按照约定。

一般保证的保证人未约定保证期间的，保证期间为主债务履行期届满之日起 6 个月。连带责任保证的保证人与债权人未约定保证期间的，债权人有权自主债务履行期届满之日起 6 个月内要求保证人承担保证责任。

2. 建设工程施工常用的保证种类

(1) 施工投标保证金。投标保证金是指投标人按照招标文件的要求向招标人出具的，以一定金额表示的投标责任担保。其实质是为了避免因投标人在投标有效期内随意撤销投标或中标后，不能提交履约保证金和签署合同等行为而给招标人造成损失。

投标保证金除现金外，可以是银行出具的银行保函、保兑支票、银行汇票或现金支票。

(2) 施工合同履约保证金。《中华人民共和国招标投标法》规定，招标文件要求中标人提供履约保证金的，中标人应当提供。

施工合同履约保证金是为了保证施工合同的顺利履行而要求承包人提供的担保。施工合同履约保证金多为提供第三人的信用担保(保证)，一般是由银行或者担保公司向招标人出具履约保函或者保证书。

(3) 工程款支付担保。2013 年 3 月国家发展和改革委员会等八个部门经修改后发布的《工程建设项目施工招标投标办法》规定，招标人要求中标人提供履约保证金或其他形式履约担保的，招标人应当同时向中标人提供工程款支付担保。

工程款支付担保是发包人向承包人提交的、保证按照合同约定支付工程款的担保，通常采用由银行出具保函的方式。

(4) 预付款担保。2017 年 9 月住房和城乡建设部、国家工商行政管理总局经修改后发布的《建设工程施工合同(示范文本)》中提出，发包人要求承包人提供预付款担保的，承包人应在发包人支付预付款 7 天前提供预付款担保，专用合同条款另有约定的除外。预付款担保可采用银行保函、担保公司担保等形式，具体由合同当事人在专用合同条款中约定。在预付款完全扣回之前，承包人应保证预付款担保持续有效。发包人在工程款中逐期扣回预付款后，预付款担保额度应相对减少，但剩余的预付款担保金额不得低于未被扣回的预付款金额。

建设工程施工担保种类比较如表 1-3 所示。

除斥期间、可变期间、保证期间的概念

表 1-3 建设工程施工担保种类比较

种 类	主体间关系	保证内容
施工投标保证金	投标人向招标人提供	避免投标人在投标有效期内随意撤回投标书，或在中标后不签订合同，不提交履约保函
施工合同履约保证金	中标人向招标人提供	保证施工合同顺利履行
工程款支付担保	招标人(业主)向中标人(施工单位)提供	保证按照合同约定支付工程款
预付款担保	承包人向发包人提供	保证承包人按合同规定进行施工

1.7.3 抵押权、质权、留置权、定金的规定

1. 抵押权

1) 抵押的法律概念

按照《民法典》的规定，为担保债务的履行，债务人或者第三人不转移财产的占有，将该财产抵押给债权人的，债务人不履行到期债务或者发生当事人约定的实现抵押权的情形，债权人有权就该财产优先受偿。提供抵押财产的债务人或者第三人为抵押人，债权人为抵押权人，提供担保的财产为抵押财产。如甲公司以其名下的一栋办公楼作为抵押物，为乙公司向银行申请贷款作担保，并在登记机关办理了抵押登记。该担保法律关系中，抵押人为甲公司，银行为债权人(也就是抵押权人)，乙公司为债务人。

2) 抵押物

债务人或者第三人提供担保的财产为抵押物。由于抵押物是不转移其占有的，因此，能够成为抵押物的财产必须具备一定的条件。这类财产轻易不会灭失，其所有权的转移应当经过一定的程序。

(1) 下列财产可以作为抵押物：

债务人或者第三人有权处分的下列财产可以抵押：

(一)建筑物和其他土地附着物；

(二)建设用地使用权；

(三)海域使用权；

(四)生产设备、原材料、半成品、产品；

(五)正在建造的建筑物、船舶、航空器；

(六)交通运输工具；

(七)法律、行政法规未禁止抵押的其他财产。

抵押人可以将前款所列财产一并抵押。

(2) 下列财产不得抵押：

① 土地所有权；

② 耕地、宅基地、自留地、自留山等集体所有的土地使用权，但是法律规定可以抵押的除外；

③ 学校、幼儿园、医院等以公益为目的的事业单位、社会团体的教育设施、医疗卫生设施和其他社会公益设施；

④ 所有权、使用权不明或者有争议的财产；

⑤ 依法被查封、扣押、监管的财产；

⑥ 法律、行政法规规定不得抵押的其他财产。

当事人以土地使用权、城市房地产、林木、航空器、船舶、车辆等财产作抵押的，应当办理抵押物登记，抵押合同自登记之日起生效；当事人以其他财产作抵押的，可以自愿办理抵押物登记，抵押合同自签订之日起生效。当事人未办理抵押物登记的，不得对抗第三人。

办理抵押物登记，应当向登记部门提供主合同、抵押合同、抵押物的所有权或者使用权证书。

3) 抵押的效力

抵押担保的范围包括主债权及利息、违约金损害赔偿金和实现抵押权的费用。当事人也可以在抵押合同中约定抵押担保的范围。

抵押人有义务妥善保管抵押物并保证其价值。抵押期间，抵押人经抵押权人同意转让抵押财产的，应当将转让所得的价款向抵押权人提前清偿债务或者提存。转让的价款超过债权数额的部分归抵押人所有，不足的部分由债务人清偿。抵押期间，抵押人未经抵押权人同意，不得转让抵押财产，但受让人代为清偿债务消灭抵押权的除外。抵押人的行为足以使抵押财产价值减少的，抵押权人有权要求抵押人停止其行为。

抵押权与其担保的债权同时存在。抵押权不得与债权分离而单独转让或者作为其他债权的担保。

4) 抵押权的实现

债务履行期届满抵押权人未受清偿的，可以与抵押人协议以抵押物折价或者以拍卖、变卖该抵押物所得的价款受偿；协议不成的，抵押权人可以向人民法院提起诉讼。抵押物折价或者拍卖、变卖后，其价款超过债权数额的部分归抵押人所有，不足部分由债务人清偿。

同一财产向两个以上债权人抵押的，拍卖、变卖抵押财产所得的价款依照下列规定清偿：

① 抵押权已经登记的，按照登记的时间先后确定清偿顺序；

② 抵押权已经登记的，先于未登记的受偿；

③ 抵押权未登记的，按照债权比例清偿。

其他可以登记的担保物权，清偿顺序参照上述规定。

案例分析

问题：

施工企业以自有的房产作抵押，向银行借款 100 万元，后来施工企业无力还贷，经诉讼后其抵押房产被拍卖，拍得的价款为 150 万元，贷款的利息及违约金为 20 万元，实现抵押权的费用为 10 万元，则拍卖后应返还施工企业的款项为(   )万元。

分析：

抵押担保的范围包括主债权及利息、违约金、损害赔偿金和实现抵押权的费用，一共五类。本题中主债权为 100 万元，利息及违约金为 20 万元，实现抵押权的费用为 10 万元，共 130 万元，则应返还施工企业的款项为 150-130=20(万元)。

2. 质权

1) 质权的法律概念

质权，也称质押，是指债务人或者第三人将其动产或权利移交债权人占有，将该动产或权利作为债权的担保。当债务人不履行债务时，债权人有权依照法律规定以该动产或权利折价，或者以拍卖、变卖该动产或权利的价款优先受偿。

质权是一种约定的担保物权，以转移占有为特征。债务人或者第三人为出质人，债权人为质权人，移交的动产或权利为质物。

2) 质权的分类

质权分为动产质权和权利质权。

动产质权是指为担保债务的履行，债务人或者第三人将其动产出质给债权人占有的，债务人不履行到期债务或者发生当事人约定的实现质权的情形，债权人有权就该动产优先受偿。

权利质权一般是指将权利凭证交付质押人的担保。债务人或者第三人有权处分的下列权利可以出质：

① 汇票、本票、支票；
② 债券、存款单；
③ 仓单、提单；
④ 可以转让的基金份额、股权；
⑤ 可以转让的注册商标专用权、专利权、著作权等知识产权中的财产权；
⑥ 现有的以及将有的应收账款；
⑦ 法律、行政法规规定可以出质的其他财产权利。

以汇票、本票、支票、债券、存款单、仓单、提单出质的，质权自权利凭证交付质权人时设立；没有权利凭证的，质权自办理出质登记时设立。法律另有规定的，依照其规定。

3. 留置权

留置权是指债权人按照合同约定占有债务人的动产，债务人不按照合同约定的期限履行债务的，债权人有权依照法律规定留置该财产，以该财产折价或者以拍卖、变卖该财产的价款优先受偿。

《民法典》规定，留置权人与债务人应当约定留置财产后的债务履行期限；没有约定或者约定不明确的，留置权人应当给债务人 60 日以上履行债务的期限，但是鲜活易腐等不易保管的动产除外。债务人逾期未履行的，留置权人可以与债务人协议以留置财产折价，也可以就拍卖、变卖留置财产所得的价款优先受偿。

留置权人负有妥善保管留置物的义务。因保管不善致使留置物灭失或者毁损的，留置权人应当承担民事责任。

关于抵押权、质权和留置的形式如表 1-4 所示。

表 1-4 抵押权、质权和留置的形式

形 式	不 动 产	动 产	权利(无形、数字资产)
抵押权	√	√	×
质权	×	√	√
留置	×	√	×

4. 定金

《民法典》规定，当事人可以约定一方向对方给付定金作为债权的担保。定金合同自实际交付定金时成立。定金的数额由当事人约定，但不得超过主合同标的额的20%，超过部分不产生定金的效力。实际交付的定金数额多于或者少于约定数额的，视为变更约定的定金数额。

债务人履行债务的，定金应当抵作价款或者收回。给付定金的一方不履行债务或者履行债务不符合约定，致使不能实现合同目的的，无权请求返还定金；收受定金的一方不履行债务或者履行债务不符合约定，致使不能实现合同目的的，应当双倍返还定金。

定金应当以书面形式约定。当事人在定金合同中应当约定交付定金的期限。定金合同从实际交付定金之日起生效。当事人既约定违约金，又约定定金的，一方违约时，对方可以选择适用违约金或者定金条款。

定金不足以弥补一方违约造成的损失的，对方可以请求赔偿超过定金数额的损失。

案例分析

C公司成立后与D银行订立了一个借款合同，借款额为50万元人民币，期限为1年，利息为5万元。该借款合同由E公司作为担保人，E公司将其一处评估价为80万元的土地使用权抵押给了D银行。C公司在经营中亏损，借款到期后无力还款。

担保方式的比较

问题：
(1) D银行能否要求C公司承担还款责任？
(2) D银行能否要求E公司承担还款责任？

分析：
(1) 可以要求C公司承担还款责任。因为D银行与C公司存在合同关系，C公司是债务人。
(2) 不能要求E公司承担还款责任。E公司作为抵押人而不是债务人，D银行只能要求处分抵押物，无权要求E公司承担连带责任。

任务1.8　建设工程法律责任制度

案例引入

(1) 施工企业为赶进度，在混凝土强度尚未达标时提前拆模，导致工程局部坍塌，造成1名工人重伤，直接经济损失达80万元，这属于什么责任？

(2) 施工企业因设计承载力不够，并且在施工中偷工减料，导致大雪天中16处BRT公交站亭顶板倒塌，死1人，多人受伤，这属于什么责任？

(3) 包工头周某故意掩盖事故隐患，组织工人违章作业，造成1人死亡，2人重伤，这属于什么责任？

(4) 因安全生产条件不符合标准，施工中附着式升降脚手架失稳坠落，导致6人死亡，5人重伤，这属于什么责任？

1.8.1　法律责任的基本种类和特征

按照违法行为的性质和危害程度，可以将法律责任分为违宪法律责任、刑事法律责任、民事法律责任、行政法律责任和国家赔偿责任。

法律责任有如下特征。

(1) 法律责任是因违反法律上的义务(包括违约等)而形成的法律后果,以法律义务存在为前提。

(2) 法律责任即承担不利的后果。

(3) 法律责任的认定和追究,由国家专门机关依法定程序进行。

(4) 法律责任的实现由国家强制力作保障。

1.8.2　建设工程民事责任的种类及承担方式

1. 民事责任的种类

民事责任可以分为违约责任和侵权责任两类。

违约责任是指合同当事人违反法律规定或合同约定的义务而应承担的责任。侵权责任是指行为人因过错侵害他人财产、人身安全而依法应当承担的责任,以及虽然没有过错,但在造成损害以后,依法应当承担的责任。

2. 民事责任的承担方式

《民法典》规定,承担民事责任的方式主要有以下几种。

(1) 停止侵害。

(2) 排除妨碍。

(3) 消除危险。

(4) 返还财产。

(5) 恢复原状。

(6) 修理、重作、更换。

(7) 继续履行。

(8) 赔偿损失。

(9) 支付违约金。

(10) 消除影响,恢复名誉。

(11) 赔礼道歉。

建设工程民事责任的主要承担方式如表1-5所示。

表1-5　建设工程民事责任的主要承担方式

方　式	详细内容
返还财产	合同无效或被撤销后,应当返回。一般采取"折价返还"的方式
修理	质量不合格或竣工验收不合格
赔偿损失	不履行义务或履行义务不符合约定,给对方造成了损失
支付违约金	违约方按照合同约定或者法定(即赔偿损失)向对方支付一定金额

提示:折价标准可以参照无效合同中的约定或当地的市场价格、定额量。

1.8.3　建设工程行政责任的种类及承担方式

行政责任是指违反有关行政管理的法律法规规定,但尚未构成犯罪的行为,依法应承担的行政法律后果，其包括行政处罚和行政处分。

1. 行政处罚

《中华人民共和国行政处罚法》规定，法律行政法规所设定的行政处罚的种类主要有以下几种：

(1) 警告、通报批评；
(2) 罚款、没收违法所得、没收非法财物；
(3) 暂扣许可证件、降低资质等级、吊销许可证件；
(4) 限制开展生产经营活动、责令停产停业、责令关闭、限制从业；
(5) 行政拘留；
(6) 法律、行政法规规定的其他行政处罚。

在建设工程领域，法律、行政法规所设定的行政处罚主要有警告、罚款、没收违法所得、责令限期改正、责令停业整顿、取消一定期限内参加依法必须进行招标的项目的投标资格、责令停止施工、降低资质等级、吊销资质证书(同时吊销营业执照)、责令停止执业、吊销执业资格证书或其他许可证等。

2. 行政处分

行政处分是指国家机关、企事业单位对所属的国家工作人员违法失职但尚不构成犯罪的行为，依据法律、法规所规定的权限而给予的一种惩戒。行政处分种类有：警告、记过、记大过、降级、撤职、开除。如《建设工程质量管理条例》规定，国家机关工作人员在建设工程质量监督管理工作中玩忽职守、滥用职权、徇私舞弊，且构成犯罪的，依法追究其刑事责任；尚不构成犯罪的，依法给予行政处分。

关于民事责任、行政责任、刑事责任的相关知识可以总结为表1-6所示。

表1-6 民事责任、行政责任、刑事责任的相关知识

民事责任 (民—民)	违约责任	继续履行；采取补救措施；赔偿损失；违约金；定金
	侵权责任	停止侵害；排除妨碍；消除危害；返还财产；恢复原状；修理、重作、更换；消除影响，恢复名誉；赔礼道歉
行政责任	行政处罚 (官—民)	警告、通报批证；责令限期改正；罚款；没收违法所得；责令停产停业；暂扣或吊销许可证；取消投标资格
	行政处分 (官—官)	警告；记过；记大过；降级；撤职；开除
刑事责任 (国家—罪犯)	主刑	管制；拘役；有期徒刑；无期徒刑；死刑
	附加刑	罚金；剥夺政治权利；没收财产；驱逐出境

1.8.4 建设工程刑事责任的种类及承担方式

刑事责任是指犯罪主体因违反刑法，实施了犯罪行为所应承担的法律责任。刑事责任是法律责任中最严重的一种，其承担方式主要是刑罚，也包括一些非刑罚的处罚方法。

2020年12月经修改后公布的《中华人民共和国刑法》规定，刑罚分为主刑和附加刑。主刑包括以下几种。

(1) 管制。

(2) 拘役。

(3) 有期徒刑。

(4) 无期徒刑。

(5) 死刑。

附加刑包括以下几种。

(1) 罚金。

(2) 剥夺政治权利。

(3) 没收财产。

(4) 驱逐出境。

在建设工程领域，常见的刑事责任如表1-7所示。

表1-7 建设工程领域中常见的刑事责任

罪　名	具体规定	
工程重大安全事故罪	建设、设计、施工、监理单位违反规定，降低施工质量，造成重大安全事故的行为。对直接责任人处5年以下有期徒刑或拘役，并处罚金；后果特别严重的，处5年以上10年以下有期徒刑，并处罚金	
重大责任事故罪	在生产作业中违反安全管理规定	处3年以下有期徒刑或拘役 情节特别恶劣的，处3年以上7年以下有期徒刑
	强令他人违章冒险作业	发生重大伤亡事故或者造成其他严重后果的，处5年以下有期徒刑或拘役；情节特别恶劣的，处5年以上有期徒刑
重大劳动安全事故罪	安全生产设施或生产条件不符合国家规定的	对直接责任人员，处3年以下有期徒刑或拘役；情节特别严重的，处3年以上7年以下有期徒刑
串通投标罪	投标人之间或投标人和招标人之间，串通损害招标人或其他投标人的利益，情节严重的，处3年以下有期徒刑或拘役，并处或单处罚金	

素质提升

项目2 施工许可法律制度

学习目标

(1) 掌握建设工程施工许可证的申请条件、适用范围等。
(2) 熟悉违反施工许可证制度的法律责任。
(3) 了解施工资质的等级。
(4) 掌握施工企业资质证书的申请、延续和变更。
(5) 了解注册建造师制度、注册结构工程师制度、注册造价工程师制度和注册监理工程师制度的相关内容。

思政课堂

请看下面一则消息：

2018年，某房地产公司与某汽车出租公司(以下合并简称建设方)合作，在某市市区共同开发房地产项目。该项目包括两部分，一部分是6.3万平方米的住宅工程，另一部分是与住宅相配套的3.4万平方米的综合楼。该项目的住宅工程各项手续和证件齐备，自2018年开工建设，2021年4月已经竣工验收。由于合作双方对于综合楼工程是作为基建计划还是开发计划申报问题没能统一意见，从而使综合楼建设工程的各项审批手续未能办理。由于住宅工程已竣工验收，配套工程急需跟上，在综合楼施工许可证未经审核批准的情况下开始施工。该行为被市监督执法大队发现后及时制止，并责令其停工。

请就以上消息思考：

作为新时代土建类专业的学生，你对上述案例有何感想？对以后的生活与工作有什么启发？请将你的所思所想写在下面。

建设工程施工活动的专业性、技术性极强。因此，对建设工程是否具备施工条件以及对从业单位、专业技术人员依法实施行政许可，进行严格的过程管控，有助于规范建设市场秩序，保证工程质量和安全施工，保障公民生命财产安全和国家财产安全，提高投资效益。

2019年4月经修改后公布的《中华人民共和国行政许可法》规定，设定和实施行政许可，应当依照法定的权限、范围、条件和程序。

2019年10月国务院公布的《优化营商环境条例》规定，国家严格控制新设行政许可。新设行政许可应当按照行政许可法和国务院的规定严格设定标准，并进行合法性、必要性和合理性审查论证。

对通过事中事后监管或者市场机制能够解决以及行政许可法和国务院规定不得设立行政许可的事项，一律不得设立行政许可，严禁以备案、登记、注册、目录、规划、年检、年报、监制、认定、认证、审定以及其他任何形式变相设定或者实施行政许可。

法律、行政法规和国务院决定对相关管理事项已作出规定，但未采取行政许可管理方式的，地方不得就该事项设定行政许可。对相关管理事项尚未制定法律、行政法规的，地方可以依法就该事项设定行政许可。

国家大力精简已有行政许可。对已取消的行政许可，行政机关不得继续实施或者变相实施，不得转由行业协会商会或者其他组织实施。

市场主体认为地方性法规同行政法规相抵触，或者认为规章同法律、行政法规相抵触的，可以向国务院书面提出审查建议，由相关部门机构按照规定程序处理。

任务2.1　建设工程施工许可证

建设工程许可制度(微课)

案例引入

某镇为改善当地的经济环境，大力发展果品产业。某果品加工厂决定投资800万元建设果汁生产厂，计划用地3公顷，用于水果储存加工。经镇政府土地管理科批准，果品加工厂获批了该项目3公顷农用地的《建设用地规划许可证》和《建设工程规划许可证》，并在筹备3个月之后开工建设。但在开工不久，县城建局便发现了此项非法建设的工程，责令其立即停工，限期补办施工许可证。

问题：

本案中果品加工厂有何违法行为？

施工许可制度是由国家授权的有关行政主管部门，在建设工程开工之前对其是否符合法定的开工条件进行审核，并对符合条件的建设工程允许其开工建设的法定制度。

2019年4月经修改后公布的《中华人民共和国建筑法》(简称《建筑法》)规定，建筑工程开工前，建设单位应当按照国家有关规定向工程所在地县级以上人民政府建设行政主管部门申请领取施工许可证；但是国务院建设行政主管部门确定的限额以下的小型工程除外。按照国务院规定的权限和程序批准开工报告的建筑工程，不再领取施工许可证。

《优化营商环境条例》规定，设区的市级以上地方人民政府应当按照国家有关规定，优化工程建设项目(不包括特殊工程和交通、水利、能源等领域的重大工程)审批流程，推行并联审批、多图联审、联合竣工验收等方式，简化审批手续，提高审批效能。

《住房和城乡建设部办公厅关于全面推行建筑工程施工许可证电子证照的通知》(建办市〔2020〕25号)规定，全面推行施工许可电子证照。自2021年1月1日起，全国范围内的房屋建筑和市政基础设施工程项目全面实行施工许可电子证照。电子证照与纸质证照具有同等的法律效力。

2.1.1 建设工程施工许可的适用范围

1. 需要办理施工许可证的建设工程

2018年9月住房和城乡建设部经修改后发布的《建筑工程施工许可管理办法》规定，在中华人民共和国境内从事各类房屋建筑及其附属设施的建造、装修装饰和与其配套的线路、管道、设备的安装，以及城镇市政基础设施工程的施工，建设单位在开工前应当依照本办法的规定，向工程所在地的县级以上地方人民政府住房城乡建设主管部门申请领取施工许可证。

《住房和城乡建设部办公厅关于工程总承包项目和政府采购工程建设项目办理施工许可手续有关事项的通知》(建办市〔2017〕46号)中规定，各级住房和城乡建设主管部门可以根据工程总承包合同及分包合同确定设计、施工单位，依法办理施工许可证。对在工程总承包项目中承担分包工作，且已与工程总承包单位签订分包合同的设计单位或施工单位，各级住房和城乡建设主管部门不得要求其与建设单位签订设计合同或施工合同，也不得将上述要求作为申请领取施工许可证的前置条件。

对依法通过竞争性谈判或单一来源方式确定供应商的政府采购工程建设项目，应严格执行《建筑法》《建筑工程施工许可管理办法》等规定，对符合申请条件的，应当颁发施工许可证。

2. 某些特殊工程不需要领取施工许可证

(1) 限额以下的小型工程。按照《建筑法》的规定，国务院建设行政主管部门确定的限额以下的小型工程，可以不申请办理施工许可证。

建筑面积在300 m² 以下，或者总投资在30万元以下的，不需要领取施工许可证。省、自治区、直辖市人民政府建设行政主管部门可以根据当地的实际情况，对限额进行调整，并向国务院建设行政主管部门备案。

施工许可证与开工报告的对比

(2) 抢险救灾等工程。《建筑法》规定，抢险救灾及其他临时性房屋建筑和农民自建低层住宅的建筑活动，不适用本法。

(3) 不重复办理施工许可证的建设工程。《建筑法》规定，按照国务院规定的权限和程序批准开工报告的建筑工程，不再领取施工许可证。这有两层含义：一是实行开工报告批准制度的建设工程，必须符合国务院的规定，其他任何部门的规定无效；二是开工报告与施工许可证不要重复办理。

开工报告制度是我国沿用已久的一种建设项目开工管理制度。1979年，国家计划委员会、国家基本建设委员会设立了该项制度，1984年将其简化，1988年以后又恢复了开工报告制度。2019年4月公布的《政府投资条例》规定，国务院规定应当审批开工报告的重大政府投资项目，按照规定办理开工报告审批手续后方可开工建设。

（4）另行规定的建设工程。《建筑法》规定，军用房屋建筑工程建筑活动的具体管理办法，由国务院、中央军事委员会依据本法制定。

2.1.2 建设工程施工许可证的申请主体

《建筑法》规定，建设单位应当按照国家有关规定向工程所在地县级以上人民政府建设行政主管部门申请领取施工许可证。因此，施工许可证的申请领取是建设单位的职责，与施工单位或监理单位无关，建设单位不得强制要求施工单位办理施工许可证相关事宜。

2.1.3 建设工程施工许可证的法定批准条件

《建筑法》规定，申请领取施工许可证，应当具备下列条件。
（1）已经办理该建筑工程用地批准手续。
（2）依法应当办理建设工程规划许可证的，已经取得建设工程规划许可证。
（3）需要拆迁的，其拆迁进度符合施工要求。
（4）已经确定建筑施工企业。
（5）有满足施工需要的资金安排、施工图纸及技术资料。
（6）有保证工程质量和安全的具体措施。

《建筑工程施工许可管理办法》进一步规定，建设单位申请领取施工许可证应当具备下列条件，并提交相应的证明文件。
（1）依法应当办理用地批准手续的，已经办理该建筑工程用地批准手续。
（2）依法应当办理建设工程规划许可证的，已经取得建设工程规划许可证。
（3）施工场地已经基本具备施工条件，需要征收房屋的，其进度符合施工要求。
（4）已经确定施工企业。
（5）有满足施工需要的资金安排、施工图纸及技术资料，建设单位应当提供建设资金已经落实承诺书，施工图设计文件已按规定审查合格。
（6）有保证工程质量和安全的具体措施。

下面对以上这些条件进行必要的说明。

1. 依法应当办理用地批准手续的，已经办理该建筑工程用地批准手续

2019年8月经修改后颁布的《中华人民共和国土地管理法》规定，经批准的建设项目需要使用国有建设用地的，建设单位应当持法律、行政法规规定的有关文件，向有批准权的县级以上人民政府自然资源主管部门提出建设用地申请，经自然资源主管部门审查，呈报本级人民政府批准。

2. 依法应当办理建设工程规划许可证的，已经取得建设工程规划许可证

在城市、镇规划区内，规划许可证包括建设用地规划许可证和建设工程规划类许可证。在乡、村庄规划区内进行乡镇企业、乡村公共设施和公益事业建设的，须核发乡村建设规划许可证。

根据《国务院关于印发清理规范投资项目报建审批事项实施方案的通知》(国发〔2016〕29号)要求,将原建设工程规划许可证核发、历史建筑实施原址保护审批等4项合并为"建设工程规划类许可证核发"。

(1) 建设用地规划许可证。2019年4月经修改后公布的《中华人民共和国城乡规划法》(简称《城乡规划法》)规定,在城市、镇规划区内以划拨方式提供国有土地使用权的建设项目,经有关部门批准、核准、备案后,建设单位应当向城市、县人民政府城乡规划主管部门提出建设用地规划许可申请,由城市、县人民政府城乡规划主管部门依据控制性详细规划核定建设用地的位置、面积、允许建设的范围,核发建设用地规划许可证。建设单位在取得建设用地规划许可证后,方可向县级以上地方人民政府土地主管部门申请用地,经县级以上人民政府审批后,由土地主管部门划拨土地。

以出让方式取得国有土地使用权的建设项目,建设单位在取得建设项目的批准、核准、备案文件和签订国有土地使用权出让合同后,向城市、县人民政府城乡规划主管部门领取建设用地规划许可证。

(2) 建设工程规划类许可证。在城市、镇规划区内进行建筑物、构筑物、道路、管线和其他工程建设的,建设单位或者个人应当向城市、县人民政府城乡规划主管部门或者省、自治区、直辖市人民政府确定的镇人民政府申请办理建设工程规划类许可证。

3. 施工场地已经具备基本施工条件,需要拆迁的,拆迁进度符合施工要求

施工场地应该具备的基本施工条件,通常要根据建设工程项目的具体情况决定。例如:已进行场区的施工测量,设置永久性经纬坐标桩、水准基桩和工程测量控制网;搞好"三通一平"或"七通一平";在施工现场要设安全纪律牌、施工公告牌、安全标志牌等。实行监理的建设工程,一般要由监理单位查看后填写"施工场地已具备施工条件的证明",并加盖单位公章确认。

2020年5月公布的《民法典》规定,为了公共利益的需要,依照法律规定的权限和程序可以征收集体所有的土地和组织、个人的房屋以及其他不动产。但是征收进度必须能满足建设工程开始施工和连续施工的要求。

4. 确定建筑施工企业

在申请施工许可证之前,已经通过招投标方式或者直接发包方式确定施工企业,并签订了工程承包合同,明确了双方的责任、权利和义务。

5. 有满足施工需要的资金安排、施工图纸及技术资料,建设单位应当提供建设资金已经落实承诺书,施工图设计文件已按规定审查合格

在工程正式开工建设之前,必须有能够保证施工需要的施工图纸,并且图纸通过了申请。凡是未经申请的施工图纸,不得投入使用。施工资料一般包括自然、技术、经济等资料,必须全面、准确和详细。

建设资金的落实是建设工程开工后能否顺利实施的关键。在实践中,许多"烂尾楼"都是建设资金不到位造成的恶果。因此,建设单位必须提供建设资金已经落实承诺书。

6. 质量和安全的具体措施

申请施工许可证时，必须提供建设工程有关安全施工措施的资料。施工企业编制的施工组织设计中应当根据工程特点制定适宜的质量和安全技术措施，专业性比较强的分部分项工程应编制专业施工技术方案，并向项目所在地的相关部门办理质量和安全监督手续。

7. 其他条件

由于施工活动自身的复杂性，以及各类工程的建设要求也不同，申领施工许可证的条件会随着国家对建设活动管理的不断完善而作出相应调整。但是，根据《建筑法》的规定，只有全国人民代表大会及其常务委员会制定的法律和国务院制定的行政法规，才有权增加施工许可证新的申领条件，据此，《建筑工程施工许可管理办法》明确规定，县级以上地方人民政府住房城乡建设主管部门不得违反法律法规规定，增设办理施工许可证的其他条件。

目前，已增加的施工许可证申领条件主要是消防设计审核。2021年4月经修改后公布的《中华人民共和国消防法》(以下简称《消防法》)规定，特殊建设工程未经消防设计审查或者审查不合格的，建设单位、施工单位不得施工；其他建设工程，建设单位未提供满足施工需要的消防设计图纸及技术资料的，有关部门不得发放施工许可证或者批准开工报告。

需要注意的是，上述各项法定条件必须同时具备，缺一不可。发证机关应当自收到申请之日起7日内，对符合条件的申请颁发施工许可证。对于证明文件不齐全或者失效的，应当当场或者5日内一次告知建设单位需要补正的全部内容，审批时间可以自证明文件补正齐全后作相应顺延；对于不符合条件的，应当自收到申请之日起7日内书面通知建设单位，并说明理由。此外，《建筑工程施工许可管理办法》还规定，应当申请领取施工许可证的建筑工程未取得施工许可证的，一律不得开工。任何单位和个人不得将应当申请领取施工许可证的工程项目分解为若干限额以下的工程项目，从而规避申请领取施工许可证。

2.1.4 特殊情况的规定

1. 申请延期的规定

《建筑法》规定，建设单位自领取施工许可证之日起3个月内开工。因故不能按期开工的，应当向发证机关申请延期；延期以两次为限，每次不超过3个月。既不开工又不申请延期或者超过延期时限的，施工许可证自行废止。

2. 核验施工许可证的规定

《建筑法》规定，在建的建筑工程因故中止施工的，建设单位应当自中止施工之日起1个月内，向发证机关报告，并按照规定做好建筑工程的维护管理工作。建筑工程恢复施工时，应当向发证机关报告；中止施工满1年的工程恢复施工前，建设单位应当报发证机关核验施工许可证。

所谓中止施工，是指建设工程开工后，在施工过程中因特殊情况的发生而中途停止施工的一种行为。中止施工的原因很复杂，如地震、洪水等不可抗力，以及宏观调控压缩基建规模、停建缓建建设工程等。对于因故中止施工的，建设单位应当按照规定的时限向发证机关报告，并按照规定做好建设工程的维护管理工作，以防止建设工程在中止施工期间遭受不必要的损失，保证在恢复施工时可以尽快启动。

在恢复施工时，建设单位应当向发证机关报告恢复施工的有关情况。中止施工满 1 年的，在建设工程恢复施工前，建设单位还应当报发证机关核验施工许可证，看是否仍具备组织施工的条件，经核验符合条件的，应允许恢复施工，施工许可证继续有效；经核验不符合条件的，应当收回其施工许可证，不允许恢复施工，待条件具备后，由建设单位重新申请施工许可证。

3. 重新办理施工许可证的规定

对于实行开工报告制度的建设工程，《建筑法》规定，按照国务院有关规定批准开工报告的建筑工程，因故不能按期开工或者中止施工的，应当及时向批准机关报告情况。因故不能按期开工超过 6 个月的，应当重新办理开工报告的批准手续。

施工许可证和开工报告的时间节点如图 2-1 所示。

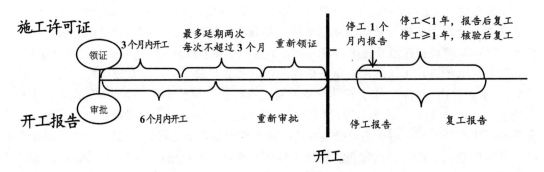

图 2-1 施工许可证和开工报告的时间节点

案例分析

见任务 2.1 的引入案例。

问题：

本案中果品加工厂有何违法行为？应如何处理？

分析：

《建筑法》第七条规定："建筑工程开工前，建设单位应当按照国家有关规定向工程所在地县级以上人民政府建设行政主管部门申请领取施工许可证。"该果品加工厂未取得施工许可证，就擅自开工建设厂房和果库，属于违反施工许可法律规定的行为。对于此类违法行为，《建筑法》第六十四条规定："违反本法规定，未取得施工许可证或者开工报告未经批准擅自施工的，责令改正，对不符合开工条件的责令停止施工，可以处以罚款。"《建设工程质量管理条例》第五十七条规定："违反本条例规定，建设单位未取得施工许可证或者开工报告未经批准，擅自施工的，责令停止施工，限期改正，处工程合同价款 1%以上 2%以下的罚款。"据此，县建设局有权依法责令其停工，限期补办施工许可证，还可以根据具体情况处以工程合同价款 1%以上 2%以下的罚款。

此外，该果品加工厂开工建设所依据的《建设用地规划许可证》和《建设工程规划类许可证》均为镇政府的土地管理科颁发，超越了《中华人民共和国城乡规划法》第三十七、三十八、四十条所规定的核发权限，还应当依法追究有关机构和责任人的法律责任。

2.1.5 违反施工许可证制度的法律责任

1. 未经许可擅自开工应承担的法律责任

《建筑法》规定，未取得施工许可证或者开工报告未经批准擅自施工的，责令改正，对不符合开工条件的责令停止施工，可以处以罚款。《建筑工程质量管理条例》规定，建设单位未取得施工许可证或者开工报告未经批准，擅自施工的，责令停止施工，限期改正，处工程合同价款 1%以上 2%以下的罚款。

2. 规避办理施工许可证应承担的法律责任

《建筑工程施工许可管理办法》规定，对于未取得施工许可证或者为规避办理施工许可证将工程项目分解后擅自施工的，由有管辖权的发证机关责令停止施工，限期改正，对建设单位处工程合同价款 1%以上 2%以下罚款；对施工单位处 3 万元以下罚款。

3. 骗取和伪造施工许可证应承担的法律责任

《建筑工程施工许可管理办法》规定，建设单位采用欺骗、贿赂等不正当手段取得施工许可证的，由原发证机关撤销施工许可证，责令停止施工，并处 1 万元以上 3 万元以下罚款；构成犯罪的，依法追究刑事责任。

建设单位隐瞒有关情况或者提供虚假材料申请施工许可证的，发证机关不予受理或者不予许可，并处 1 万元以上 3 万元以下罚款；构成犯罪的，依法追究刑事责任。

建设单位伪造或者涂改施工许可证的，由发证机关责令停止施工，并处 1 万元以上 3 万元以下罚款；构成犯罪的，依法追究刑事责任。

4. 对单位主管人员等处罚的规定

给予单位罚款处罚的，对单位直接负责的主管人员和其他直接责任人员处对该单位罚款数额 5%以上 10%以下罚款。单位及相关责任人受到处罚的，作为不良行为记录予以通报。

5. 违法行政应承担的法律责任

《优化营商环境条例》规定，政府和有关部门及其工作人员有下列情形之一的，依法依规追究责任。

(1) 违法干预应当由市场主体自主决策的事项。

(2) 制定或者实施政策措施不依法平等对待各类市场主体。

(3) 变相设定或者实施行政许可，继续实施或者变相实施已取消的行政许可，或者转由行业协会商会或者其他组织实施已取消的行政许可。

(4) 为市场主体指定或者变相指定中介服务机构，或者违法强制市场主体接受中介服务。

(5) 其他不履行优化营商环境职责或者损害营商环境的情形。

任务 2.2　施工企业从业资格制度

案例引入

甲劳务分包企业，其注册资本金为 50 万元，有木工作业一级、砌筑作业二级、抹灰作业(不分资质等级)的劳务企业资质证书。在某工程施工中，与工程的施工总承包企业签订的劳务分包合同额为 158 万元，最终实际结算额为 1 536 万元。该劳务分包企业实际承揽的劳务作业工程，除木工、砌筑和抹灰作业外，还包括脚手架、模板、混凝土等作业内容。

问题：
请针对甲劳务分包企业承揽劳务分包工程的行为，谈谈你的看法。

从业资格制度是依法取得相应资质或资格的单位和个人，才允许其在法律所规定的资质范围或资格范围内从事相关工程建设活动的规定。

2.2.1　施工资质的等级

房屋建筑工程是指工业、民用与公共建筑(建筑物、构筑物)工程。工程内容包括地基与基础工程，土石方工程，结构工程，屋面工程，内、外部的装修装饰工程，上下水、供暖、电器、卫生洁具、通风、照明、消防、防雷等安装工程。建筑业企业资质分为施工总承包、专业承包和劳务分包三个序列。

1. 施工总承包企业

取得施工总承包资质的企业(以下简称施工总承包企业)，可以承接施工总承包工程。施工总承包企业可以对所承接的施工总承包工程内各专业工程全部自行施工，也可以将专业工程或劳务作业依法分包给具有相应资质的专业承包企业或劳务分包企业。

房屋建筑工程施工总承包企业资质分为特级、一级、二级、三级，分别介绍如下。

1) 特级施工总承包企业
(1) 特级资质标准。包括以下几项：
① 企业注册资本金在 3 亿元以上；
② 企业净资产在 3.6 亿元以上；
③ 企业近 3 年年平均工程结算收入在 15 亿元以上；
④ 企业其他条件均达到一级资质标准。
(2) 特级资质承揽工程范围。可承担各类房屋建筑工程的施工。
2) 一级施工总承包企业
(1) 一级资质标准。企业近 5 年承担过下列 6 项中的 4 项以上工程的施工总承包或主体工程承包，工程质量合格：
① 25 层以上的房屋建筑工程；

② 高度 100 米以上的构筑物或建筑物；
③ 单体建筑面积 3 万平方米以上的房屋建筑工程；
④ 单跨跨度 30 米以上的房屋建筑工程；
⑤ 建筑面积 10 万平方米以上的住宅小区或建筑群体；
⑥ 单项建安合同额 1 亿元以上的房屋建筑工程。

企业经理具有 10 年以上从事工程管理工作经历或具有高级职称；总工程师具有 10 年以上从事建筑施工技术管理工作经历并具有本专业高级职称；总会计师具有高级会计职称；总经济师具有高级经济师职称。企业有职称的工程技术和经济管理人员不少于 300 人，其中工程技术人员不少于 200 人；工程技术人员中，具有高级职称的人员不少于 10 人，具有中级职称的人员不少于 60 人。企业具有的一级资质项目经理不少于 12 人。

企业注册资本金 5 000 万元以上，净资产 6 000 万元以上，近 3 年最高年工程结算收入 2 亿元以上，具有与承包工程范围相适应的施工机械和质量检测设备。

(2) 一级资质承揽工程范围。可承担单项建安合同额不超过企业注册资本金 5 倍的下列房屋建筑工程的施工：
① 40 层及以下、各类跨度的房屋建筑工程；
② 高度 240 米及以下的构筑物；
③ 建筑面积 20 万平方米及以下的住宅小区或建筑群体。

3) 二级施工总承包企业。

(1) 二级资质标准。企业近 5 年承担过下列 6 项中的 4 项以上工程的施工总承包或主体工程承包，工程质量合格：
① 12 层以上的房屋建筑工程；
② 高度 50 米以上的构筑物或建筑物；
③ 单体建筑面积 1 万平方米以上的房屋建筑工程；
④ 单跨跨度 21 米以上的房屋建筑工程；
⑤ 建筑面积 5 万平方米以上的住宅小区或建筑群体；
⑥ 单项建安合同额 3 000 万元以上的房屋建筑工程。

企业经理具有 8 年以上从事工程管理工作经历或具有中级以上职称；技术负责人具有 8 年以上从事建筑施工技术管理工作经历并具有本专业高级职称；财务负责人具有中级以上会计职称。企业有职称的工程技术和经济管理人员不少于 150 人，其中工程技术人员不少于 100 人；工程技术人员中，具有高级职称的人员不少于 2 人，具有中级职称的人员不少于 20 人。企业具有的二级资质以上项目经理不少于 12 人。

企业注册资本金 2 000 万元以上，净资产 2 500 万元以上，企业近 3 年最高年工程结算收入 8 000 万元以上，企业具有与承包工程范围相适应的施工机械和质量检测设备。

(2) 二级资质承揽工程范围。可承担单项建安合同额不超过企业注册资本金 5 倍的下列房屋建筑工程的施工：
① 28 层及以下、单跨跨度 36 米及以下的房屋建筑工程；
② 高度 120 米及以下的构筑物；
③ 建筑面积 12 万平方米及以下的住宅小区或建筑群体。

4) 三级施工总承包企业

(1) 三级资质标准。企业近 5 年承担过下列 5 项中的 3 项以上工程的施工总承包或主体工程承包，工程质量合格：

① 6 层以上的房屋建筑工程；

② 高度 25 米以上的构筑物或建筑物；

③ 单体建筑面积 5 000 平方米以上的房屋建筑工程；

④ 单跨跨度 15 米以上的房屋建筑工程；

⑤ 单项建安合同额 500 万元以上的房屋建筑工程。

企业经理具有 5 年以上从事工程管理工作经历；技术负责人具有 5 年以上从事建筑施工技术管理工作经历并具有本专业中级以上职称；财务负责人具有初级以上会计职称。企业有职称的工程技术和经济管理人员不少于 50 人，其中工程技术人员不少于 30 人；工程技术人员中，具有中级以上职称的人员不少于 10 人；企业具有的三级资质以上项目经理不少于 10 人。

企业注册资本金 600 万元以上，净资产 700 万元以上，近 3 年最高年工程结算收入 2 400 万元以上，企业具有与承包工程范围相适应的施工机械和质量检测设备。

(2) 三级资质承揽工程范围。可承担单项建安合同额不超过企业注册资本金 5 倍的下列房屋建筑工程的施工：

① 14 层及以下、单跨跨度 24 米及以下的房屋建筑工程；

② 高度 70 米及以下的构筑物；

③ 建筑面积 6 万平方米及以下的住宅小区或建筑群体。

2. 专业承包企业

取得专业承包资质的企业(以下简称专业承包企业)，可以承接施工总承包企业分包的专业工程和建设单位依法发包的专业工程。专业承包企业可以对所承接的专业工程全部自行施工，也可以将劳务作业依法分包给具有相应资质的劳务分包企业，比如地基与基础工程、土石方工程、建筑装修装饰工程、建筑幕墙工程、预拌商品混凝土、混凝土预制构件等 60 类专业工程，资质等级不完全相同。

3. 劳务分包企业

取得劳务分包资质的企业(以下简称劳务分包企业)，可以承接施工总承包企业或专业承包企业分包的劳务作业，比如木工作业、砌筑作业、抹灰作业、石制作业、油漆作业、钢筋作业、混凝土作业、脚手架作业、模板作业、焊接作业、水暖电安装作业、钣金作业、架线作业等 13 类作业，资质等级划分比较简单。除了木工、砌筑、钢筋、脚手架、模板、焊接等技能分为一、二两级以外，其他都不分等级。

2.2.2 施工企业资质证书的申请、延续和变更

1. 企业资质的申请

《建筑业企业资质管理规定》中规定，建筑企业可以申请一项或多项建筑企业资质；申请多项建筑企业资质的，应当选择最高的一项资质为企业主项资质。

企业首次申请、增项申请建筑业企业资质，不考核企业工程业绩，其资质等级按照最低资质等级核定。已取得工程设计资质的企业首次申请同类别或相近类别的建筑企业资质的，可以将相应规模的工程总承包业绩作为工程业绩予以申报，但申请资质等级最高不得超过其现有工程设计资质等级。

2. 企业资质证书的延续和变更

建筑业企业资质证书有效期为 5 年。资质有效期满，企业需要延续资质证书有效期的，应当在资质证书有效期满 60 日前，申请办理资质延续手续。对在资质有效期内遵守有关法律、法规、规章、技术标准，信用档案中无不良记录行为记录，且注册资本、专业技术人员均满足资质标准要求的企业，经资质许可机关同意，有效期可续 5 年。

资质的撤回、撤销、吊销和注销

建筑企业在资质证书有效期内名称、地址、注册资本、法定代表人等发生变更的，应当在工商部门办理变更手续后 30 日内办理资质证书变更手续。

3. 禁止无资质或越级承揽工程的规定

(1) 禁止无资质承揽工程。《建筑法》规定，承包建筑工程的单位应当持有依法取得的资质证书，并在其资质等级许可的业务范围内承揽工程。

《建设工程质量管理条例》也规定，施工单位应当依法取得相应等级的资质证书，并在其资质等级许可的范围内承揽工程。《建设工程安全生产管理条例》进一步规定，施工单位从事建设工程的新建、扩建、改建和拆除等活动，应当具备国家规定的注册资本、专业技术人员、技术装备和安全生产等条件，依法取得相应等级的资质证书，并在其资质等级许可的范围内承揽工程。

近年来，无资质承揽建设工程已转为比较隐蔽的"挂靠"形式。但是，在专业工程分包或者劳务作业分包中仍存在着无资质承揽工程的现象。《建筑法》明确规定，禁止总承包单位将工程分包给不具备相应资质条件的单位。2019 年 2 月住房和城乡建设部经修改后发布的《房屋建筑和市政基础设施工程施工分包管理办法》进一步规定，"分包工程承包人必须具有相应的资质，并在其资质等级许可的范围内承揽业务。严禁个人承揽分包工程业务"。目前，无资质承揽劳务分包工程，常见的是作为自然人的包工头，带领一部分农民工组成的施工队，与总承包企业或者专业承包企业签订劳务合同，或者是通过层层转包、违法分包获签合同。

(2) 禁止越级承揽工程。《建筑法》和《建设工程质量管理条例》均规定，禁止施工单位超越本单位资质等级许可的业务范围承揽工程。

《建筑法》中联合共同承包对资质的有关法律规定：两个以上不同资质等级的单位实行联合承包的，应当按照资质等级低的单位的业务许可范围承揽工程，禁止总承包单位将工程分包给不具备相应资质条件的单位。

《建筑法》中分包工程对资质的有关法律规定：禁止总承包单位将工程分包给不具备相应资质条件的单位。《房屋建筑和市政基础设施工程施工分包管理办法》进一步规定，分包工程承包人必须具有相应的资质，并在其资质等级许可的范围内承揽业务。在分包工程活动中，较为常见的是越级承揽工程的现象，即施工承包企业将超越劳务企业资质等级或超越劳务范围的工程分包给劳务企业，并签订劳务分包合同。

(3) 禁止以其他企业或其他以本企业名义承揽工程的规定。《建筑法》规定，禁止建筑施工企业超越本企业资质等级许可的业务企业范围或者以任何形式用其他建筑企业的名义承揽工程。禁止建筑施工企业以任何形式允许其他单位或者个人使用本企业的资质证书、营业执照，以本企业的名义承揽工程。《建设工程质量管理条例》也规定，禁止施工单位超越本单位资质等级许可的业务范围或者以其他施工单位的名义承揽工程。禁止施工单位允许其他单位或者个人本单位的名义承揽工程。

案例分析

某工程项目由甲施工企业总承包，该企业将土石方工程分包给乙分包公司，乙分包公司又与社会上的刘某签订任务书，约定由刘某组织人员负责土方开挖、装卸和运输，并由其负责施工的项目管理、技术指导和现场安全，单独核算，自负盈亏。

问题：
该分包公司与刘某签订土石方工程任务书的行为应当如何定性？

分析：
本案中，分包企业允许刘某以工程任务书形式承揽土石方工程，并将相册全权交由刘某负责，该项目施工中的技术、质量、安全管理及核算人员均由刘某自行组织，而非该分包公司的人员，按照《房屋建筑和市政基础设施工程分包管理办法》第十五条的规定，这种情况应视同允许他人以本企业名义承揽。

任务 2.3　建造师注册执业制度

案例引入

实际工作单位与注册单位不一致，即为证书挂靠。申请人的实际工作单位，主要通过在网上查询申请人的社会保险缴纳状态进行推断。社保缴纳单位与注册单位不一致，则涉嫌证书挂靠。

请判断下列行为是否违法。
(1) 达到法定退休年龄正式退休和依法提前退休。
(2) 因事业单位改制等原因保留事业单位身份，实际工作单位为所在事业单位下属企业，社会保险由该事业单位缴纳。
(3) 属于大专院校所属勘察设计、工程监理、工程造价单位聘请的本校在职教师或科研人员，社会保险由所在院校缴纳。
(4) 属于军队自主择业人员。
(5) 因企业改制、征地拆迁等买断社会保险。

执业资格制度是指对具有一定专业学历和资历并从事特定专业技术活动的专业技术人员，通过考试和注册确定其执业的技术资格，使其获得相应文件签字权的一种制度。

《建筑法》规定，从事建筑活动的专业技术人员，应当依法取得相应的执业资格证书，并在执业资格证书许可的范围内从事建筑活动。这是因为建设工程的技术要求比较复杂，建设工程的质量和安全生产直接关系人身安全及公共财产安全，责任极为重大。因此，对从事建设工程活动的专业技术人员，应当建立起必要的个人执业资格制度；只有依法取得相应执业资格证书的专业技术人员，方可在其执业资格证书许可的范围内从事建设工程活动。

2.3.1 建造师考试、注册和继续教育的规定

注册建造师是指通过考核认定或考试合格取得中华人民共和国建造师资格证书,并按照规定注册,取得中华人民共和国建造师注册证书和执业印章,担任施工单位项目负责人及从事相关活动的专业技术人员。

《建造师执业资格制度暂行规定》中规定,建造师分为一级建造师和二级建造师。经国务院有关部门同意,获准在中华人民共和国境内从事建设工程项目施工管理的外籍及港、澳、台地区的专业人员,符合本规定要求的,也可报名参加建造师执业资格考试以及申请注册。

1. 建造师的考试

《建造师执业资格制度暂行规定》中规定,建造师执业资格实行统一大纲、统一命题、统一组织的考试制度,由人事部(现为人力资源和社会保障部,下同)、建设部(现为住房和城乡建设部,下同)共同组织实施,原则上每年举行一次考试。

(1) 考试内容和时间。《建造师执业资格制度暂行规定》中规定,建造师执业资格考试,分综合知识与能力和专业知识与能力两个部分。

人事部、建设部《建造师执业资格考试实施办法》(国人部发〔2004〕16号)进一步规定,一级建造师执业资格考试设《建设工程经济》《建设工程法规及相关知识》《建设工程项目管理》和《专业工程管理与实务》4个科目。2006年12月人事部办公厅、建设部办公厅发布的《关于建造师考试相关科目专业类别调整有关问题的通知》规定,一级建造师资格考试《专业工程管理与实务》科目设置10个专业类别:建筑工程、公路工程、铁路工程、民航机场工程、港口与航道工程、水利水电工程、市政公用工程、通信与广电工程、矿业工程、机电工程。二级建造师则分为建筑工程、公路工程、水利水电工程、市政公用工程、矿业工程和机电工程6个专业类别。

《建造师执业资格考试实施办法》规定,一级建造师执业资格考试时间定于每年的第三季度,而二级建造师考试为第二季度。一级建造师执业资格考试分4个半天,二级建造师执业资格考试分3个半天,以纸笔作答方式进行。一级建造师考4个科目,而二级建造师考3个科目。其中,《专业工程管理与实务》含客观题和主观题,其余科目均为客观题,在答题卡上作答,考生应考时,应携带黑色墨水笔、2B铅笔、橡皮、无声无文本编辑功能的计算器。考试时间安排如表2-1和表2-2所示。

表2-1 一级建造师考试时间安排

考试时间		考试科目	满 分
第一天	9:00—11:00	建设工程经济	100分
	14:00—17:00	建设工程法规及相关知识	130分
第二天	9:00—12:00	建设工程项目管理	130分
	14:00—18:00	专业工程管理与实务(10个专业)	160分

表 2-2　二级建造师考试时间安排

考试时间		考试科目	满　分
第一天	9:00—12:00	建设工程施工管理	100 分
	14:00—16:00	建设工程法规及相关知识	120 分
第二天	9:00—12:00	专业工程管理与实务(6 个专业)	120 分

符合规定的报名条件，于 2003 年 12 月 31 日前取得建设部颁发的《建筑业企业一级项目经理资质证书》，并符合下列条件之一的人员，可免试《建设工程经济》和《建设工程项目管理》2 个科目，只参加《建设工程法规及相关知识》和《专业工程管理与实务》2 个科目的考试：

① 受聘担任工程或工程经济类高级专业技术职务；

② 具有工程类或工程经济类大学专科以上学历并从事建设项目施工管理工作满 20 年。

住房和城乡建设部办公厅《关于取消一级建造师临时执业证书的通知》(建办市〔2019〕50 号)规定，自 2019 年 7 月 19 之日起，取消一级建造师临时执业证书。持有一级建造师临时执业证书正在担任施工单位项目负责人的，在 2019 年 12 月 31 日前，暂可继续担任该项目的项目负责人；其聘用单位应尽快按照有关要求更换项目负责人。符合《建造师执业资格考试实施办法》第 7 条规定的，参加一级建造师考试可免试《建设工程经济》和《建设工程项目管理》2 个科目。

(2) 报考条件和考试申请。《建造师执业资格制度暂行规定》中规定，凡遵守国家法律、法规，具备下列条件之一者，可以申请参加一级建造师执业资格考试：

① 取得工程类或工程经济类大学专科学历，工作满 6 年，其中从事建设工程项目施工管理工作满 4 年；

② 取得工程类或工程经济类大学本科学历，工作满 4 年，其中从事建设工程项目施工管理工作满 3 年；

③ 取得工程类或工程经济类双学士学位或研究生班毕业，工作满 3 年，其中从事建设工程项目施工管理工作满 2 年；

④ 取得工程类或工程经济类硕士学位，工作满 2 年，其中从事建设工程项目施工管理工作满 1 年；

⑤ 取得工程类或工程经济类博士学位，从事建设工程项目施工管理工作满 1 年。

已取得一级建造师执业资格证书的人员，还可以根据实际工作需要，选择《专业工程管理与实务》科目的相应专业，报名参加考试。考试合格后核发国家统一印制的相应专业合格证明。该证明作为注册时增加执业专业类别的依据。

参加考试由本人提出申请，携带所在单位出具的有关证明及相关材料到当地考试管理机构报名。考试管理机构按规定程序和报名条件审查合格后，发放准考证。考生凭准考证在指定的时间、地点参加考试。中央管理的企业和国务院各部门及其所属单位的人员按属地原则报名参加考试。

考试成绩实行 2 年为一个周期的滚动管理办法，参加全部 4 个科目考试的人员须在连

续的两个考试年度内通过全部科目；免试部分科目的人员须在一个考试年度内通过应试科目。

(3) 考试违纪违规行为处理规定。2017年2月人力资源和社会保障部发布的《专业技术人员资格考试违纪违规行为处理规定》中规定，应试人员在考试过程中有下列违纪违规行为之一的，给予其当次该科目考试成绩无效的处理：

① 携带通信工具、规定以外的电子用品或者与考试内容相关的资料进入座位，经提醒仍不改正的；

② 经提醒仍不按规定书写、填涂本人身份和考试信息的；

③ 在试卷、答题纸、答题卡规定以外位置标注本人信息或者其他特殊标记的；

④ 未在规定座位参加考试，或者未经考试工作人员允许擅自离开座位或者考场，经提醒仍不改正的；

⑤ 未用规定的纸、笔作答，或者试卷前后作答笔迹不一致的；

⑥ 在考试开始信号发出前答题，或者在考试结束信号发出后继续答题的；

⑦ 将试卷、答题卡、答题纸带出考场的；

⑧ 故意损坏试卷、答题纸、答题卡、电子化系统设施的；

⑨ 未按规定使用考试系统，经提醒仍不改正的；

⑩ 其他应当给予当次该科目考试成绩无效处理的违纪违规行为。

应试人员在考试过程中有下列严重违纪违规行为之一的，给予其当次全部科目考试成绩无效的处理，并将其违纪违规行为记入专业技术人员资格考试诚信档案库，记录期限为5年：

① 抄袭、协助他人抄袭试题答案或者与考试内容相关资料的；

② 互相传递试卷、答题纸、答题卡、草稿纸等的；

③ 持伪造证件参加考试的；

④ 本人离开考场后，在考试结束前，传播考试试题及答案的；

⑤ 使用禁止带入考场的通信工具、规定以外的电子用品的；

⑥ 其他应当给予当次全部科目考试成绩无效处理的严重违纪违规行为。

应试人员在考试过程中有下列特别严重违纪违规行为之一的，给予其当次全部科目考试成绩无效的处理，并将其违纪违规行为记入专业技术人员资格考试诚信档案库，长期记录：

① 串通作弊或者参与有组织作弊的；

② 代替他人或者让他人代替自己参加考试的；

③ 其他情节特别严重、影响恶劣的违纪违规行为。

参加一级建造师人力资源和社会保障部执业资格考试合格，由各省、自治区、直辖市人事部门颁发人事部统一印制，人事部、住房和城乡建设部用印的《中华人民共和国一级建造师执业资格证书》。该证书在全国范围内有效。

2. 建造师的注册

2016年9月住房和城乡建设部经修改后发布的《注册建造师管理规定》中规定，注建造师实行注册执业管理制度，注册建造师分为一级注册建造师和二级注册建造师。取得资格证书的人员，经过注册方能以注册建造师的名义执业。

住房和城乡建设部办公厅《关于一级建造师执业资格实行电子化申报和审批的通知》(建办市〔2018〕48号)规定，自2018年10月22日起，一级建造师初始注册、增项注册、重新注册、注销等申请事项通过新版二级建造师注册管理信息系统(以下简称新系统)实行网上申报、网上审批。

(1) 申请初始注册。申请初始注册时应当具备以下条件：

① 经考核认定或考试合格取得资格证书；
② 受聘于一个相关单位；
③ 达到继续教育要求；
④ 没有《注册建造师管理规定》中规定不予注册的情形。

取得一级建造师资格证书并受聘于一个建设工程勘察、设计、施工、监理、招标代理、造价咨询等单位的人员，应当通过聘用单位提出注册申请，并可以向单位工商注册所在地的省、自治区、直辖市人民政府住房和城乡建设主管部门提交申请材料。

省、自治区、直辖市人民政府住房和城乡建设主管部门收到申请材料后，应当在5日内将全部申请材料报国务院住房和城乡建设主管部门审批。国务院住房和城乡建设主管部门在收到申请材料后，应当依法作出是否受理的决定，并出具凭证；申请材料不齐全或者不符合法定形式的，应当在5日内一次性告知申请人需要补正的全部内容。逾期不告知的，自收到申请材料之日起即为受理。符合条件的，由国务院住房和城乡建设主管部门核发《中华人民共和国一级建造师注册证书》，并核定执业印章编号。对申请初始注册的，国务院住房和城乡建设主管部门应当自受理之日起20日内作出审批决定。自作出决定之日起10日内公告审批结果。

初始注册者，可自资格证书签发之日起3年内提出申请。逾期未申请者，须符合本专业继续教育的要求后方可申请初始注册。申请初始注册需要提交下列材料：

① 注册建造师初始注册申请表；
② 学历证书和身份证明复印件；
③ 申请人与聘用单位签订的聘用劳动合同复印件或其他有效证明文件；
④ 逾期申请初始注册的，应当提供达到继续教育要求的证明材料。

住房和城乡建设部《关于取消部分部门规章和规范性文件设定的证明事项的决定》规定，申请一级注册建造师执业资格初始注册，申请人不再提交执业资格证书复印件，而是向主管部门作出书面承诺。

原建设部《注册建造师执业管理办法(试行)》(建市〔2008〕48号)规定，注册建造师注册证书和执业印章由本人保管，任何单位(发证机关除外)和个人不得扣押注册建造师注册证书或执业印章。

(2) 延续注册、变更注册和增项注册。《注册建造师管理规定》中规定，注册证书与执业印章有效期为3年。注册有效期满需继续执业的，应当在注册有效期届满30日前，按照规定申请延续注册。延续注册的，有效期为3年。申请延续注册的，应当提交下列材料：

① 注册建造师延续注册申请表；
② 原注册证书；

③ 申请人与聘用单位签订的聘用劳动合同复印件或其他有效证明文件；
④ 申请人注册有效期内满足继续教育要求的证明材料。

在注册有效期内，注册建造师变更执业单位，应当与原聘用单位解除劳动关系，并按照规定办理变更注册手续，变更注册后仍延续原注册有效期。申请变更注册的，应当提交下列材料：

① 注册建造师变更注册申请表；
② 注册证书和执业印章；
③ 申请人与新聘用单位签订的聘用合同复印件或有效证明文件；
④ 工作调动证明(与原聘用单位解除聘用合同或聘用合同到期的证明文件、退休人员的退休证明)。

对申请变更注册、延续注册的，国务院住房和城乡建设主管部门应当自受理之日起 10 日内作出审批决定。自作出决定之日起 10 日内公告审批结果。

注册建造师需要增加执业专业的，应当按照规定申请专业增项注册，并提供相应的资格证明。

《注册建造师执业管理办法(试行)》规定，注册建造师应当通过企业按规定及时申请办理变更注册、延续注册等相关手续。多专业注册的注册建造师，其中一个专业注册期满仍需以该专业继续执业和以其他专业执业的，应当及时办理延续注册。

注册建造师变更聘用企业的，应当在与新聘用企业签订聘用合同后的 1 个月内，通过新聘用企业申请办理变更手续。因变更注册申报不及时而影响注册建造师执业、导致工程项目出现损失的，由注册建造师所在聘用企业承担责任，并作为不良行为记入企业信用档案。

注册建造师变更聘用企业的，应当在与新聘用企业签订聘用合同后的 1 个月内，通过新聘用企业申请办理变更手续。因变更注册申报不及时影响注册建造师执业、导致工程项目出现损失的，由注册建造师所在聘用企业承担责任，并作为不良行为记入企业信用档案。

聘用企业与注册建造师解除劳动关系的，应当及时申请办理注销注册或变更注册。聘用企业与注册建造师解除劳动合同关系后无故不办理注销注册或变更注册的，注册建造师可向省级住房和城乡建设主管部门申请注销注册证书和执业印章。注册建造师要求注销注册或变更注册的，应当提供与原聘用企业解除劳动关系的有效证明材料。住房和城乡建设主管部门经向原聘用企业核实，聘用企业在 7 日内没有提供书面反对意见和相关证明材料的，应予办理注销注册或变更注册。

(3) 不予注册和注册证书的失效、注销。《注册建造师管理规定》中规定，申请人有下列情形之一的，不予注册：

① 不具有完全民事行为能力的；
② 申请在两个或者两个以上单位注册的；
③ 未达到注册建造师继续教育要求的；
④ 受到刑事处罚，刑事处罚尚未执行完毕的；
⑤ 因执业活动受到刑事处罚，自刑事处罚执行完毕之日起至申请注册之日止不满 5 年的；
⑥ 因前项规定以外的原因受到刑事处罚，自处罚决定之日起至申请注册之日止不满 3 年的；

⑦ 被吊销注册证书，自处罚决定之日起至申请注册之日止不满2年的；

⑧ 在申请注册之日前3年内担任项目经理期间，所负责项目发生过重大质量和安全事故的；

⑨ 申请人的聘用单位不符合注册单位要求的；

⑩ 年龄超过65周岁的；

⑪ 法律、法规规定不予注册的其他情形。

注册建造师有下列情形之一的，其注册证书和执业印章失效：

① 聘用单位破产的；

② 聘用单位被吊销营业执照的；

③ 聘用单位被吊销或者撤回资质证书的；

④ 已与聘用单位解除聘用合同关系的；

⑤ 注册有效期满且未延续注册的；

⑥ 年龄超过65周岁的；

⑦ 死亡或不具有完全民事行为能力的；

⑧ 其他导致注册失效的情形。

注册建造师有下列情形之一的，由注册机关办理注销手续，收回注册证书和执业印章或者公告其注册证书和执业印章作废：

① 有以上规定的注册证书和执业印章失效情形发生的；

② 依法被撤销注册的；

③ 依法被吊销注册证书的；

④ 受到刑事处罚的；

⑤ 法律、法规规定应当注销注册的其他情形。

(4) 电子化申报和审批。住房和城乡建设部办公厅《关于一级建造师执业资格实行电子化申报和审批的通知》(建办市〔2018〕48号)规定，一级建造师执业资格认定实行承诺制。申请人和其聘用企业对申报信息的真实性和有效性进行承诺，并承担相应法律责任。取得一级建造师执业资格证书或取得一级建造师注册证书的人员及其聘用企业在办理注册业务前，须在新系统中完成实名认证。取得一级建造师执业资格证书的人员应通过新系统提出注册申请，其聘用企业确认后，通过新系统上报住房和城乡建设部。住房和城乡建设部在20个工作日内作出书面决定，并向社会公告，不再公示审核意见。

二级注册建造师变更执业单位，应通过新系统先完成注销手续再申请重新注册。对于注册人员或企业基本信息变更的，须通过新系统提交相关材料。一级注册建造师办理注销手续的，应通过新系统提交注销申请，其聘用企业完成确认后，即为完成注销。

3. 建造师的继续教育

接受继续教育，既是注册建造师应当享有的权利，也是注册建造师应当履行的义务。注册建造师按规定参加继续教育，是申请初始注册、延续注册、增项注册和重新注册(以下统称注册)的必要条件。

注册证书与执业印章的有效期为3年，3年到期后应申请延续注册。继续教育在3年内参加一次并考试合格即可,一般建设行政主管部门每年都要举办一次,具体情况可以留意当地建设行政主管部门(住建厅)官网上的通知。

注册一个专业的建造师在每一注册有效期内应参加继续教育不少于 120 学时,其中必修课 60 学时,选修课 60 学时。注册两个及以上专业的,每增加一个专业还应参加所增加专业 60 学时的继续教育,其中必修课 30 学时,选修课 30 学时。

申请延续注册的,应当提交下列材料:
① 注册建造师延续注册申请表;
② 原注册证书;
③ 申请人与聘用单位签订的聘用劳动合同复印件或其他有效证明文件;
④ 申请人注册有效期内继续教育要求的证明材料。

注册建造师在参加继续教育期间享有国家规定的工资、保险、福利待遇。建筑业企业及勘察、设计、监理、招标代理、造价咨询等用人单位应重视注册建造师继续教育工作,督促其按期接受继续教育。其中,建筑业企业应为从事在建工程项目管理工作的注册建造师提供经费和时间支持。

2.3.2 建造师的基本权利和义务

1. 建造师的基本权利

案例

《建造师执业资格制度暂行规定》中规定,建造师经注册后,有权以建造师的名义担任建设工程项目施工的项目经理及从事其他施工活动的管理。

《注册建造师管理规定》进一步规定,注册建造师享有下列权利:
① 使用注册建造师名称;
② 在规定范围内从事执业活动;
③ 在本人执业活动中形成的文件上签字并加盖执业印章;
④ 保管和使用本人注册证书、执业印章;
⑤ 对本人执业活动进行解释和辩护;
⑥ 接受继续教育;
⑦ 获得相应的劳动报酬;
⑧ 对侵犯本人权利的行为进行申述。

建设工程施工活动中形成的有关工程施工管理文件,应当由注册建造师签字并加盖执业印章。施工单位签署质量合格的文件上,必须有注册建造师的签字盖章。

《注册建造师执业管理办法(试行)》规定,担任建设工程施工项目负责人的注册建造师,应当按照《关于印发〈注册建造师施工管理签章文件目录〉(试行)的通知》(建市〔2008〕42 号)要求,在建设工程施工管理相关文件上签字并加盖执业印章,签章文件作为工程竣工备案的依据。只有注册建造师签章完整的工程施工管理文件方为有效。注册建造师有权拒绝在不合格或者有弄虚作假内容的建设工程施工管理文件上签字并加盖执业印章。

建设工程合同包含多个专业工程的,担任施工项目负责人的注册建造师,负责该工程施工管理文件签章。专业工程独立发包时,注册建造师执业范围涵盖该专业工程的,可担任该专业工程的施工项目负责人。分包工程施工管理文件应当由分包企业注册建造师签字并加盖执业印章。分包企业签署质量合格的文件上，必须由担任总包项目负责人的注册建造师签字并加盖执业印章。

修改注册建造师签字并加盖执业印章的工程施工管理文件，应当征得所在企业同意后，由注册建造师本人进行修改；注册建造师本人不能进行修改的，应当由企业指定同等资格条件的注册建造师修改，并由其签字并加盖执业印章。

《建造师执业资格制度暂行规定》中规定，建造师在工作中，必须严格遵守法律、法规和行业管理的各项规定，恪守职业道德。建造师必须接受继续教育，更新知识，不断提高业务水平。

《注册建造师管理规定》进一步规定，注册建造师应当履行下列义务：
① 遵守法律、法规和有关管理规定，恪守职业道德；
② 执行技术标准、规范和规程；
③ 保证执业成果的质量，并承担相应责任；
④ 接受继续教育，努力提高执业水准；
⑤ 保守在执业中知悉的国家秘密和他人的商业、技术等秘密；
⑥ 与当事人有利害关系的，应当主动回避；
⑦ 协助注册管理机关完成相关工作。

2. 注册建造师不得有下列行为

① 不履行注册建造师义务；
② 在执业过程中，索贿、受贿或者谋取合同约定费用外的其他利益；
③ 在执业过程中实施商业贿赂；
④ 签署有虚假记载等不合格的文件；
⑤ 允许他人以自己的名义从事执业活动；
⑥ 同时在两个或者两个以上单位受聘或者执业；
⑦ 涂改、倒卖、出租、出借、复制或以其他形式非法转让资格证书、注册证书和执业印章；
⑧ 超出执业范围和聘用单位业务范围内从事执业活动；
⑨ 法律、法规、规章禁止的其他行为。

住房和城乡建设部办公厅《关于开展工程建设领域专业技术人员职业资格"挂证"等违法违规行为专项整治的通知》(建办市〔2018〕57号)规定，严肃查处持证人注册单位与实际工作单位不符、买卖租借(专业)资格(注册)证书等"挂证"违法违规行为，以及提供虚假就业信息、以职业介绍为名提供"挂证"信息服务等违法违规行为。

住房和城乡建设部办公厅《关于做好工程建设领域专业技术人员职业资格"挂证"等违法违规行为专项整治工作的补充通知》(建办市函〔2019〕92号)规定，对实际工作单位与注册单位一致，但社会保险缴纳单位与注册单位不一致的人员，以下6类情形，原则上不认定为"挂证"行为：
① 达到法定退休年龄正式退休和依法提前退休的；
② 因事业单位改制等原因保留事业单位身份，实际工作单位为所在事业单位下属企业，社会保险由该事业单位缴纳的；

③ 属于大专院校所属勘察设计、工程监理、工程造价单位聘请的本校在职教师或科研人员,社会保险由所在院校缴纳的;
④ 属于军队自主择业人员的;
⑤ 因企业改制、征地拆迁等买断社会保险的;
⑥ 有法律法规、国家政策依据的其他情形。

《注册建造师执业管理办法(试行)》还规定,注册建造师不得有下列行为:
① 不按设计图纸施工;
② 使用不合格建筑材料;
③ 使用不合格设备、建筑构配件;
④ 违反工程质量、安全、环保和用工方面的规定;
⑤ 在执业过程中,索贿、行贿、受贿或者谋取合同约定费用外的其他不法利益;
⑥ 在弄虚作假或不合格文件上签字并加盖执业印章的;
⑦ 以他人名义或允许他人以自己的名义从事执业活动;
⑧ 同时在两个或者两个以上企业受聘并执业;
⑨ 超出执业范围和聘用企业业务范围从事执业活动;
⑩ 未变更注册单位,而在另一家企业从事执业活动;
⑪ 所负责工程未办理竣工验收或移交手续前,变更注册到另一企业;
⑫ 伪造、涂改、倒卖、出租、出借或以其他形式非法转让资格证书、注册证书和执业印章;
⑬ 不履行注册建造师义务和法律、法规、规章禁止的其他行为。

担任建设工程施工项目负责人的注册建造师在执业过程中,应当及时、独立地完成建设工程施工管理文件签章,无正当理由不得拒绝在文件上签字并加盖执业印章。担任施工项目负责人的注册建造师应当按照国家法律法规、工程建设强制性标准组织施工,保证工程施工符合国家有关质量、安全、环保、节能等有关规定。担任施工项目负责人的注册建造师,应当按照国家劳动用工有关规定,规范项目劳动用工管理,切实保障劳务人员合法权益。担任建设工程施工项目负责人的注册建造师对其签署的工程管理文件承担相应责任。

建设工程发生质量、安全、环境事故时,担任该施工项目负责人的注册建造师应当按照有关法律法规规定的事故处理程序及时向企业报告,并保护事故现场,不得隐瞒。

3. 注册机关的监督管理

《注册建造师管理规定》中规定,县级以上人民政府住房和城乡建设主管部门和有关部门在履行监督检查职责时,有权采取下列措施:
(1) 要求被检查人员出示注册证书;
(2) 要求被检查人员所在聘用单位提供有关人员签署的文件及相关业务文档;
(3) 就有关问题询问签署文件的人员;
(4) 纠正违反有关法律、法规、本规定及工程标准规范的行为。

有下列情形之一的,注册机关依据职权或者根据利害关系人的请求,可以撤销注册建造师的注册:
(1) 注册机关工作人员滥用职权、玩忽职守作出准予注册许可的;

(2) 超越法定职权作出准予注册许可的;
(3) 违反法定程序作出准予注册许可的;
(4) 对不符合法定条件的申请人颁发注册证书和执业印章的;
(5) 依法可以撤销注册的其他情形。申请人以欺骗、贿赂等不正当手段获准注册的,应当予以撤销。

《注册建造师执业管理办法(试行)》规定,注册建造师违法从事相关活动的,违法行为发生地的县级以上地方人民政府建设主管部门或有关部门应当依法查处,并将违法事实、处理结果告知注册机关;依法应当撤销注册的,应当将违法事实、处理建议及有关材料报注册机关,注册机关或有关部门应当在 7 个工作日内作出处理,并告知行为发生地人民政府建设行政主管部门或有关部门。

注册建造师异地执业的,工程所在地的省级人民政府建设主管部门应当将处理建议转交注册建造师注册所在地的省级人民政府建设主管部门,注册所在地的省级人民政府建设主管部门应当在 14 个工作日内作出处理,并告知工程所在地的省级人民政府建设行政主管部门。

2.3.3 违法行为应承担的法律责任

建造师及建造师工作中违法行为应承担的主要法律责任如下。

1. 建造师注册违法行为应承担的法律责任

《注册建造师管理规定》中规定,隐瞒有关情况或者提供虚假材料申请注册的,住房和城乡建设主管部门不予受理或者不予注册,并给予警告,申请人 1 年内不得再次申请注册。

以欺骗、贿赂等不正当手段取得注册证书的,由注册机关撤销其注册,3 年内不得再次申请注册,并由县级以上地方人民政府住房和城乡建设主管部门处以罚款。其中没有违法所得的,处以 1 万元以下的罚款;有违法所得的,处以违法所得 3 倍以下且不超过 3 万元的罚款。

聘用单位为申请人提供虚假注册材料的,由县级以上地方人民政府住房和城乡建设主管部门或者其他有关部门给予警告,责令限期改正;逾期未改正的,可处 1 万元以上 3 万元以下的罚款。

《关于开展工程建设领域专业技术人员职业资格"挂证"等违法违规行为专项整治的通知》规定,对违规的专业技术人员撤销其注册许可,自撤销注册之日起 3 年内不得再次申请注册,记入不良行为记录并列入建筑市场主体"黑名单",向社会公布。

2. 建造师继续教育违法行为应承担的法律责任

《注册建造师继续教育管理办法》规定,注册建造师应按规定参加继续教育,接受培训测试,不参加继续教育或继续教育不合格的不予注册。

对于采取弄虚作假等手段取得《注册建造师继续教育证书》的,一经发现,立即取消其继续教育记录,并记入不良信用记录,对社会公布。

3. 无证或未办理变更注册执业应承担的法律责任

《注册建造师管理规定》中规定，未取得注册证书和执业印章，担任大中型建设工程项目施工单位项目负责人，或者以注册建造师的名义从事相关活动的，其所签署的工程文件无效，由县级以上地方人民政府住房和城乡建设主管部门或者其他有关部门给予警告，责令停止违法活动，并可处1万元以上3万元以下的罚款。

未办理变更注册而继续执业的，由县级以上地方人民政府住房和城乡建设主管部门或者其他有关部门责令限期改正；逾期不改正的，可处5 000元以下的罚款。

4. 建造师执业活动中违法行为应承担的法律责任

《注册建造师管理规定》中规定，注册建造师在执业活动中有下列行为之一的，由县级以上地方人民政府住房和城乡建设主管部门或者其他有关部门给予警告，责令改正，没有违法所得的，处1万元以下的罚款；有违法所得的，处违法所得3倍以下且不超过3万元的罚款：

① 不履行注册建造师义务；
② 在执业过程中，索贿、受贿或者谋取合同约定费用外的其他利益；
③ 在执业过程中实施商业贿赂；
④ 签署有虚假记载等不合格的文件；
⑤ 允许他人以自己名义从事执业活动；
⑥ 同时在两个或者两个以上单位受聘或者执业；
⑦ 涂改、倒卖、出租、出借或以其他形式非法转让资格证书、注册证书和执业印章；
⑧ 超出执业范围和聘用单位业务范围内从事执业活动；
⑨ 法律、法规、规章禁止的其他行为。

5. 未提供注册建造师信用档案信息应承担的法律责任

《注册建造师管理规定》中规定，注册建造师或者其聘用单位未按照要求提供注册建造师信用档案信息的，由县级以上地方人民政府住房和城乡建设主管部门或者其他有关部门责令限期改正；逾期未改正的，可处1 000元以上1万元以下的罚款。

6. 注册执业人员因过错造成质量事故应承担的法律责任

《建设工程质量管理条例》规定，违反本条例规定，注册建筑师、注册结构工程师、监理工程师等注册执业人员因过错造成质量事故的，责令停止执业1年；造成重大质量事故的，吊销执业资格证书，5年以内不予注册；情节特别恶劣的，终身不予注册。

案例分析

某建设集团在一级建造师注册过程中连续发生4人次违规行为：一是该公司李某在申请一级建造师注册时，隐瞒其已在另一个单位注册的事实，提供虚假材料；二是该公司张某在申请一级建造师注册时，未能完成法定的建造师继续教育内容；三是该公司王某在申请一级建造师注册时，提供虚假材料，其实际年龄已达67周岁；四是陈某因不赡养父母，被该市某区法院判定犯遗弃罪，并判处有期徒刑2年、缓刑2年执行的处罚，且陈某在申请一级建造师注册时，没有告知其被刑事处罚的事实。

问题:

本案中4名当事人的行为应当作何处理?

分析:

(1)《注册建造师继续教育管理暂行办法》第二十六条规定:"注册建造师应按规定参加继续教育,接受培训测试,不参加继续教育或继续教育不合格的不予注册。"据此,本案中的张某未能完成建造师继续教育内容,按规定不能予以注册。

(2)《注册建造师管理规定》第十五条第一款第四项的规定:"申请人有下列情形之一的,不予注册:受到刑事处罚,刑事处罚尚未执行完毕的。"本案中陈某隐瞒事实,申请一级建造师注册属违法行为,应当不予注册。

(3)《注册建造师管理规定》第三十三条规定:"隐瞒有关情况或者提供虚假材料申请注册的,住房和城乡建设主管部门不予受理或者不予注册,并给予警告,申请人1年内不得再次申请注册。"本案中的李某、张某、王某和陈某4人均分别隐瞒事实、提供虚假材料,政府主管部门应当不予受理或者不予注册,并给予警告,且这4人在1年内不得再次申请注册。

素质提升

项目3　建设工程承发包法律制度

学习目标

(1) 掌握建设工程招标投标制度。
(2) 熟悉违法行为应当承担的法律责任。
(3) 掌握建设工程总承包、共同承包和分包的规定。
(4) 了解建筑市场诚信行为信息的分类。
(5) 熟悉建筑市场诚信行为的奖惩机制。

思政课堂

请看下列资料：

2021年3月江苏某厂招标购买喷气纺机。甲公司、乙公司参加投标，并且双方约定抬高标价，互不拆台，不管哪家中标，利润分摊。同时通过劝说、利诱等手段，与该厂负责招标的副厂长王某疏通关系。王某透露这种机器的行价在78万元左右，竞标的价格不能超过88万元。三方谈定，竞标价与行价(78万元)的差价，中标人得40%，王某、另一公司各得30%。最后甲公司以88万元中标。之后，甲公司分别送给王某和乙公司3万元。该厂4月初组织职工外出参观时看到这种机器，得知该机器的真实价格为78万元后，怀疑招标有问题，于是向工商局举报。在当地纪委的介入下，工商行政管理机关查清了上述事实真相，并根据规定，处理如下：认定甲公司中标无效；对王某、甲公司、乙公司分别处以罚款5万元。

请就以上消息思考：

作为新时代中的一名土建类专业学生，你在未来的工作中遇到类似情况会怎么处理？请将你的所思所想写在下面。

建设工程发包，是建设工程的建设单位(或总承包单位)将建设工程任务通过招标发包或直接发包的方式，交付给具有法定从业资格的单位完成，并按照合同约定支付报酬的行为。建设工程承包，则是具有法定从业资格的单位依法承揽建设工程任务，通过签订合同确立双方的权利与义务，按照合同约定取得相应报酬，并完成建设工程任务的行为。

任务 3.1 建设工程招标投标制度

案例引入

某工程项目，建设单位通过招标选择了一家具有相应资质的监理单位中标，并在中标通知书发出后与监理单位签订了监理合同，后双方又签订了一份监理酬金比中标价低8%的协议，在施工公开招标中，有 A、B、C、D、E、F、G、H 等施工企业报名投标，经资格预审，这些企业均符合资格预审文件的要求，但建设单位以 A 施工企业是外地企业为由，坚持不同意其参加投标。

问题：

(1) 建设单位与监理单位签订监理合同有何违法行为？应分别如何处罚？

(2) 外地施工企业是否有资格参加本次项目的投标？如何看待建设单位的做法？

建设工程招标投标，是建设单位对拟建的建设工程项目通过法定的程序和方式吸引承包单位进行公平竞争，并从中选择条件优越者来完成建设工程任务的行为。这是在市场经济条件下常用的一种建设工程项目交易方式。

3.1.1 建设工程法定招标的范围、招标方式和交易场所

1. 建设工程必须招标的范围

2017 年 12 月经修订后颁布的《中华人民共和国招标投标法》(以下简称《招标投标法》)第三条规定，在中华人民共和国境内进行下列工程建设项目包括项目的勘察、设计、施工、监理以及与工程建设有关的重要设备、材料等的采购，必须进行招标：

① 大型基础设施、公用事业等关系社会公共利益、公众安全的项目；

② 全部或者部分使用国有资金投资或者国家融资的项目；

③ 使用国际组织或者外国政府贷款、援助资金的项目。

2019 年 3 月经修改后公布的《中华人民共和国招标投标法实施条例》(以下简称《招标投标法实施条例》)指出，工程建设项目是指与工程以及与工程建设有关的货物、服务。工程是指建设工程，包括建筑物和构筑物的新建、改建、扩建及其相关的装修、拆除、修缮等；与工程建设有关的货物，是指构成工程不可分割的组成部分，且为实现工程基本功能所必需的设备、材料等；与工程建设有关的服务，是指为完成工程所需的勘察、设计、监理等服务。

经国务院批准，2018 年 3 月国家发展和改革委员会发布的《必须招标的工程项目规定》中规定，全部或者部分使用国有资金投资或者国家融资的项目包括：

① 使用预算资金 200 万元人民币以上，并且该资金占投资额 10% 以上的项目；

② 使用国有企业事业单位资金，并且该资金占控股或者主导地位的项目。

使用国际组织或者外国政府贷款、援助资金的项目包括：

① 使用世界银行、亚洲开发银行等国际组织贷款、援助资金的项目；

② 使用外国政府及其机构贷款、援助资金的项目。

2. 建设工程必须招标的规模标准

必须招标范围内的各类工程建设项目，达到下列条件之一的，必须进行招标：
① 施工单项合同估算价在 400 万元人民币以上的；
② 重要设备、材料等货物的采购，单项合同估算价在 200 万元人民币以上的；
③ 勘察、设计、监理等服务的采购，单项合同估算价在 100 万元人民币以上的。

同一项目中可以合并进行的勘察、设计、施工、监理以及与工程建设有关的重要设备、材料等的采购，合同估算价合计达到以上规定标准的，必须招标。

建设工程必须招标的项目如表 3-1 所示。

表 3-1 必须招标的项目

范 围	规 模
公用事业、基础设施全部或部分使用国有资金；外国政府、国际组织援建	施工≥400 万元 材料设备采购(货物采购)200 万元 勘察设计监理(服务采购)≥100 万元

* 范围+规模，两条件同时具备才需要招标。

3. 可以不进行招标的建设工程项目

《招标投标法》规定，涉及国家安全、国家秘密、抢险救灾或者属于利用扶贫资金实行以工代赈、需要使用农民工等特殊情况，不适宜进行招标的项目，按照国家有关规定可以不进行招标。

《招标投标法实施条例》还规定，除《招标投标法》规定可以不进行招标的特殊情况外，有下列情况之一的，可以不进行招标：
① 需要采用不可替代的专利或者专有技术；
② 采购人依法能够自行建设、生产或者提供；
③ 已通过招标方式选定的特许经营项目投资人依法能够自行建设、生产或者提供；
④ 需要向原中标人采购工程、货物或者服务，否则将影响施工或者功能配套要求；
⑤ 国家规定的其他特殊情况。

此外，对于依法必须招标的具体范围和规模标准以外的建设工程项目，可以不进行招标，采用直接发包的方式。

4. 建设工程招标方式

(1) 公开招标和邀请招标。《招标投标法》规定，招标分为公开招标和邀请招标。

公开招标，是指招标人以招标公告的方式邀请不特定的法人或者其他组织投标。依法必须进行招标的项目的招标公告，应当通过国家指定的报刊、信息网络或者其他媒介发布。

邀请招标，是指招标人以投标邀请书的方式邀请特定的法人或者其他组织投标。招标人采用邀请招标方式的，应当向三个以上具备承担招标项目的能力、资信良好的特定的法人或者其他组织发出投标邀请书。国务院发展计划部门确定的国家重点项目和省、自治区、直辖市人民政府确定的地方重点项目不适宜公开招标的，经国务院发展计划部门或者省、自治区、直辖市人民政府批准，可以进行邀请招标。

《招标投标法实施条例》进一步规定，国有资金投资占控股或者主导地位的工程建设项目，应当公开招标；但不适宜进行公开招标或有下列情形之一的，经批准可以进行邀请招标的项目：

① 技术复杂、有特殊要求或受自然地域环境限制，只有少量潜在投标人可供选择；
② 采用公开招标方式的费用占项目合同金额的比例过大。

2017年7月经财政部修改后发布的《政府采购货物和服务招标投标管理办法》规定，货物服务招标分为公开招标和邀请招标。公开招标，是指采购人依法以招标公告的方式邀请非特定的供应商参加投标的采购方式。邀请招标，是指采购人依法从符合相应资格条件的供应商中随机抽取3家以上供应商，并以投标邀请书的方式邀请其参加投标的采购方式。

因此，豁免招标和豁免公开招标的项目可以用表3-2来区分。

表3-2 豁免招标和豁免公开招标的项目

豁免招标		豁免公开招标
豁免招标→不招标	一般情况下，不招标就是直接发包	豁免公开招标→邀请招标
	政府采购的，竞争性谈判或单一来源采购	
(1) 涉及国家秘密、国家安全、抢险救灾，不适合招标的； (2) 以工代赈需要使用农民工的； (3) 施工主要技术采用不可替代的专利或专有技术(只有一家能做)； (4) 已通过招标方式选定的特许经营项目投资人依法能自行建设； (5) 采购人依法能够自行建设； (6) 需要向原中标人采购，否则将影响施工或者功能配套要求的		(1) 项目技术复杂或有特殊要求，或受自然地域环境限制，只有少量几家潜在投标人可供选择的； (2) 采用公开招标方式的费用占项目合同金额的比例过大
注意批准机关 国家重点项目：国家发改委批准 省级重点项目：省级政府批准		

(2) 总承包招标和两阶段招标。《招标投标法实施条例》规定，招标人可以依法对工程以及工程建设有关的货物、服务全部或者部分实行总承包招标。以暂估价型的形式包括在总承包范围内的工程、货物、服务中的，属于依法必须进行招标的项目范围且达到国家规定规模标准的，应依法进行招标。以上所称暂估价，是指总承包招标时不能确定价格而由招标人在招标文件中暂时估定的工程、货物、服务的金额。

对于技术复杂或者无法精确拟定技术规格的项目，招标人可以分两阶段进行招标。第一阶段，投标人按照招标公告或者投标邀请书的要求提交不带报价的技术建议，招标人根据投标人提交的技术建议确定技术标准和要求，编制招标文件。第二阶段，招标人向在第一阶段提交技术建议的投标人提供招标文件，投标人按照招标文件的要求提交包括最终技术方案和投标报价的投标文件。

5. 建设工程招标投标交易场所

《招标投标法实施条例》规定，设区的市级以上地方人民政府可以根据实际需要，建立统一规范的招标投标交易场所，为招标投标活动提供服务。招标投标交易场所不得与行政监督部门存在隶属关系，不得以营利为目的。国家鼓励利用信息网络进行电子招标投标。

依法必须招标项目的资格预审公告和招标公告，应当载明以下内容：

① 招标项目名称、内容、范围、规模、资金来源；
② 投标资格能力要求，以及是否接受联合体投标；
③ 获取资格预审文件或招标文件的时间、方式；
④ 递交资格预审文件或投标文件的截止时间、方式；
⑤ 招标人及其招标代理机构的名称、地址、联系人及联系方式；
⑥ 采用电子招标投标方式的，潜在投标人访问电子招标投标交易平台的网址和方法；
⑦ 其他依法应当载明的内容。

依法必须招标项目的中标候选人公示应当载明以下内容：
① 中标候选人排序、名称、投标报价、质量、工期(交货期)，以及评标情况；
② 中标候选人按照招标文件要求承诺的项目负责人姓名及其相关证书名称和编号；
③ 中标候选人响应招标文件要求的资格能力条件；
④ 提出异议的渠道和方式；
⑤ 招标文件规定公示的其他内容。

依法必须招标项目的中标结果公示应当载明中标人名称。

依法必须招标项目的招标公告和公示信息，应当在"中国招标投标公共服务平台"或者项目所在地的省级电子招标投标公共服务平台(以下简称"发布媒介")发布。发布媒介应当免费提供依法必须招标项目的招标公告和公示信息发布服务，并允许社会公众和市场主体免费、及时查阅前述招标公告和公示的完整信息。

任何单位和个人认为招标人或其招标代理机构在招标公告和公示信息发布活动中存在违法违规行为的，可以依法向有关行政监督部门投诉、举报；认为发布媒介在招标公告和公示信息发布活动中存在违法违规行为的，根据有关规定可以向相应的省级以上发展和改革部门或其他有关部门投诉、举报。

3.1.2 招标基本程序、禁止肢解发包和限制/排斥投标人的规定

1. 招标基本程序

建设工程招标的基本程序主要包括履行项目审批手续、委托招标代理机构、编制招标文件及标底的工程量清单、发布招标公告或投标邀请书、资格审查、开标、评标、中标和签订合同，以及终止招标等。

1) 履行项目审批手续

《招标投标法》规定，招标项目按照国家有关规定需要履行项目审批手续的，应当先履行审批手续，并取得批准；招标人应当有进行招标项目的相应资金或资金来源已经落实，并应当在招标文件中如实载明。

《招标投标法实施条例》进一步规定，按照国家有关规定需要履行项目审批、核准手续的依法必须进行招标的项目，其招标范围、招标方式和招标组织形式等应当报项目的审批、核准部门进行审批、核准，部门应当及时将结果通报有关行政监督部门。

2) 委托招标代理机构

《招标投标法》规定，招标人具有编制招标文件和组织评标能力的，可以自行办理招标

事宜。任何单位和个人不得强制其委托招标代理机构办理招标事宜。依法必须进行招标的项目，招标人自行办理招标事宜的，应当向有关行政监督部门备案。

《招标投标法实施条例》进一步规定，招标人具有编制招标文件和组织评标能力，是指招标人具有与招标项目规模和复杂程度相适应的技术、经济等方面的专业人员。

招标代理机构是依法设立、从事招标代理业务并提供相关服务的社会中介组织。《招标投标法》规定，招标人有权自行选择招标代理机构，委托其办理招标事宜。招标代理机构应当具备下列条件：

① 有从事招标代理业务的营业场所和相应资金；
② 有能够编制招标文件和组织评标的相应专业力量。

按照《招标投标法实施条例》的规定，招标代理机构在招标人委托的范围内开展招标代理业务，任何单位和个人不得非法干涉。招标代理机构不得在所代理的招标项目中投标或者代理投标，也不得为所代理的招标项目的投标人提供咨询。

3) 编制招标文件及标底的工程量清单

(1) 招标文件的内容及标底。招标人应当根据招标项目的特点和需要编制招标文件。招标文件应当包括招标项目的技术要求、对投标人资格审查的标准、投标报价要求和评标标准等所有实质性要求和条件以及拟签订合同的主要条款。

标底是依据国家统一的工程量计算规则、预算定额和计价方法计算出来的工程造价，是招标人对建设工程的预算期望值，也是评标的参考基准价，但不得作为评标的唯一依据。为了保证招标能在公正的环境下进行，对设有标底的建设工程项目，招标人对标底必须保密。编制标底应当遵循下列原则：

① 根据设计图纸及有关资料、招标文件、参照国家规定的技术、经济标准、定额及规范，确定工程量和设定标底；
② 标底价格应由成本、利润和税金组成，一般应控制在批准的建设项目总概算及投资包干的限额内；
③ 标底价格作为招标人的期望价，应力求与市场的实际变化相吻合，要有利于竞争和保证工作质量；
④ 标底价格应考虑人工、材料、机械台班等价格变动因素及施工期不可预见费、包干费、措施费等。如果要求工程达优良，还应增加相应费用；
⑤ 一个工程只能设定一个标底。

(2) 招标文件的澄清、修改和答疑。招标人对已发出的招标文件进行必要的澄清或者修改的，应当在招标文件要求提交投标文件截止时间至少15日前，以书面形式通知所有招标文件收受人。该澄清或者修改的内容为招标文件的组成部分。

(3) 确定编制投标文件的合理时间。在招标文件中，招标人应当确定投标人编制投标文件所需要的合理时间；但是，依法必须进行招标的项目，自招标文件开始发售之日起至投标人提交投标文件之日止，最短不得少于20日。

4) 发布招标公告或投标邀请书

(1) 邀请招标。招标人采取邀请招标方式的，应当向3个以上具有承担招标项目能力、资信良好的特定法人或者其他组织发出投标邀请书。

招标人设有标底的，标底必须保密。招标人根据招标项目的具体情况，可以组织潜在投标人踏勘项目现场。

(2) 公开招标。建设工程实行公开招标的,应当发布招标公告。

招标人应当按招标公告或者投标邀请书规定的时间、地点出售招标文件。自招标文件出售之日起至停止出售之日止,最短不得少于 5 个工作日。对招标文件的收费应当合理,不得以营利为目的。招标人在发布招标公告、发出投标邀请书后,或者是在售出招标文件或资格预审文件后不得擅自终止招标。

5) 资格审查

资格审查分为资格预审和资格后审,二者从资格审查的时间、审查不合格处理情况以及审查内容等几个方面的区别如表 3-3 所示。

表 3-3 资格预审和资格后审的区别

种类	含义	后果	审查内容
资格预审	是指在投标前对潜在投标人进行的资格审查	资格预审不合格的潜在投标人不得参加投标	(1) 具有独立订立合同的权利; (2) 具有履行合同的能力,包括专业、技术资格和能力,资金、设备和其他物质设施状况,管理能力,经验、信誉和相应的从业人员; (3) 没有处于被责令停业,投标资格被取消,财产被接管、冻结,处于破产状态; (4) 在最近三年内没有骗取中标、严重违约及重大工程质量问题; (5) 法律、行政法规规定的其他资格条件
资格后审	在招标后对投标人进行的资格审查	资格后审不合格的投标人的投标应作废标处理	
备注	进行资格审查时,招标人不得以不合理的条件限制、排斥潜在投标人或者投标人,不得对潜在投标人或者投标人实行歧视待遇。任何单位和个人不得以行政手段或者其他不合理方法限制投标人的数量		

6) 开标

开标时间应为招标文件中规定的时间,开标地点应当为招标文件中预先确定的地点。开标由招标人主持,并邀请所有投标人参加。开标时,由投标人或者其推选的代表检查投标文件的密封情况,也可以由招标人委托的公证机构检查并公证;经确认无误后,由工作人员当众拆封,宣读投标人名称、投标价格和投标文件的其他主要内容。招标人在招标文件要求提交投标文件的截止时间前收到的所有投标文件,开标时都应当当众予以拆封、宣读。开标过程应当记录,并存档备查。

投标文件有下列情形之一的,招标人不予受理:
① 逾期送达的或者未送达指定地点的;
② 未按招标文件要求密封的。

7) 评标

评标由招标人依法组建的评标委员会负责。依法必须进行招标的项目,其评标委员会由招标人的代表和有关技术、经济等方面的专家组成,成员为 5 人以上单数,其中技术、经济等方面的专家不得少于成员总数的 2/3。评标委员会成员的名单在中标结果确定前应当保密。

建设工程开标
(微课)

评标委员会可以要求投标人对投标文件中含义不明确的内容作必要的澄清或者说明，但是澄清或者说明不得超出投标文件的范围或者改变投标文件的实质性内容。评标委员会完成评标后，应当向招标人提出书面评标报告，并推荐合格的中标候选人。中标候选人应当不超过 3 个，并标明排序。评标报告应当由评标委员会全体成员签字。评标委员会经评审，认为所有投标都不符合招标文件要求的，可以否决所有投标。依法必须进行招标的项目的所有投标被否决的，招标人应当依法重新招标。

有下列情况之一的，评标委员会应当否决其投标：
① 投标文件未经投标单位盖章和单位负责人签字；
② 联合体投标未附联合体共同投标协议；
③ 投标人不符合国家或者招标文件规定的资格条件；
④ 同一投标人递交两份以上不同的投标文件或投标报价，但招标文件规定提交备选投标的除外；
⑤ 投标报价低于成本或者高于招标文件规定的最高投标限价；
⑥ 投标文件没有对招标文件的实质性要求和条件作出响应；
⑦ 投标人有串通投标、弄虚作假、行贿等违法行为。

关于拒收、否决投标和要求澄清、说明的区别，如表 3-4 所示。

表 3-4 拒收、否决投标和要求澄清、说明的区别

拒收 (当场就能发现)	否决投标(当场不能发现) (重大偏差)	要求澄清、说明 (细微偏差)
逾期送达的	投标文件未经投标单位盖章和单位负责人签字	含义不明确的内容
未送达指定地点的	投标联合体没有提交共同投标协议	明显的文字计算错误
未密封的	投标人不符合国家或者招标文件规定的资格条件	
未通过资格预审的	同一投标人提交两个以上不同的投标文件或者投标报价，但招标文件要求提交备选投标的除外	
	投标报价低于成本或者高于招标文件设定的最高投标限价	
	投标文件没有对招标文件的实质性要求和条件作出响应	
	投标人有串通投标、弄虚作假、行贿等违法行为	

8) 建设工程中标和签订合同

《招标投标法》规定，招标人应当接受评标委员会推荐的中标候选人，不得在评标委员会推荐的中标候选人之外确定中标人。依法必须进行招标的项目，招标人应当确定排名第一的中标候选人为中标人。排名第一的中标候选人放弃中标、因不可抗力提出不能履行合同，或者招标文件规定应当提交履约保证金而在规定的期限内未能提交的，招标人可以确定排名第二的中标候选人为中标人。排名第二的中标候选人因前述规定的同样原因不能签订合同的，招标人可以确定排名第三的中标候选人为中标人。

中标人的投标应当符合下列条件之一：
① 能够最大限度地满足招标文件中规定的各项综合评价标准；
② 能够满足招标文件的实质性要求，并且经评审的投标价格最低，但是投标价格低

于成本的除外。

评标委员会提出书面评标报告后,招标人一般应当在 15 日内确定中标人,但最迟应当在投标有效期结束日 30 个工作日前确定。

采用公开招标的,在中标通知书发出前,要将预中标人的情况在该工程项目招标公告发布的同一信息网络和建设工程交易中心予以公示,公示的时间最短不少于 2 个工作日。

招标人根据评标委员会提出的书面评标报告和推荐的中标候选人确定中标人。招标人也可以授权评标委员会直接确定中标人。中标人确定后,招标人应当向中标人发出中标通知书,并同时将中标结果通知所有未中标的投标人。中标通知书对招标人和中标人具有法律效力。中标通知书发出后,招标人改变中标结果的,或者中标人放弃中标项目的,应当依法承担法律责任。

招标人和中标人应当自中标通知书发出之日起 30 日内,按照招标文件和中标人的投标文件订立书面合同。招标人和中标人不得再行订立背离合同实质性内容的其他协议。

特别注意,当事人就同一建设工程另行订立的建设工程施工合同与经过备案的中标合同实质性内容不一致的,应当以备案的中标合同作为结算工程价款的根据。招标人与中标人另行签订合同的行为属违法行为,所签订的合同是无效合同。

9) 终止招标

《招标投标法实施条例》规定,投标人终止招标的,应当及时发布公告,或者以书面形式通知被邀请的或者已经获得资格预审文件、招标文件的潜在投标人。已经发售预审文件、招标文件或者已经收取投标保证金的,招标人应及时退还所收取的资格预审文件、招标文件的费用,以及所收取投标保证金及银行同期存款利息。

2. 禁止肢解发包的规定

肢解发包是指建设单位将本应由一个承包单位整体承建完成的建设工程肢解成若干部分,分别发包给不同承包单位的行为。在实践中,由于一些发包单位肢解发包工程,使施工现场缺乏应有的组织协调,不仅承建单位之间容易出现推诿扯皮与掣肘,还会造成施工现场秩序混乱、责任不清,工期拖延,成本增加,甚至发生严重的建设工程质量和安全问题。肢解发包还往往与发包单位有关人员徇私舞弊、收受贿赂、索拿回扣等违法行为有关。

为此,《招标投标法》规定,招标项目需要划分标段、确定工期的,招标人应合理划分标段、确定工期,并在招标文件中载明。《建筑法》也规定,提倡对建设工程实行总承包,禁止将建设工程肢解发包。建设工程的发包单位可以将建设工程的勘察、设计、施工、设备采购一并发包给一个工程总承包单位;但是,不得将应当由一个承包单位完成的建设工程肢解成若干部分发包给几个承包单位。

《建设工程质量管理条例》规定,建设单位不得将建设工程肢解发包。建设单位将建设工程肢解发包的,责令改正,并处工程合同价款 0.5%以上 1%以下的罚款;对全部或者部分使用国有资金的项目,并可以暂停项目执行或者暂停资金拨付。

3. 禁止限制、排斥投标人的规定

《招标投标法》规定,依法必须进行招标的项目,其招标投标活动不受地区或者部门的限制。任何单位和个人不得违法限制或者排斥本地区、本系统以外的法人或者其他组织参加投标,不得以任何方式非法干涉招标投标活动。

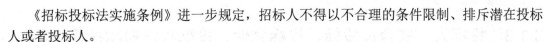

项目3　建设工程承发包法律制度

《招标投标法实施条例》进一步规定，招标人不得以不合理的条件限制、排斥潜在投标人或者投标人。

招标人有下列行为之一的，属于以不合理条件限制、排斥潜在投标人或者投标人：

① 就同一招标项目向潜在投标人或者投标人提供有差别的项目信息；

② 设定的资格、技术、商务条件与招标项目的具体特点和实际需要不相适应或者与合同履行无关；

③ 依法必须进行招标的项目以特定行政区域或者特定行业的业绩、奖项作为加分条件或者中标条件；

④ 对潜在投标人或者投标人采取不同的资格审查或者评标标准；

⑤ 限定或者指定特定的专利、商标、品牌、原产地或者供应商；

⑥ 依法必须进行招标的项目非法限定潜在投标人或者投标人的所有制形式或者组织形式；

⑦ 以其他不合理条件限制、排斥潜在投标人或者投标人。

招标人不得组织单个或者部分潜在投标人踏勘项目现场。

案例分析

见任务3.1的案例引入。

问题：

(1) 建设单位与监理单位签订的监理合同有何违法行为？应当如何处罚？

(2) 外地施工企业是否有资格参加本工程项目的投标？如何看待建设单位的做法？

分析：

(1) 《招标投标法》第四十六条规定："招标人和中标人应当自中标通知书发出之日起30日内，按照招标文件和中标人的投标文件订立书面合同。招标人和中标人不得再行订立背离合同实质性内容的其他协议。"《招标投标法实施条例》第五十七条又作了进一步规定："招标人和中标人应当依照招标投标法和本条例的规定签订书面合同，合同的标的、价款、质量、履行期限等主要条款应当与招标文件和中标人的投标文件的内容一致。招标人和中标人不得再行订立背离合同实质性内容的其他协议。"本案中的建设单位与监理单位签订监理合同之后，又签订了一份监理酬金比中标价低8%的协议，属再行订立背离合同实质性内容其他协议的违法行为。对此，应当依据《招标投标法》第五十九条 "招标人与中标人不按照招标文件和中标人的投标文件订立合同的，或者招标人、中标人订立背离合同实质性内容的协议的，责令改正；可以处中标项目金额千分之五以上千分之十以下的罚款"的规定，予以相应的处罚。

(2) 《招标投标法》第六条规定："依法必须进行招标的项目，其招标投标活动不受地区或者部门的限制。任何单位和个人不得违法限制或者排斥本地区、本系统以外的法人或者其他组织参加投标，不得以任何方式非法干涉招标投标活动。"本案中的建设单位以A施工企业是外地企业为由，不同意其参加投标，是一种限制或者排斥本地区以外法人参加投标的违法行为。A施工企业经资格预审符合资格预审公告的要求，是有资格参加本工程项目投标的。对此，《招标投标法》第五十一条规定："招标人以不合理的条件限制或者排斥潜在投标人的，对潜在投标人实行歧视待遇的，强制要求投标人组成联合体共同投标的，或者限制投标人之间竞争的，责令改正，可以处一万元以上五万元以下的罚款。"

3.1.3 投标人、联合体投标、投标文件、投标有效期和投标保证金

1. 投标人

《招标投标法》规定，投标人是响应招标、参加投标竞争的法人或者其他组织。投标人应当具备承担招标项目的能力；国家有关规定对投标人资格条件或者招标文件对投标人资格条件有规定的，投标人应当具备规定的资格条件。

《招标投标法实施条例》进一步规定，投标人参加依法必须进行招标的项目的投标，不受地区或者部门的限制，任何单位和个人不得非法干涉。

与招标人存在利害关系可能影响招标公正性的法人、其他组织或者个人，不得参加投标。单位负责人为同一人或者存在控股、管理关系的不同单位，不得参加同一标段投标或者未划分标段的同一招标项目投标。违反以上规定的，相关投标均无效。

投标人发生合并、分立、破产等重大变化的，应当及时书面告知招标人。投标人不再具备资格预审文件、招标文件规定的资格条件或者其投标影响招标公正性的，其投标无效。

2. 联合体投标

联合体投标是一种特殊的投标人组织形式，一般适用于大型的或结构复杂的建设项目。所谓联合体投标是指两个以上法人或者其他组织可以组成一个联合体，以一个投标人的身份共同投标。联合体各方均应当具备承担招标项目的相应能力；国家有关规定或者招标文件对投标人资格条件有规定的，联合体各方均应当具备规定的相应资格条件。由同一专业的单位组成的联合体，按照资质等级较低的单位确定资质等级。

综上所述，联合体投标的特点如下：

(1) 联合体由两个或者两个以上的投标人组成，参与投标是各方的自愿行为；
(2) 联合体是一个临时性的组织，不具有法人资格；
(3) 联合体各方以一个投标人的身份共同投标，中标后，招标人与联合体各方共同签订一个承包合同，联合体各方就中标项目向招标人承担连带责任；
(4) 联合体各方签订共同投标协议后，不得再以自己名义单独投标，也不得组成新的联合体或参加其他联合体在同一项目中投标。

联合体投标时各方应当签订共同投标协议，明确约定各方拟承担的工作和责任，并将共同投标协议连同投标文件一并提交招标人；联合体中标的，联合体各方应当共同与招标人签订合同，就中标项目向招标人承担连带责任；联合体各方应指定一方作为联合体牵头人，授权其代表所有联合体成员负责投标和合同实施阶段的主办、协调工作，并应当向招标人提交由所有联合体成员法定代表人签署的授权书；联合体投标未附联合体各方共同投标协议的，将由评标委员会初审后按废标处理。

此外，联合体投标的，应当以联合体各方或者联合体中牵头人的名义提交投标保证金。以联合体中牵头人名义提交的投标保证金，对联合体各成员均具有约束力。

3. 投标文件

(1) 投标文件的内容要求。《招标投标法》规定，投标人应当按照招标文件的要求编

制投标文件。投标文件应当对招标文件提出的实质性要求和条件作出响应。招标项目属于建设施工的,投标文件的内容应当包括拟派出的项目负责人与主要技术人员的简历、业绩和拟用于完成招标项目的机械设备等。投标文件应包括以下内容:

① 投标函及投标函附录;
② 法定代表人身份证明或附有法定代表人身份证明的授权委托书;
③ 联合体协议书;
④ 投标保证金;
⑤ 已标价工程量清单;
⑥ 施工组织设计;
⑦ 项目管理机构;
⑧ 拟分包项目情况表;
⑨ 资格审查资料;
⑩ 投标人须知前附表规定的其他材料。

特别说明,投标人须知前附表规定不接受联合体投标的,或投标人没有组成联合体的,投标文件不包括联合体协议书。

招标文件和投标文件的内容很容易混淆,我们可以用表3-5来区分。

表3-5 招标文件和投标文件内容区分

招标文件	投标文件
招标公告或投标邀请书	投标函(及附录)
投标人须知	法定代表人身份证明或授权委托书
评标办法	联合体协议书
合同条款及格式	投标保证金
工程量清单	已标价工程量清单
技术标准和要求	施工组织设计
投标报价要求	项目管理机构
投标文件格式	拟分包项目情况表
	资格审查资料

(2) 投标文件的修改与撤回。《招标投标法》规定,投标人在招标文件要求提交投标文件的截止时间前,可以补充、修改或者撤回已提交的投标文件,并书面通知招标人。补充、修改的内容为投标文件的组成部分。《招标投标法实施条例》进一步规定,若投标人撤回已提交的投标文件,应当在投标截止时间前书面通知招标人。

(3) 投标文件的送达与签收。《招标投标法》规定,投标人应当在招标文件要求提交投标文件的截止时间前,将投标文件送达投标地点。招标人收到投标文件后,应当签收保存,不得开启。投标人少于3个的,招标人应当依法重新招标。在招标文件要求提交投标文件的截止时间后送达的投标文件,招标人应当拒收。

重新招标后投标人仍少于3个的,属于必须审批的工程建设项目,报经原审批部门批准后可以不再进行招标;其他工程建设项目,招标人可自行决定不再进行招标。

《招标投标法实施条例》进一步规定,未通过资格预审的申请人提交的投标文件,以及逾期送达或者不按照招标文件要求密封的投标文件,招标人应当拒收。招标人应当如实记载投标文件的送达时间和密封情况,并存档备查。

4. 投标有效期

投标有效期是从投标人提交投标文件截止之日起计算,一般至中标通知书签发日期止。在此期间,所有招标文件均保持有效。

在原投标有效期结束前,出现特殊情况的,招标人可以书面形式要求所有投标人延长投标有效期。

(1) 投标人同意延长的,不得要求或被允许修改其投标文件的实质性内容,但应当相应延长其投标保证金的有效期;

(2) 投标人拒绝延长的,其投标失效,但投标人有权收回其投标保证金。因延长投标有效期造成投标人损失的,招标人应当给予补偿,但因不可抗力需要延长投标有效期的除外。

5. 投标保证金

投标保证金是指投标人按照招标文件的要求向招标人出具的,以一定金额表示的投标责任担保。投标保证金除现金外,可以是银行出具的银行保函、保兑支票、银行汇票或现金支票。投标保证金一般不得超过投标总价的2%,但最高不得超过80万元人民币。投标保证金有效期应当超出投标有效期30天。投标人应当按照招标文件要求的方式和金额,将投标保证金随投标文件提交给招标人。

招标人与中标人签订合同后5个工作日内,应当向未中标的投标人退还投标保证金。在发生下列情形时,招标人有权没收投标保证金:

(1) 在提交投标文件的截止时间过后到招标文件规定的投标有效期终止之前,投标人撤回投标文件的。

(2) 中标通知书发出后:

① 中标人放弃中标项目的;

② 无正当理由不与招标人签订合同的;

③ 在签订合同时向招标人提出附加条件或者更改合同实质性内容的,

或者拒不提交所要求的履约保证金的,招标人可取消其中标资格,并没收其投标保证金。

招标过程中的相关时间规定如图3-1所示。

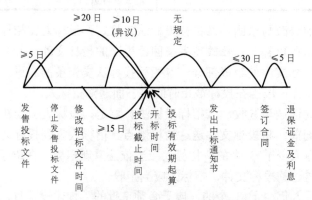

图3-1 招标过程中的相关时间规定

3.1.4 禁止串通投标和其他不正当竞争行为的规定

在建设工程招标投标活动中,投标人的不正当竞争行为主要是:投标人相互串通投标、招标人与投标人串通投标、投标人以行贿手段谋取中标、投标人以低于成本的报价竞标、投标人以他人名义投标或者以其他方式弄虚作假骗取中标。

1. 禁止投标人相互串通投标

《招标投标法》规定,投标人不得相互串通投标报价,不得排挤其他投标人的公平竞争,损害招标人或者其他投标人的合法权益。

《招标投标法实施条例》进一步规定,禁止投标人相互串通投标。有下列情形之一的,属于投标人相互串通投标:

① 投标人之间协商投标报价等投标文件的实质性内容;
② 投标人之间约定中标人;
③ 投标人之间约定部分投标人放弃投标或者中标;
④ 属于同一集团、协会、商会等组织成员的投标人按照该组织要求协同投标;
⑤ 投标人之间为谋取中标或者排斥特定投标人而采取的其他联合行动。

有下列情形之一的,视为投标人相互串通投标:
① 不同投标人的投标文件由同一单位或者个人编制;
② 不同投标人委托同一单位或者个人办理投标事宜;
③ 不同投标人的投标文件载明的项目管理成员为同一人;
④ 不同投标人的投标文件异常一致或者投标报价呈规律性差异;
⑤ 不同投标人的投标文件相互混装;
⑥ 不同投标人的投标保证金从同一单位或者个人的账户转出。

2. 禁止招标人与投标人串通投标

《招标投标法》规定,投标人不得与招标人串通投标,损害国家利益、社会公共利益或者他人的合法权益。

《招标投标法实施条例》进一步规定,禁止招标人与投标人串通投标。有下列情形之一的,属于招标人与投标人串通投标:

① 招标人在开标前开启投标文件并将有关信息泄露给其他投标人;
② 招标人直接或者间接向投标人泄露标底、评标委员会成员等信息;
③ 招标人明示或者暗示投标人压低或者抬高投标报价;
④ 招标人授意投标人撤换、修改投标文件;
⑤ 招标人明示或者暗示投标人为特定投标人中标提供方便;
⑥ 招标人与投标人为谋求特定投标人中标而采取的其他串通行为。

3. 禁止投标人以行贿手段谋取中标

《中华人民共和国反不正当竞争法》(以下简称《反不正当竞争法》)规定,经营者不得采用财物或者其他手段贿赂下列单位或者个人,以谋取交易机会或者竞争优势:

① 交易相对方的工作人员；
② 受交易相对方委托办理相关事务的单位或者个人；
③ 利用职权或者影响力影响交易的单位或者个人。

经营者的工作人员进行贿赂的，应当认定为经营者的行为；但是经营者有证据证明该工作人员的行为与为经营者谋取交易机会或者竞争优势无关的除外。同时，《反不正当竞争法》还规定，经营者在交易活动中，可以以明示方式向交易相对方支付折扣，或者向中间人支付佣金。经营者向交易相对方支付折扣、向中间人支付佣金的，应当如实入账。接受折扣、佣金的经营者也应当如实入账。

《招标投标法》也规定，禁止投标人以向招标人或者评标委员会成员行贿的手段谋取中标。投标人以行贿手段谋取中标是一种严重的违法行为，其法律后果是中标无效，有关责任人和单位要承担相应的行政责任或刑事责任，给他人造成损失的还应承担民事赔偿责任。

4. 投标人不得以低于成本的报价竞标

低于成本的报价竞标不仅属于不正当竞争行为，还易导致中标后施工的偷工减料，影响建设工程质量。《招标投标法》规定，投标人不得以低于成本的报价竞标。中标人的投标应当符合下列条件之一……但是投标价格低于成本的除外。

《建筑工程施工发包与承包计价管理办法》中规定，投标报价低于工程成本或者高于最高投标限价总价的，评标委员会应当否决投标人的投标。

5. 投标人不得以他人名义投标或以其他方式弄虚作假骗取中标

《反不正当竞争法》规定，经营者不得实施下列混淆行为，引人误认为是他人商品或者与他人存在特定联系：
① 擅自使用与他人有一定影响的商品名称、包装、装潢等相同或者近似的标识；
② 擅自使用他人有一定影响的企业名称(包括简称、字号等)、社会组织名称(包括简称等)、姓名(包括笔名、艺名、译名等)；
③ 擅自使用他人有一定影响的域名主体部分、网站名称、网页等；
④ 其他足以引人误认为是他人商品或者与他人存在特定联系的混淆行为。

《招标投标法》第三十三条中规定，投标人"不得以他人名义投标或者以其他方式弄虚作假，骗取中标"。《招标投标法实施条例》进一步规定，使用通过受让或者租借等方式获取的资格、资质证书投标的，属于招标投标法第三十三条规定的以他人名义投标。投标人有下列情形之一的，属于招标投标法第三十三条规定的以其他方式弄虚作假的行为：
(1) 使用伪造、变造的许可证件；
(2) 提供虚假的财务状况或者业绩；
(3) 提供虚假的项目负责人或者主要技术人员简历、劳动关系证明；
(4) 提供虚假的信用状况；
(5) 其他弄虚作假的行为。

案例分析

柴某与姜某是老乡，二人在外打拼了多年，一直想承揽一项大的建筑装饰业务。某市一商业大厦的装饰工程公开招标，当时柴某、姜某均没有符合承揽该工程的资质等级证书。

为了得到该装饰工程，柴某、姜某以缴纳高额管理费并提供其他优厚条件的手段，分别借用了 A 装饰公司、B 装饰公司的资质证书并以其名义报名投标。这两家装饰公司均通过了资格预审。之后，柴某与姜某商议，由柴某负责与招标方协调，姜某负责联系另外一家入围装饰公司的法定代表人张某，与张某串通投标价格，约定事成之后利益共享，并签订利益共享协议。为了增加中标的可能性，他们故意让入围的一家资质等级较低的装饰公司在投标时报高价，而柴某借用的资质等级高的 A 装饰公司则报较低价格。就这样，柴某终以借用 A 装饰公司名义成功中标，拿下了该项装饰工程。

问题：

(1) 柴某与姜某有哪些违法行为？

(2) 该违法行为应当受到何种处罚？

分析：

(1) 柴某与姜某有两项违法行为。一是弄虚作假，以他人名义投标。《招标投标法》第三十三条规定："投标人不得以低于成本的报价竞标，也不得以他人名义投标或者以其他方式弄虚作假，骗取中标。"《招标投标法实施条例》第四十二条进一步规定："使用通过受让或者租借等方式获取的资格、资质证书投标的，属于招标投标法第三十三条规定的以他人名义投标。"二是串通投标。《招标投标法》第三十二条规定："投标人不得相互串通投标报价，不得排挤其他投标人的公平竞争，损害招标人或者其他投标人的合法权益。投标人不得与招标人串通投标，损害国家利益、社会公共利益或者他人的合法权益。"《招标投标法实施条例》第三十九条进一步规定："有下列情形之一的，属于投标人相互串通投标：(一)投标人之间协商投标报价等投标文件的实质性内容；(二)投标人之间约定中标人；(三)投标人之间约定部分投标人放弃投标或者中标；(四)属于同一集团、协会、商会等组织成员的投标人按照该组织要求协同投标；(五)投标人之间为谋取中标或者排斥特定投标人而采取的其他联合行动。"

(2) 对于以他人名义投标的违法行为，《招标投标法》第五十四条规定："投标人以他人名义投标或者以其他方式弄虚作假，骗取中标的，中标无效，给招标人造成损失的，依法承担赔偿责任；构成犯罪的，依法追究刑事责任。依法必须进行招标的项目的投标人有前款所列行为尚未构成犯罪的，处中标项目金额千分之五以上千分之十以下的罚款，对单位直接负责的主管人员和其他直接责任人员处单位罚款数额百分之五以上百分之十以下的罚款；有违法所得的，并处没收违法所得；情节严重的，取消其一年至三年内参加依法必须进行招标的项目的投标资格并予以公告，直至由工商行政管理机关吊销营业执照。"《招标投标法实施条例》第六十八条进一步规定："投标人有下列行为之一的，属于招标投标法第五十四条规定的情节严重行为，由有关行政监督部门取消其 1 年至 3 年内参加依法必须进行招标的项目的投标资格：(一)伪造、变造资格资质证书或者其他许可证件骗取中标；(二)3 年内 2 次以上使用他人名义投标；(三)弄虚作假骗取中标给招标人造成直接经济损失 30 万元以上；(四)其他弄虚作假骗取中标情节严重的行为。投标人自本条第二款规定的处罚执行期限届满之日起 3 年内又有该款所列违法行为之一的，或者弄虚作假骗取中标情节特别严重的，由工商行政管理机关吊销营业执照。"此外，对出让或者出租资质证书供他人投标的，《招标投标法实施条例》第六十九条规定："出让或者出租资格、资质证书供他人投标的，依照法律、行政法规的规定给予行政处罚；构成犯罪的，依法追究刑事责任。"

对于串通投标的违法行为，《招标投标法》第五十三条规定："投标人相互串通投标或者与招标人串通投标的，投标人以向招标人或者评标委员会成员行贿的手段谋取中标的，中标无效，处中标项目金额千分之五以上千分之十以下的罚款，对单位直接负责的主管人员和其他直接责任人员处单位罚款数额百分之五以上百分之十以下的罚款；有违法所得的，并处没收违法所得；情节严重的，取消其一年至二年内参加依法必须进行招标的项目的投标资格并予以公告，直至由工商行政管理机关吊销营业执照；构成犯罪的，依法追究刑事责任。给他人造成损失的，依法承担赔偿责任。"《招标投标法实施条例》第六十七条进一步规定，投标人有下列行为之一的，属于招标投标法第五十三条规定的情节严重行为，由有关行政监督部门取消其一年至二年内参加依法必须进行招标的项目的投标资格：(一)以行贿谋取中标的；(二)三年内二次以上串通投标的；(三)串通投标行为损害招标人、其他投标人或者国家、集体、公民的合法利益，造成直接经济损失 30 万元以上的；(四)其他串通投标情节严重的行为。投标人自本条第二款规定的处罚执行期限届满之日起三年内又有该款所列违法行为之一的，或者串通投标、以行贿谋取中标情节特别严重的，由工商行政管理机关吊销营业执照。

对于构成犯罪的，2017 年 11 月经修改后公布的《中华人民共和国刑法》(简称《刑法》)第二百二十三条规定："投标人相互串通投标报价，损害招标人或者其他投标人利益，情节严重的，处三年以下有期徒刑或者拘役，并处或者单处罚金。投标人与招标人串通投标，损害国家、集体、公民的合法利益的，依照前款的规定处罚。"

3.1.5　中标的法定要求和招标投标投诉处理

1. 中标的法定要求

(1) 公示中标候选人。《招标投标法实施条例》规定，依法必须进行招标的项目，招标人应当自收到评标报告之日起 3 日内公示中标候选人，公示期不得少于 3 日。

投标人或者其他利害关系人对依法必须进行招标的项目的评标结果有异议的，应当在中标候选人公示期间提出。招标人应当自收到异议之日起 3 日内作出答复；作出答复前，应当暂停招标投标活动。

(2) 确定中标人。《招标投标法》规定，招标人根据评标委员会提出的书面评标报告和推荐的中标候选人确定中标人。招标人也可以授权评标委员会直接确定中标人。中标人的投标应当符合下列条件之一：

① 能够最大限度地满足招标文件中规定的各项综合评价标准；

② 能够满足招标文件的实质性要求，并且经评审的投标价格最低，但是投标价格低于成本的除外。

在确定中标人前，招标人不得与投标人就投标价格、投标方案等实质性内容进行谈判。《招标投标法实施条例》还规定，国有资金占控股或者主导地位的依法必须进行招标的项目，招标人应当确定排名第一的中标候选人为中标人。排名第一的中标候选人放弃中标、因不可抗力不能履行合同、不按照招标文件要求提交履约保证金，或者被查实存在影响中标结果的违法行为等情形，不符合中标条件的，招标人可以按照评标委员会提出的中标候选人名单排序依次确定其他中标候选人为中标人，也可以重新招标。

中标候选人的经营、财务状况发生较大变化或者存在违法行为,招标人认为可能影响其履约能力的,应当在发出中标通知书前由原评标委员会按照招标文件规定的标准和方法审查确认。

(3) 中标通知书和报告招标投标情况。《招标投标法》规定,中标人确定后,招标人应当向中标人发出中标通知书,并同时将中标结果通知所有未中标的投标人。中标通知书对招标人和中标人具有法律效力。中标通知书发出后,招标人改变中标结果的,或者中标人放弃中标项目的,应当依法承担法律责任。

依法必须进行招标的项目,招标人应当自确定中标人之日起 15 日内,向有关行政监督部门提交招标投标情况的书面报告。

(4) 履约保证金。《招标投标法》规定,招标文件要求中标人提交履约保证金的,中标人应当提交。《招标投标法实施条例》进一步规定,履约保证金不得超过中标合同金额的 10%。中标人应当按照合同约定履行义务,完成中标项目。

《国务院办公厅关于促进建筑业持续健康发展的意见》还规定,引导承包企业以银行保函或担保公司保函的形式,向建设单位提供履约担保。

2. 招标投标投诉与处理

(1) 投诉的规定。《招标投标法实施条例》规定,投标人或者其他利害关系人认为招标投标活动不符合法律、行政法规规定的,可以自知道或者应当知道之日起 10 日内向有关行政监督部门投诉。投诉应当有明确的请求和必要的证明材料。

但是,对资格预审文件、招标文件、开标以及对依法必须进行招标项目的评标结果有异议的,应当依法先向招标人提出异议,其异议答复期间不计算在以上规定的期限内。

(2) 投诉处理的规定。《招标投标法实施条例》规定,投诉人就同一事项向两个以上有权受理的行政监督部门投诉的,由最先收到投诉的行政监督部门负责处理。行政监督部门应当自收到投诉之日起 3 个工作日内决定是否受理投诉,并自受理投诉之日起 30 个工作日内作出书面处理决定;需要检验、检测、鉴定、专家评审的,所需时间不计算在内。投诉人捏造事实、伪造材料或者以非法手段取得证明材料进行投诉的,行政监督部门应当予以驳回。

行政监督部门处理投诉,有权查阅、复制有关文件、资料,调查有关情况,相关单位和人员应当予以配合。必要时,行政监督部门可以责令暂停招标投标活动。行政监督部门的工作人员对监督检查过程中知悉的国家秘密、商业秘密,应当依法予以保密。

招标投标投诉与处理的有关规定如表 3-6 所示。

表 3-6 招标投标投诉与处理的有关规定

对资格预审文件提出异议	至迟在提交资格预审文件截止时间 2 日前	招标人收到异议后 3 日内答复,答复前暂停招投标活动	招标人不答复,或投标人对招标人答复不服的,可以向招标办投诉
对招标文件提出异议	至迟在提交投标文件截止时间 10 日前	招标人收到异议后 3 日内答复,答复前暂停招投标活动	
对开标提出异议	开标现场当场提出	招标人当场回复并书面记录	

续表

对评标结果提出异议	中标候选人公示期间	招标人收到异议后3日内答复，答复前暂停招投标活动
其他事项	知道或应当知道该违法事实之日起10日内	直接向招标办投诉

3.1.6 违法行为应承担的法律责任

建设工程招标投标活动中违法行为应当承担的法律责任如下。

(1) 投标人相互串通投标或者与招标人串通投标的，投标人以向招标人或者评标委员会成员行贿的手段谋取中标的，中标无效，处中标项目金额5‰以上10‰以下的罚款，对单位直接负责的主管人员和其他直接责任人员处以单位罚款数额5%以上10%以下的罚款；有违法所得的，并处没收违法所得；情节严重的，取消其1~2年内参加依法必须进行招标的项目的投标资格并予以公告，直至由工商行政管理机关吊销营业执照；构成犯罪的，依法追究刑事责任。给他人造成损失的，依法承担赔偿责任。

(2) 投标人以他人名义投标或者以其他方式弄虚作假，骗取中标的，中标无效，给招标人造成损失的，依法承担赔偿责任；构成犯罪的，依法追究刑事责任。依法必须进行招标的项目的投标人有上述行为尚未构成犯罪的，处中标项目金额5‰以上10‰以下的罚款，对单位直接负责的主管人员和其他直接责任人员处以单位罚款数额5%以上10%以下的罚款；有违法所得的，并处没收违法所得；情节严重的，取消其1~3年内参加依法必须进行招标的项目的投标资格并予以公告，直至由工商行政管理机关吊销营业执照。

(3) 出让或者出租资格、资质证书供他人投标的，依照法律、行政法规的规定给予行政处罚；构成犯罪的，依法追究刑事责任。

(4) 投标人或者其他利害关系人捏造事实、伪造材料或者以非法手段取得证明材料进行投诉，给他们造成损失的，依法承担赔偿责任。

任务3.2 建设工程承包制度

案例引入

某建筑工程公司法定代表人李某与个体经营者张某是老乡。张某要求能以该公司的名义承接一些工程施工业务，双方便签订了一份承包合同，约定张某可使用该公司的资质证书、营业执照等承接工程，每年上交承包费20万元，如不能按时如数上交承包费，该公司有权解除合同。合同签订后，张某利用该公司的资质证书、营业执照等多次承揽工程施工业务，但年底只向该公司上交了8万元的承包费。为此，该公司与张某发生激烈争执，并诉至法院。

问题：

该建筑工程公司与张某是否存在违法行为？

建设工程承包制度包括总承包、共同承包、专业承包和专业分包等制度。

《建筑法》规定，建设工程实行招标发包的，发包单位应当将建设工程发包给依法中标的承包单位。建设工程实行直接发包的，发包单位应当将建设工程发包给具有相应资质的承包单位。

承包建设工程的单位应持有依法取得的资质证书，并在其资质等级许可的业务范围内承揽工程。禁止建筑施工企业超越本企业资质等级许可的业务范围或者以任何形式使用其他建筑施工企业的名义承揽工程。禁止建筑施工企业以任何形式允许其他单位或者个人使用本企业的资质证书、营业执照，以本企业的名义承揽工程。

按照合同约定，建筑材料、建筑构配件和设备由工程承包单位采购的，发包单位不得指定承包单位购入用于工程的建筑材料、建筑构配件和设备或者指定生产厂家、供应商。

住房和城乡建设部《建筑工程施工发包与承包违法行为认定查处管理办法》(建市规2019）1号)进一步规定，存在下列情形之一的，属于违法发包：

(1) 建设单位将工程发包给个人的；
(2) 建设单位将工程发包给不具有相应资质的单位的；
(3) 依法应当招标未招标或未按照法定招标程序发包的；
(4) 建设单位设置不合理的招标投标条件，限制、排斥潜在投标人或者投标人的；
(5) 建设单位将一个单位工程的施工分解成若干部分发包给不同的施工总承包或专业承包单位的。

3.2.1 建设工程总承包的规定

总承包通常分为工程总承包和施工总承包两大类。

《建筑法》规定，建设工程的发包单位可以将建设工程的勘察、设计、施工、设备采购一并发包给一个工程总承包单位，也可将建设工程的勘察、设计、施工、设备采购的一项或者多项发包给一个工程总承包单位。

工程总承包是指从事工程总承包的企业受建设单位的委托，按照工程总承包合同的约定，对工程项目的勘察、设计、施工、试运行(竣工验收)等实行全过程或若干阶段的承包。施工总承包是指发包人将全部施工任务发包给具有施工总承包资质的建筑业企业，由施工总承包企业按照合同约定向建设单位负责，承包完成施工任务。

1. 工程总承包的方式

工程总承包是指从事工程总承包的企业(以下简称工程总承包企业)受业主委托，按照合同约定，对工程项目的勘察、设计、采购、施工、试运行(竣工验收)等实行全过程或若干阶段的承包。工程总承包企业按照合同约定对工程项目的质量、工期、造价等向业主负责。工程总承包企业可依法将所承包工程中的部分工作发包给具有相应资质的分包企业；分包企业按照分包合同的约定对总承包企业负责。工程总承包的具体方式、工作内容和责任等，由业主与工程总承包企业在合同中约定。

工程总承包主要有如下方式。

(1) 设计、采购、施工(engineering，procurement，costruction，EPC)/交钥匙总承包。

设计采购施工总承包是指工程总承包企业按照合同约定，承担工程项目的设计、采购、施工、试运行服务等工作，并对承包工程的质量、安全、工期、造价全面负责。交钥匙总承包是设计采购施工总承包业务和责任的延伸，最终是向业主提交一个满足使用功能、具备使用条件的工程项目。

(2) 设计—施工总承包(design，build，D-B)。设计—施工总承包是指工程总承包企业按照合同约定，承担工程项目的设计和施工，并对承包工程的质量、安全、工期、造价全面负责。根据工程项目的不同规模、类型和业主要求，工程总承包还可采用设计—采购总承包(E-P)、采购—施工总承包(P-C)等方式。

(3) 设计—采购总承包(E-P)。设计—采购总承包是指工程总承包企业按照合同约定，承担工程项目的设计和采购工作，并对工程项目的设计和采购的质量、进度等负责。

(4) 采购—施工总承包(P-C)。采购—施工总承包是指工程总承包企业按照合同约定，承担工程项目的采购和施工，并对承包工程的采购和施工质量、安全、工期、造价负责。

2. 总承包企业的资质管理

我国对工程总承包不设立专门的资质。凡具有工程勘察、设计或施工总承包的企业，均可依法从事资质许可范围内相应等级的建设工程总承包业务。但是，承接建设工程总承包业务的，必须是取得施工总承包资质的企业。

我国建筑业企业资质分为施工总承包、专业承包和劳务分包三个序列。取得施工总承包资质的企业，可以承接施工总承包工程，也可以将专业工程或者劳务作业依法分包给具有相应资质的专业承包企业或劳务分包企业。

3. 总承包单位的责任

《建筑法》规定，建设工程总承包单位按照总承包合同的约定对建设单位负责；分包单位按照分包合同的约定对总承包单位负责。总承包单位和分包单位就分包工程对建设单位承担连带责任。《建设工程质量管理条例》进一步规定，建设工程实行总承包的，总承包单位应当对全部建设工程质量负责；建设工程勘察、设计、施工、设备采购的一项或者多项实行总承包的，总承包单位应当对其承包的建设工程或者采购的设备的质量负责。总承包单位依法将建设工程分包给其他单位的，分包单位应当按照分包合同的约定对其分包工程的质量向总承包单位负责，总承包单位与分包单位对分包工程的质量承担连带责任。

据此，无论是工程总承包还是施工总承包，由于承包合同的签约主体都是建设单位和总承包单位，总承包单位均应按照承包合同约定的权利义务向建设单位负责。如果分包工程发生问题，总承包单位不得以分包工程已分包他人为由推卸自己的总承包责任，而应与分包单位就分包工程承担连带责任。

3.2.2 建设工程共同承包的规定

共同承包是指由两个以上具有承包资质的单位共同组成非法人的联合体，以该联合体的名义承包某项建设工程的承包形式。在联合承包形式中，由参加联合的各承包单位共同组成的联合体作为一个单一的承包主体，与发包方签订承包合同，承担履行合同义务的全部责任。在联合体内部，则由参加联合体的各方以协议约定各自在联合承包中的权利、义务，包括联合体的管理方式及共同管理机构的产生办法、各方负责承担的工程任务的范围、利益分享与风险分担的办法等。

1. 共同承包的适用范围

《建筑法》规定，大型建设工程或者结构复杂的建设工程，可以由两个以上的承包单位联合共同承包。

作为大型的建设工程或结构复杂的建设工程，一般是投资额大、技术要求复杂和建设周期长，潜在风险较大，如果采取联合共同承包的方式，有利于更好地发挥各承包单位在资金、技术、管理等方面的优势，增强抗风险能力，从而保证工程质量和工期，提高投资效益。至于中小型或结构不复杂的工程，则无须采用共同承包方式，完全可由一家承包单位独立完成。

2. 共同承包的资质要求

《建筑法》规定，两个以上不同资质等级的单位实行联合共同承包的，应当按照资质等级低的单位的业务许可范围承揽工程。这主要是为防止以联合共同承包为名而进行"资质挂靠"的不规范行为。

3. 共同承包的责任

《招标投标法》规定，联合体中标的，联合体各方应当共同与招标人签订合同，就中标项目向招标人承担连带责任。《建筑法》也规定，共同承包的各方对承包合同的履行承担连带责任。

共同承包各方应签订联合承包协议，明确约定各方的权利、义务以及相互合作、违约责任承担等条款。各承包方就承包合同的履行对建设单位承担连带责任。如果出现赔偿责任，建设单位有权向共同承包的任何一方请求赔偿，而被请求方不得拒绝，在其支付赔偿后可依据联合承包协议及有关各方过错大小，有权对超过自己应赔偿的那部分份额向其他方进行追偿。

3.2.3 建设工程分包的规定

建设工程施工分包可分为专业工程分包和劳务作业分包。

专业工程分包，是指施工总承包企业(以下称专业分包工程发包人)将其所承包工程中的专业工程发包给具有相应资质的其他建筑业企业(以下称专业分包工程承包人)。

劳务作业分包，是指施工总承包企业或者专业承包企业(以下称劳务作业发包人)将其承包工程中的劳务作业发包给劳务分包企业(以下称劳务作业承包人)。

专业工程分包和劳务作业分包的特点如表3-7所示。

表 3-7　专业工程分包和劳务作业分包的特点

特点	专业工程分包 (幕墙、机电、装修等)	劳务作业分包 (共 13 种，包括钢筋、电焊、水电、油漆等)
相同点	应分包给有资质的分包单位	
不同点	需要总承包合同约定或建设单位认可	不需要建设单位认可
	主体结构不得进行专业工程分包	主体结构中的劳务作业可以全部分包
	专业分包单位不得再进行专业工程分包	专业分包单位可以将劳务作业全部再分包

1. 分包工程的范围

《建筑法》规定，建设工程总承包单位可以将承包工程中的部分工程发包给具有相应资质条件的分包单位，并禁止承包单位将其承包的全部建设工程转包给他人，禁止承包单位将其承包的全部建设工程肢解以后以分包的名义分别转包给他人。施工总承包的，建设工程主体结构的施工必须由总承包单位自行完成。

《招标投标法》规定，中标人按照合同约定或者经招标人同意，可以将中标项目的部分非主体、非关键性工作分包给他人完成。中标人不得向他人转让中标项目，也不得将中标项目肢解后分别向他人转让。分包工程发包人可以就分包合同的履行，要求分包工程承包人提供分包工程履约担保；分包工程承包人在提供担保后，要求分包工程发包人同时提供分包工程付款担保的，分包工程发包人应当提供。

2. 分包单位不得再分包

《建筑法》规定，禁止分包单位将其承包的工程再分包。《招标投标法》也规定，接收分包的人不得再次分包。

这主要是防止层层分包，"层层剥皮"，导致工程质量安全和工期等难以保障。为此，《房屋建筑与市政基础设施分层施工分包管理办法》中规定，除专业承包企业可以将其承包工程中的劳务作业发包给劳务分包企业外，专业分包工程承包人和劳务作业承包人都必须自行完成所承包的任务。

3. 转包、违法分包和挂靠行为的界定

按照我国法律的规定，转包是必须禁止的，而依法实施的工程分包则是允许的。因此，违法分包同样是在法律的禁止之列。

作为转包，是指施工单位承包工程后，不履行合同约定的责任和义务，将其承包的工程全部或肢解后以分包的名义分别转给其他单位或个人施工的行为。

《建筑工程施工发包与承包违法行为认定查处管理办法》规定，存在下列情形之一的，应当认定为转包，但有证据证明属于挂靠或者其他违法行为的除外：

(1) 承包单位将其承包的全部工程转给其他单位(包括母公司承接建筑工程后将所承接工程交由具有独立法人资格的子公司施工的情形)或个人施工的；

(2) 承包单位将其承包的全部工程肢解以后,以分包的名义分别转给其他单位或个人施工的;

(3) 施工总承包单位或专业承包单位未派驻项目负责人、技术负责人、质量管理负责人、安全管理负责人等主要管理人员,或派驻的项目负责人、技术负责人、质量管理负责人、安全管理负责人中一人及以上与施工单位没有订立劳动合同且没有建立劳动工资和社会养老保险关系,或派驻的项目负责人未对该工程的施工活动进行组织管理,又不能进行合理解释并提供相应证明的;

(4) 合同约定由承包单位负责采购的主要建筑材料、构配件及工程设备或租赁的施工机械设备,由其他单位或个人采购、租赁,或施工单位不能提供有关采购、租赁合同及发票等证明,又不能进行合理解释并提供相应证明的;

(5) 专业作业承包人承包的范围是承包单位承包的全部工程,专业作业承包人计取的是除上缴承包单位"管理费"之外的全部工程价款的;

(6) 承包单位通过采取合作、联营、个人承包等形式或名义,直接或变相将其承包的全部工程转给其他单位或个人施工的;

(7) 专业工程的发包单位不是该工程的施工总承包或专业承包单位的,但建设单位依约作为发包单位的除外;

(8) 专业作业的发包单位不是该工程承包单位的;

(9) 施工合同主体之间没有工程款收付关系,或者承包单位收到款项后又将款项转拨给其他单位和个人,又不能进行合理解释并提供材料证明的。

发承包违法行为的区分

存在下列情形之一的,属于违法发包:

(1) 承包单位将其承包的工程分包给个人的;

(2) 施工总承包单位或专业承包单位将工程分包给不具备相应资质单位的;

(3) 施工总承包单位将施工总承包合同范围内工程主体结构的施工分包给其他单位的,钢结构工程除外;

(4) 专业分包单位将其承包的专业工程中非劳务作业部分再分包的;

(5) 专业作业承包人将其承包的劳务再分包的;

(6) 专业作业承包人除计取劳务作业费用外,还计取主要建筑材料款和大中型施工机械设备、主要周转材料费用的。

存在下列情形之一的,属于挂靠:

(1) 没有资质的单位或个人借用其他施工单位的资质承揽工程的;

(2) 有资质的施工单位相互借用资质承揽工程的,包括资质等级低的借用资质等级高的,资质等级高的借用资质等级低的,相同资质等级相互借用的;

(3) 在上述认定转包第(3)至(9)项规定的情形,有证据证明属于挂靠的。

4. 分包单位的责任

《建筑法》规定,建设工程总承包单位按照总承包合同的约定对建设单位负责;分包单位按照分包合同的约定对总承包单位负责。总承包单位和分包单位就分包工程对建设单位承担连带责任。

连带责任分为法定连带责任和约定连带责任。我国有关工程总分包、联合承包的连带

责任,均属法定连带责任。2020年5月公布的《民法典》规定,二人以上依法承担连带责任的,权利人有权请求部分或者全部连带责任人承担责任。连带责任人的责任份额根据各自责任大小确定;难以确定责任大小的,平均承担责任。实际承担责任超过自己责任份额的连带责任人,有权向其他连带责任人追偿。连带责任,由法律规定或者当事人约定。

案例分析

A施工公司中标了某大型建设项目的桩基工程施工任务,但该公司拿到桩基工程后,由于施工力量不足,就将该工程全部转交给了具有桩基施工资质的B公司。双方还签订了《桩基工程施工合同》,就合同单价、暂定总价、工期、质量、付款方式、结算方式以及违约责任等作了约定。在合同签订后,B公司组织实施并完成了该桩基工程施工任务。建设单位在组织竣工验收时,发现有部分桩基工程质量不符合规定的质量标准,便要求A公司负责返工、修理,并赔偿因此造成的损失。但A公司以该桩基工程已交由B公司施工为由,拒不承担任何赔偿责任。

问题:

(1) A公司在该桩基工程的承包活动中有何违法行为?

(2) A公司是否应对该桩基工程的质量问题承担赔偿责任?

分析:

(1) 本案中A公司存在着严重违法的转包行为。《建筑法》第二十八条规定:"禁止承包单位将其承包的全部建筑工程转包给他人,禁止承包单位将其承包的全部建筑工程肢解以后以分包的名义分别转包给他人。"《建设工程质量管理条例》第七十八条进一步明确规定:"本条例所称转包,是指承包单位承包建设工程后,不履行合同约定的责任和义务,将其承包的全部建设工程转给他人或者将其承包的全部建设工程肢解以后以分包的名义分别转给其他单位承包的行为。"

(2) A公司不仅应对该桩基工程的质量问题依法承担连带赔偿责任,还应当接受相应的行政处罚。《建筑法》第六十七条规定:"承包单位将承包的工程转包的,……责令改正,没收违法所得,并处罚款,可以责令停业整顿,降低资质等级;情节严重的,吊销资质证书。承包单位有以上规定的违法行为的,对因转包工程或者违法分包的工程不符合规定的质量标准造成的损失,与接受转包或者分包的单位承担连带赔偿责任。"《建设工程质量管理条例》第六十二条进一步规定:"违反本条例规定,承包单位将承包的工程转包或者违法分包的,责令改正,没收违法所得,……对施工单位处工程合同价款0.5%以上1%以下的罚款;可以责令停业整顿,降低资质等级;情节严重的,吊销资质证书。"

3.2.4 违法行为应承担的法律责任

1. 发包单位违法行为应承担的法律责任

《建筑法》规定,发包单位将工程发包给不具有相应资质条件的承包单位的,或者违反本法规定将建设工程肢解发包的,责令改正,处以罚款。

《建设工程质量管理条例》规定,建设单位将建设工程发包给不具有相应资质等级的勘察、设计、施工单位或者委托给不具有相应资质等级的工程监理单位的,责令改正,处50

万元以上 100 万元以下的罚款。

建设单位将建设工程肢解发包的,责令改正,处工程合同价款 0.5%以上 1%以下的罚款;对全部或者部分使用国有资金的项目,并可以暂停项目执行或者暂停资金拨付。

2. 承包单位违法行为应承担的法律责任

《建筑法》规定,超越本单位资质等级承揽工程,责令停止违法行为,处以罚款,可以责令停止整顿,降低资质等级;情节严重,吊销资质证书;有违法所得的予以没收。未取得资质证书承揽工程,予以取缔,并处罚款;有违法所得,予以没收。

可以责令停业整顿,降低资质等级;情节严重的,吊销资质证书;有违法所得的,予以没收。未取得资质证书承揽工程的,予以取缔,并处罚款;有违法所得的,予以没收。

建筑施工企业转让、出借资质证书或者以其他方式允许他人以本企业的名义承揽工程的,责令改正,没收违法所得,并处罚款,可以责令停业整顿,降低资质等级;情节严重的,吊销资质证书。对因该项承揽工程不符合规定的质量标准造成的损失,建筑施工企业与使用本企业名义的单位或者个人承担连带赔偿责任。

承包单位将承包的工程转包的,或者违反本法规定进行分包的,责令改正,没收违法所得,并处罚款,可以责令停业整顿,降低资质等级;情节严重的,吊销资质证书。承包单位有以上规定的违法行为的,对因转包工程或者违法分包的工程不符合规定的质量标准造成的损失,与接受转包或者分包的单位承担连带赔偿责任。

《建设工程质量管理条例》规定,勘察、设计、施工、工程监理单位超越本单位资质等级承揽工程的,责令停止违法行为,对勘察、设计单位或者工程监理单位处合同约定的勘察费、设计费或者监理酬金 1 倍以上 2 倍以下的罚款;对施工单位处工程合同价款 2%以上 4%以下的罚款,可以责令停业整顿,降低资质等级;情节严重的,吊销资质证书;有违法所得的,予以没收。未取得资质证书承揽工程的,予以取缔,依照以上规定处以罚款;有违法所得的,予以没收。

勘察、设计、施工、工程监理单位允许其他单位或者个人以本单位名义承揽工程的,责令改正,没收违法所得,对勘察、设计单位和工程监理单位处合同约定的勘察费、设计费和监理酬金 1 倍以上 2 倍以下的罚款;对施工单位处工程合同价款 2%以上 4%以下的罚款;可以责令停业整顿,降低资质等级;情节严重的,吊销资质证书。

承包单位将承包的工程转包或者违法分包的,责令改正,没收违法所得,对勘察、设计单位处合同约定的勘察费、设计费 25%以上 50%以下的罚款;对施工单位处工程合同价款 0.5%以上 1%以下的罚款;可以责令停业整顿,降低资质等级;情节严重的,吊销资质证书。

《房屋建筑和市政基础设施工程施工分包管理办法》规定,对于接受转包、违法分包和用他人名义承揽工程的,处 1 万元以上 3 万元以下的罚款。

3. 其他法律责任

《建筑法》规定,在工程发包与承包中索贿、受贿、行贿,构成犯罪的,依法追究刑事责任;不构成犯罪的,分别处以罚款,没收贿赂的财物,对直接负责的主管人员和其他直接责任人员给予处分。对在工程承包中行贿的承包单位,除依照以上规定处罚外,可以责令停业整顿,降低资质等级或者吊销资质证书。

任务 3.3　建筑市场信用体系建设

案例引入

不良信息指的是建筑市场各方主体在工程建设活动中受到县级以上住房和城乡建设主管部门行政处罚的信息,以及经有关部门认定的其他不良信用信息。

下列几种情况哪些属于不良信息？
(1) 甲企业允许包工头李某以自己的名义承揽工程。
(2) 乙企业取得资质证书后,降低安全生产条件。
(3) 丙企业未对其施工项目中涉及结构安全的材料进行取样检测。
(4) 丁企业将工程转包或违法分包。

3.3.1　建筑市场诚信行为信息的分类

住房和城乡建设部《建筑市场信用管理暂行办法》(建市〔2017〕241号)规定,建筑市场信用信息由基本信息、优良信用信息、不良信用信息构成。

1. 基本信息

基本信息是指注册登记信息、资质信息、工程项目信息、注册执业人员信息等。

2. 优良信用信息

优良信用信息是指建筑市场各方主体在工程建设活动中获得的县级以上行政机关或群团组织表彰奖励等信息。

3. 不良信用信息

不良信用信息是指建筑市场各方主体在工程建设活动中违反有关法律、法规、规章或工程建设强制性标准等,受到县级以上住房和城乡建设主管部门行政处罚的信息,以及经有关部门认定的其他不良信用信息。

3.3.2　建筑市场施工单位不良行为记录认定标准

1. 施工单位不良行为记录认定标准

施工单位不良行为记录认定标准共分为五大类、41条。
(1) 资质不良行为认定标准。有以下情形之一的,认定为资质不良行为：
① 未取得资质证书承揽工程的,或超越本单位资质等级承揽工程的；
② 以欺骗手段取得资质证书承揽工程的；
③ 允许其他单位或个人以本单位名义承揽工程的；
④ 未在规定期限内办理资质变更手续的；
⑤ 涂改、伪造、出借、转让《建筑业企业资质证书》的；
⑥ 按照国家规定需要持证上岗的技术工种的作业人员未经培训、考核,未取得证书

上岗，情节严重的。

(2) 承揽业务不良行为认定标准。有以下情形之一的，认定为承揽业务不良行为：

① 利用向发包单位及其工作人员行贿、提供回扣或者给予其他好处等不正当手段承揽业务的；

② 相互串通投标或与招标人串通投标的，以向招标人或评标委员会成员行贿的手段谋取中标的；

③ 以他人名义投标或以其他方式弄虚作假，骗取中标的；

④ 不按照与招标人订立的合同履行义务，情节严重的；

⑤ 将承包的工程转包或违法承包的。

(3) 工程质量不良行为认定标准。有以下情形之一的，认定为工程质量不良行为：

① 在施工中偷工减料的，使用不合格建筑材料、建筑构配件和设备的，或者有不按照工程设计图纸或施工技术标准施工的其他行为的；

② 未按照节能设计进行施工的；

③ 未对建筑材料、建筑构配件、设备和商品混凝土进行检测，或未对涉及结构安全的试块、试件以及有关材料取样检测的；

④ 工程竣工验收后，不向建设单位出具质量保修书的，或质量保修的内容、期限违反规定的；

⑤ 不履行保修义务或者拖延履行保修义务的。

(4) 工程安全不良行为认定标准。有以下情形之一的，认定为工程安全不良行为：

① 在本单位发生重大安全生产事故时，主要负责人不立即组织抢救或在事故调查处理期间擅离职守或逃逸的，主要负责人对生产安全事故隐瞒不报、谎报或拖延不报的；

② 对建筑安全事故隐患不采取措施予以消除的；

③ 不设立安全生产管理机构、配备专职安全生产管理人员或分部分项工程施工时无专职安全生产管理人员现场监督的；

④ 主要负责人、项目负责人、专职安全生产管理人员、作业人员或特种作业人员，未经安全教育培训或经考核不合格即从事相关工作的；

⑤ 未在施工现场的危险部位设置明显的安全警示标志，或未按照国家有关规定在施工现场设置消防通道、消防水源、配备消防设施和灭火器材的；

⑥ 未向作业人员提供安全防护用具和安全防护服装的；

⑦ 未按照规定在施工起重机械和整体提升脚手架、模板等自升式架设设施验收合格后登记的；

⑧ 使用国家明令淘汰、禁止使用的危及施工安全的工艺、设备、材料的；

⑨ 违法挪用列入建设工程概算的安全生产作业环境及安全施工措施所需费用的；

⑩ 施工前未对有关安全施工的技术要求作出详细说明的；

⑪ 未根据不同施工阶段和周围环境及季节、气候的变化，在施工现场采取相应的安全施工措施，或在城市市区内的建设工程的施工现场未实行封闭围挡的；

⑫ 在尚未竣工的建筑物内设置员工集体宿舍的；

⑬ 施工现场临时搭建的建筑物不符合安全使用要求的；

⑭ 未对因建设工程施工可能造成损害的毗邻建筑物、构筑物、地下管线等采取专项

防护措施的；

⑮ 安全防护用具、机械设备、施工机具及配件在进入施工现场前未经查验或查验不合格即投入使用的；

⑯ 使用未经验收或验收不合格的施工起重机械和整体提升脚手架、模板等自升式架设设施的；

⑰ 委托不具有相应资质的单位承担施工现场安装、拆卸施工起重机械、模板等自升式架设设施的；

⑱ 在施工组织设计中未编制安全技术措施、施工现场临时用电方案或专项施工方案的；

⑲ 主要负责人、项目负责人未履行安全生产管理职责的，或不服从管理、违反规程制度和操作规程冒险工作的；

⑳ 施工单位取得资质证书后，降低安全生产条件，或经整改仍未达到与其资质等级相适应的安全生产条件的。

(5) 拖欠工程款或工人工资不良行为认定标准。

恶意拖欠或克扣劳动者工资的。

2. 注册建造师不良行为记录认定标准

注册建造师有下列行为之一，经有关监督部门确认后由工程所在地建设主管部门或者有关部门记入注册建造师执业信用档案：

① 《注册建造师执业管理办法(试行)》第二十二条所列行为；

② 为履行注册建造师职责造成质量、安全、环境事故的；

③ 泄露商业机密；

④ 无正当理由拒绝或未及时签字盖章；

⑤ 未按要求提供注册建造师信用档案信息；

⑥ 未履行注册建造师职责造成不良社会影响；

⑦ 未履行注册建造师职责导致项目未能及时交付使用；

⑧ 不配合办理交接手续；

⑨ 不积极配合有关部门监督检查。

3.3.3 建筑市场诚信行为的公布和奖惩机制

1. 建筑市场诚信行为的公布

(1) 公布的时限。《建筑市场诚信行为信息管理办法》(建市〔2007〕9号)规定，建筑市场诚信行为记录信息的公布时间为行政处罚决定作出后7日内，公布期限一般为6个月至3年；良好行为记录信息公布期限一般为3年。

国务院有关行政主管部门和省级人民政府有关行政主管部门应自招标投标违法行为行政处理决定作出之日起20个工作之日内对外进行记录公告。违法行为记录公告期限为6个月。依法限制招标投标当事人资质(资格)等方面的行政处理决定，所认定的限制期限长于6个月的，公告期限从其决定。

(2) 公布的内容和范围。《建筑市场诚信行为信息管理办法》规定，属于《全国建筑市场各方主体不良行为记录认定标准》范围的不良行为记录除在当地发布外，还将由住房和城乡建设部统一在全国公布，公布期限与地方确定的公布期限相同。

(3) 公布的变更。行政处理决定在被行政复议或诉讼期间，公告部门依法不停止对违法行为记录的公告，但行政处理决定依法停止执行的除外。

2. 建筑市场诚信行为的奖惩机制

《建筑市场诚信行为信息管理办法》《关于加快推进建筑市场信用体系建设工作的意见》规定，应当依据国家有关法律、法规和规章，按照诚信激励和失信惩戒的原则，逐步建立诚信奖惩机制，在行政许可、市场准入、招标投标、资质管理、工程担保和保险、表彰评优等工作中，充分利用以公布的建筑市场各方主体的诚信行为信息，依法对守信行为依法奖励，对失信行为进行惩处。

《建筑业企业资质管理规定》中规定，企业未按照本规定要求提供企业信用档案信息的，由县级以上地方人民政府住房和城乡建设主管部门或者其他有关部门给予警告，责令限期改正；逾期未改正的，可处1 000元以上1万元以下的罚款。

《注册建造师管理规定》中规定，违反本规定，注册建造师或者其聘用单位未按照要求提供注册建造师信用档案信息的，由县级以上地方人民政府建设主管部门或者其他有关部门责令限期改正；逾期未改正的，可处1 000元以上1万元以下的罚款。

3.3.4 建筑市场主体诚信评价的基本规定

《关于加快推进建筑市场信用体系建设工作的意见》中提出，同步推进政府对市场主体的守法诚信评价和社会中介信用机构开展的综合信用评价。

1. 政府对市场主体的守法诚信评价

政府对市场主体的守法诚信是政府主导，以守法为基础，根据违法违规行为的行政处分记录，对市场主体进行诚信评价。评价标准内容以建筑市场有关的法律责任为主要依据。

评价内容包括对市场主体违法各类行政法律规定强制义务的行政处罚记录以及其他不良失信行为记录。

2. 社会中介信用机构的综合信用评价

社会中介信用机构的综合信用评价是市场主导，以守法、守信(主要指经济信用，包括市场交易信用和合同履行信用)、守德(主要指道德、伦理信用)、综合实力(主要包括经营、资本管理、技术等)为基础进行综合评价。综合评价中有关建筑市场各方责任主体的优良和不良行为记录等信息要以建筑市场信用信息平台的记录为基础。

素质提升

项目4　建设工程合同和劳动合同法律制度

学习目标

(1) 掌握合同要约与承诺的相关知识。

(2) 掌握建设工程工期和价款的规定。

(3) 掌握合同的履行、变更、转让和终止。

(4) 熟悉合同违约责任。

(5) 掌握劳动合同的订立、履行、变更、解除和终止。

(6) 了解合法用工方式和违法用工模式的规定。

(7) 掌握劳动保护的规定。

(8) 了解劳动争议的解决途径。

思政课堂

请看下列资料：

2018年10月2日，某市帆布厂(以下简称甲方)与某市区修建工程队(以下简称乙方)订立了建筑工程承包工程。合同规定：乙方为甲方建一框架厂房，跨度为12米，总造价为98.9万元；承包方式为包工包料；施工日期为2018年11月2日至2020年3月10日。自开工至2020年年底，甲方付给乙方工程款、材料垫付款共101.6万元。到合同规定的竣工期限，乙方未能完工，而且已完工程质量部分不合格。为此，双方发生纠纷。

经查明：乙方在工商行政管理机关登记的经营范围为维修和承建小型非生产性建筑工程，无资格承包此项工程。经有关部门鉴定：该项工程造价应为98.9万元，未完工程折价为11.7万元，已完工程的厂房屋面质量不合格，返工费为5.6万元。受诉法院审理认为：工商企业法人应在工商行政管理机关核准的经营范围内进行经营活动，超范围经营的民事行为无效。本案被告乙方承包建筑厂房，超越了自己的技术等级范围。根据《民法典》第一百五十三条和第一百五十七条及《建设工程施工合同管理办法》第四条之规定，判决如下：

(1) 原告和被告所订立的建筑工程承包合同无效；
(2) 被告返还原告多付的工程款14.4万元；
(3) 被告偿付因工程质量不合格所需的返工费5.6万元。

请就以上消息思考：

作为新时代的一名土建类专业学生，你在未来的工作中遇到类似情况会怎么处理？请将你的所思所想写在下面。

为了保护合同当事人的合法权益，维护社会经济秩序，促进社会主义现代化建设，我国制定了《民法典》。《民法典》由总则、分则和附则三部分组成，在总则部分对所有合同都应遵守的合同订立原则与程序、合同的效力、合同的履行等作了明确规定，确立了我国合同基本制度与基本规范；(本任务)在分则中将建设工程合同单列出来，针对建设工程合同自身特点作了具体的规定。本章节将主要就《民法典》中合同的相关内容进行阐述。

任务 4.1　建设工程合同制度

案例引入

甲建筑公司(以下简称甲公司)拟向乙建材公司(以下简称乙公司)购买一批钢材。双方口头约定数量为 150 吨，每吨单价为 2 300 元，并拟定了准备签字盖章的买卖合同文本。乙公司签字盖章后将合同文本交至甲公司。因工期等原因，在甲公司的催促下，乙公司在未收到甲公司签字盖章的合同文本情况下，将 150 吨钢材送到甲公司现场。甲公司接收并投入了工程使用。后因拖欠货款，双方产生了纠纷。

问题：

甲、乙公司的买卖合同是否成立？

4.1.1　合同的法律特征和订立原则

合同的订立
(微课)

2020 年 5 月公布的《民法典》规定，合同是民事主体之间设立、变更、终止民事法律关系的协议。

1. 合同的法律特征

(1) 合同是一种法律行为。法律行为是人们有意识进行的旨在引起法律后果的行为。法律行为目的是取得法律对合同当事人的承认和保护。如签订合同为当事人实施的法律行为，合同依法成立并生效后，如果违反合同内容当事人需要承担相应的法律责任。

(2) 合同是两个或两个以上当事人意愿表示一致的法律行为。合同的成立，必须满足两个条件：

① 两个或两个以上的当事人之间存在订立合同的意愿；

② 意愿表达一致。

(3) 合同当事人的法律地位平等。合同当事人可以是法人、自然人或者非法人其他组织，但要求在法律上地位是平等的。双方自愿协商，任何一方不得将自己的观点、主张强加给另一方。

(4) 合同的目的性在于设立、变更、终止民事权利义务关系。设立、变更、终止民事权利义务关系是合同订立的根本。

2. 合同的分类

合同的分类是按照一定的标准，将合同划分成不同的类型。合同的分类，有利于当事人找到能达到自己交易目的的合同类型，订立符合自己愿望的合同条款，便于合同的履行，也有助于司法机关在处理合同纠纷时准确适用法律，正确处理合同纠纷。

从法理上对合同进行分类，如表 4-1 所示。

建设工程合同根据一定的标准，同样可以将合同划分成不同的类型。

建设工程合同按照承发包的内容可以分为建设工程勘察合同、建设工程设计合同和建设工程施工合同。

建设工程合同按承包形式的不同可分为总包合同、分包合同和转包合同。

表 4-1 合同的分类

分类依据	合同类型	说　明
根据法律上是否规定了一定合同的名称	有名合同	又称典型合同，是指法律上已经确定了一定名称及规则的合同。《民法典》规定了 15 种有名合同，如建设工程合同、运输合同等
	无名合同	又称非典型合同，是指法律上尚未确定一定的名称与规则的合同
根据当事人双方是否互负对待给付义务	双务合同	是指当事人双方互负义务的合同。如买卖合同、租赁合同、建设工程合同等
	单务合同	是指合同当事人一方负有义务，而另一方不负担义务的合同。如赠与合同、借用合同等
根据合同成立是否以交付标的物为标准	诺成性合同	诺成性合同是指双方当事人意思表示一致即成立的合同。如建设工程合同等
	实践性合同	实践性合同是指除当事人意思表示一致以外，还须实际交付标的物才能成立的合同。如保管合同、定金合同等
根据合同的成立是否需要特定的形式	要式合同	是指必须依据法律规定的方式而成立的合同。如建设工程合同等
	非要式合同	是指当事人订立的合同依法并不需要采取特定的形式，当事人可以采取口头形式，也可以采取书面形式
根据当事人是否可以从合同中取得某种利益	有偿合同	是指当事人取得合同规定的利益，必须为此支付相应代价的合同。如买卖合同、租赁合同、运输合同等
	无偿合同	是指当事人一方享有合同规定的权益，无须支付任何代价的合同。如赠与合同、借用合同等
根据合同相互间的主从关系	主合同	是指不需要其他合同的存在即可独立存在的合同
	从合同	是指以其他合同的存在为存在前提的合同。如担保合同等

3. 合同的形式

《民法典》规定，当事人订立合同，可以采用书面形式、口头形式或者其他形式。书面形式是合同书、信件、电报、电传、传真等可以有形地表现所载内容的形式。以电子数据交换、电子邮件等方式能够有形地表现所载内容，并可以随时调取查用的数据电文，视为书面形式。

书面形式合同的内容明确，有据可查，对于防止和解决争议有积极意义。口头形式合同具有直接、简便、快速的特点，但缺乏凭证，一旦发生争议，难以取证，且不易分清责任。其他形式的合同，可以根据当事人的行为或者特定情形推定合同的成立，也可以称之为默示合同。

《民法典》明确规定，建设工程合同应当采用书面形式。

4. 合同订立的基本原则

合同订立，是指缔约人进行意思表示一致的状态，包括缔约各方自接触、协商、达成协议前讨价还价的整个动态过程和静态协议，合同订立时交易行为的法律运作。

合同成立，是指当事人就合同主要条款达成了合意。合同成立需具备下列条件：

① 存在两方以上订约当事人；
② 订约当事人就合同主要条款达成一致意见。

合同订立应遵循以下几项原则。

(1) 有利于节约资源、保护生态环境原则。《民法典》规定，民事主体从事民事活动，应当有利于节约资源、保护生态环境。

有利于节约资源、保护生态环境原则是一项限制性的"绿色原则"，即民事主体在从事民事行为过程中，不仅要遵循自愿、公平、诚信原则，不得违反法律和公序良俗，还必须兼顾社会环境公益，有利于节约资源和生态环境保护。否则，将不受到法律的保护与支持。

(2) 自愿原则。合同当事人依法享有自愿订立合同的权利，任何单位和个人不得非法干预。自愿原则贯穿于合同活动的全过程，包括合同订立与否的自愿，与谁订立合同的自愿，合同内容在不违反法律规定的情况下确定的自愿，在合同履行过程中补充、变更合同内容的自愿，解除合同与否的自愿等。只要不违背法律、行政法规强制性的规定，合同当事人有权自愿决定，任何单位和个人不得非法干预。

(3) 公平原则。合同当事人应当遵循公平原则确定各方的权利和义务。主要体现在以下三个方面：
① 不得欺诈，不得假借订立合同恶意进行磋商；
② 根据公平原则确定风险合理分配；
③ 根据公平确定违约责任。

(4) 诚实信用原则。合同当事人行使权利、履行义务应当遵循诚实信用原则。主要体现在以下三个方面：
① 订立合同时，不得欺诈或其他违背诚实信用的行为；
② 履行义务时，当事人应当根据合同性质、目的和交易习惯，履行及时通知、协助、提供必要条件、防止损失扩大、保密等义务；
③ 合同终止后，当事人应根据交易习惯，履行及时通知、协助、保密义务，也称为后契约义务。

(5) 合法原则(公序良俗原则)。合同当事人订立、履行合同，应当遵循法律、行政法规，尊重社会公德，不得扰乱社会经济秩序，损害社会公共利益。一般情况下，合同的订立与履行，属于合同当事人之间的民事权利义务关系，只要当事人的意思不与法律规范、社会公共利益和社会公德相抵触，即承认合同的法律效力。

案例分析

某山区农民赵某家有一花瓶，系赵某的祖父留下。李某通过他人得知赵某家有一清朝花瓶，遂上门求购。赵某不知该花瓶的市场价格，李某用1.5万元买下。随后，李某将该花瓶送至某拍卖行进行拍卖，卖得价款11万元。赵某在一个月后得知此事，认为李某欺骗了自己，通过许多渠道找到李某，要求李某退回花瓶。李某认为买卖花瓶是双方自愿的，不存在欺骗，拒绝赵某的请求。经人指点，赵某到李某所在地人民法院提出诉讼，请求撤销合同，并请求李某返还该花瓶。

问题：
本案的处理应适用《民法典》的哪些基本原则？

分析：

从本案的情况看，赵某家中的花瓶是祖传的，是清朝的，根据法律、法律的规定可以买卖。符合公序良俗原则。从买卖的过程看，由于是祖传花瓶，赵某当然知道花瓶的来源及价值。李某在购买过程中也没有强迫和误导(欺骗)行为，符合公平诚信原则。1.5 万元的价格也说明当时赵某卖出时不是当作日用品出售的，知道卖的是古董价。可见交易双方地位平等，赵某是属于自愿的，符合平等自愿原则。

5. 建设工程合同

《民法典》规定，建设工程合同是承包人进行工程建设，发包人支付价款的合同。建设工程合同实质上是一种特殊的承揽合同。《民法典》规定，建设工程合同包括工程勘察、设计、施工合同。

建设工程施工合同是建设工程合同中的重要部分，是指施工人(承包人)根据发包人的委托，完成建设工程项目的施工工作，发包人接受工作成果并支付报酬的合同。施工合同的内容包括工程范围、建设工期、中间交工工程的开工和竣工时间、工程质量、工程造价、技术资料交付时间、材料和设备供应责任、拨款和结算、竣工验收、质量保修范围和质量保证期、双方相互协作等条款。

4.1.2 合同的要约与承诺

1. 合同订立与合同成立

合同订立，是指缔约人进行意思表示并达成一致意见的状态，包括缔约各方自接触、协商、达成协议前讨价还价的整个动态过程和静态协议。合同订立是交易行为的法律运作。

合同成立，是指当事人就合同主要条款达成一致意见。合同成立需具备下列条件：

(1) 存在两方以上的订约当事人；
(2) 订约当事人对合同主要条款达成一致意见。

合同的成立一般要经过要约和承诺两个阶段。《民法典》规定，当事人订立合同，可以采取要约、承诺方式或者其他方式。

2. 要约

合同的成立一般要经过要约和承诺两个阶段。《民法典》规定，当事人订立合同，采取要约、承诺方式或者其他方式。

《民法典》规定，要约是希望和他人订立合同的意思表示。发出要约的人称为要约人，接受要约的人称为受要约的人。要约是合同订立的必经阶段，不经过要约，合同是不可能成立的。

(1) 要约的构成要件。内容具体确定。所谓具体，是指要约的内容须具有足以使合同成立的主要条款。如果没有包含合同的主要条款，受要约人难以作出承诺，即使作出了承诺，也会因为双方的这种合意不具备合同的主要条款而使合同不能成立。所谓确定，是指要约的内容须明确，不能含糊不清，否则无法承诺。

表明经受要约人承诺，要约人即受该意思表示约束。要约须具有订立合同的意图，表明一经受要约人承诺，要约人即受该意思表示的约束。要约作为表达希望与他人订立合同的一种意思表达，其内容已经包含了可以得到履行的合同成立所需要具备的基本条件。

(2) 要约邀请。《民法典》规定，要约邀请是希望他人向自己发出要约的表示。拍卖公告、招标公告、招股说明书、债券募集办法、基金招募说明书、商业广告和宣传、寄送的价目表等为要约邀请。商业广告和宣传的内容符合要约条件的构成要约。

要约邀请可以是向特定人发出，也可以是向不特定的人发出。要约邀请只是邀请他人向自己发出要约，如果自己作出承诺才会成立合同。因此，要约邀请处于合同的准备阶段，没有法律约束力。

在建设工程招标投标活动中，招标文件是要约邀请，对招标人不具有法律约束力；投标文件是要约，应受自己作出的与他人订立合同的意思表示的约束。

要约与要约邀请的区别如表4-2所示。

表4-2 要约与要约邀请的区别

不同点	要约邀请	要约
目的不同	邀请他人向自己发出要约	希望与对方订立合同
内容不同	寄送的价目表、拍卖公告、招标公告、招股说明书、商业广告等为要约邀请	内容明确具体，包含拟订立合同的主要内容
法律效力不同	不是法律行为。即使对方向自己发出要约，要约邀请人也无须承担任何责任	是法律行为。一旦对方承诺，合同即成立

(3) 要约的法律效力。《民法典》规定，要约生效的时间是要约到达受要约人时生效。如投标人向招标人发出的投标文件，自到达招标人时起生效。以非对话方式作出的采用数据电文形式的意思表示，相对人指定特定系统接收数据电文的，该数据电文进入该特定系统时生效；未指定特定系统的，相对人知道或者应当知道该数据电文进入其系统时生效。当事人对采用数据电文形式的意思表示的生效时间另有约定的，按照其约定。

要约的有效期间由要约人在要约中规定。要约人如果在要约中定有存续期间，受要约人必须在此期间内承诺。要约可以撤回，但撤回要约的通知应当在要约到达受要约人之前或者与要约同时到达受要约人。

要约可以撤销，但撤销要约的通知应当在受要约人发出承诺通知之前到达受要约人。有下列情形之一的，要约不得撤销：要约人确定了承诺期限或者以其他形式明示要约不可撤销；受要约人有理由认为要约是不可撤销的，并已经为履行合同作了准备工作。

3. 承诺

《民法典》规定，承诺是受要约人同意要约的意思表示。如招标人向投标人发出的中标通知书就是承诺。

(1) 承诺的方式。承诺应当以通知的方式作出，但根据交易习惯或者要约表明可以通过行为作出承诺的除外。这里的行为通常是履行行为，如预付价款、工地开始施工等。

(2) 承诺的生效。承诺通知到达要约人时生效。承诺不需要通知的，根据交易习惯或者要约的要求作出承诺的行为时生效。

(3) 承诺的内容。承诺的内容应当与要约的内容一致。受要约人对要约的内容作出实质性变更的，为新要约。有关合同标的、数量、质量、价款或者报酬、履行期限、履行地点和方式、违约责任和解决争议方法等的变更，是对要约内容的实质性变更。

案例分析

A 公司和 B 公司签订一份儿童服装购销合同。A 公司在 2021 年 4 月 1 日发出要约，要求 B 公司在 1 个月内承诺。B 公司于 4 月 5 日收到后即承诺。由于发生洪水导致该地区通信中断，至 5 月 5 日承诺才到达 A 公司。A 公司没有提出疑义。至 5 月 20 日，市场上儿童服装价格上涨，B 公司以"市场价格有变，不能执行原合同"为由拒绝履行，而与 C 公司签订了买卖合同。

问题：
B 公司的承诺是否有效？为什么？

分析：
承诺通知到达要约人时生效。承诺不需要通知的，根据交易习惯或者要约的要求作出承诺的行为时生效。采用数据电文形式订立合同，收件人指定特定系统接收数据电文的，该数据电文进入该特定系统的时间，视其为到达时间；未指定特定系统的，该数据电文进入收件人的任何系统的首次时间，视其为到达时间。

B 公司的承诺有效。《民法典》规定，受要约人在承诺期限内发出承诺，按照通常情形能够到达要约人，但因其他原因承诺到达要约人时超过承诺期限的，除要约人及时通知受要约人因承诺超过期限不接受该承诺的以外，该承诺有效。在本案当中，虽然承诺到达要约人时超过承诺期限，但是"发生洪水导致通信中断"属于不可抗力，B 公司具有正当的抗辩理由。因此该承诺生效。

4．建设工程施工合同的内容

合同的内容是指当事人之间的权利、义务，除法律规定的以外，主要由合同的条款确定。合同的内容由当事人约定，一般包括以下条款：

① 当事人的名称或者姓名和住所；
② 标的；
③ 数量；
④ 质量；
⑤ 价款或者报酬；
⑥ 履行期限、地点和方式；
⑦ 违约责任；
⑧ 解决争议的方法。

《民法典》规定，施工合同的内容一般包括工程范围、建设工期、中间交工工程的开工和竣工时间、工程质量、工程造价、技术资料交付时间、材料和设备供应责任、拨款和结算、竣工验收、质量保修范围和质量保证期、相互协作等条款，具体内容如下：

① 工程范围，工程范围是指施工的界区，是施工人进行施工的工作范围；
② 建设工期，建设工期是指施工人完成施工任务的期限；
③ 中间交工工程的开工和竣工时间，中间交工工程是指施工工程中的阶段性工程，即指需要在全部工程完成期限之前完工的分部、分项工程；
④ 工程质量，对工程质量条款的约定与国家强制性标准的要求不一致的，一律无效；

⑤ 工程造价，为保证工程质量，双方当事人应当合理确定才造价；

⑥ 技术资料交付时间，技术资料主要指勘察、设计文件以及其他施工人据以施工所必需的基础资料，合同当事人应当在施工合同中明确技术资料的交付时间；

⑦ 材料和设备供应责任，指由哪一方当事人提供工程所需材料设备及其应承担的责任；

⑧ 拨款和结算，拨款和结算条款是施工人请求发包人支付工程款和报酬的依据；

⑨ 竣工验收，竣工验收条款一般应当包括验收范围与内容、验收标准与依据、验收人员组成、验收方式和日期等内容；

⑩ 质量保修范围和质量保证期，建设工程质量保证期的期限，按照《建设工程质量管理条例》的规定执行；

⑪ 双方相互协作条款，一般包括双方当事人在施工前的准备工作，施工人及时向发包人提出开工通知书、施工进度报告书、对发包人的监督检查提供必要协助等。

5. 建设工程施工合同发/承包双方的主要义务

1) 发包人的主要义务

(1) 不得违法发包。《民法典》规定，发包人不得将应当由一个承包人完成的建设工程肢解成若干部分发包给数个承包人。

(2) 提供必要施工条件。发包人未按照约定的时间和要求提供原材料、设备、场地、资金、技术资料的，承包人可以顺延工程日期，并有权要求赔偿停工、窝工等损失。

(3) 及时检查隐蔽工程。隐蔽工程在隐蔽以前，承包人应当通知发包人检查。发包人没有及时检查的，承包人可以顺延工程日期，并有权要求赔偿停工、窝工等损失。

(4) 及时验收工程。建设工程竣工后，发包人应当根据施工图纸及说明书、国家颁发的施工验收规范和质量检验标准及时进行验收。

(5) 支付工程价款。发包人应当按照合同约定的时间、地点和方式等，向承包人支付工程价款。

2) 承包人的主要义务

(1) 不得转包和违法分包工程。承包人不得将其承包的全部建设工程转包给第三人或者将其承包的全部建设工程肢解以后以分包的名义分别转包给第三人。禁止承包人将工程分包给不具备相应资质条件的单位。禁止分包单位将其承包的工程再分包。

(2) 自行完成建设工程主体结构施工。建设工程主体结构的施工必须由承包人自行完成。承包人将建设工程主体结构的施工分包给第三人的，该分包合同无效。

(3) 接受发包人有关检查。发包人在不妨碍承包人正常作业的情况下，可以随时对作业进度、质量进行检查。隐蔽工程在隐蔽以前，承包人应当通知发包人检查。

(4) 交付竣工验收合格的建设工程。建设工程竣工经验收合格后，方可交付使用；未经验收或者验收不合格的，不得交付使用。

(5) 建设工程质量不符合约定的无偿修理。因施工人的原因致使建设工程质量不符合约定的，发包人有权请求施工人在合理期限内无偿修理或者返工、改建。经过修理或者返工、改建后，造成逾期交付的，施工人应当承担违约责任。

4.1.3 建设工程工期和价款的规定

案例引入

某建筑公司承包了某房地产开发公司开发的商品房建设工程,并签订了施工合同,就工程价款、竣工日期等作了详细约定。该工程如期完成并经验收合格,但房地产开发公司尚欠建筑公司工程款 1 250 万元。经建筑公司多次催要无果,便将房地产开发公司起诉至法院。在诉讼中,房地产开发公司以还欠另一公司的债务为由,拒绝支付其尚欠的工程价款。

问题:
(1) 房地产开发公司不向建筑公司支付工程价款的理由是否成立?
(2) 建筑公司应当在什么时限内向法院提起诉讼?

1. 建设工程工期

住房和城乡建设部、国家工商行政管理总局(现为国家市场监督管理总局)《建设工程施工合同(示范文本)》(GF-2017-0201)规定,工期是指在合同协议书约定的承包人完成工程所需的期限,包括按照合同约定所作的期限变更。

(1) 开工日期及开工通知。开工日期包括计划开工日期和实际开工日期。

经发包人同意后,监理人发出的开工通知应符合法律规定。监理人应在计划开工日期 7 天前向承包人发出开工通知,工期自开工通知中载明的开工日期起算。

《最高人民法院关于审理建设工程施工合同纠纷案件适用法律问题的解释(一)》(法释〔2020〕25 号)规定,当事人对建设工程开工日期有争议的,人民法院应当分别按照以下情形予以认定:

① 开工日期为发包人或者监理人发出的开工通知载明的开工日期;开工通知发出后,尚不具备开工条件的,以开工条件具备的时间为开工日期;因承包人原因导致开工时间推迟的,以开工通知载明的时间为开工日期。

② 承包人经发包人同意已经实际进场施工的,以实际进场施工时间为开工日期。

③ 发包人或者监理人未发出开工通知,亦无相关证据证明实际开工日期的,应当综合考虑开工报告、合同、施工许可证、竣工验收报告或者竣工验收备案表等载明的时间,并结合是否具备开工条件的事实,认定开工日期。

(2) 工期顺延。当事人约定顺延工期应当经发包人或者监理人签证等方式确认,承包人虽未取得工期顺延的确认,但能够证明在合同约定的期限内向发包人或者监理人申请过工期顺延且顺延事由符合合同约定,承包人以此为由主张工期顺延的,人民法院应予支持。

当事人约定承包人未在约定期限内提出工期顺延申请视为工期不顺延的,按照约定处理,但发包人在约定期限后同意工期顺延或者承包人提出合理抗辩的除外。

(3) 竣工日期。《建设工程施工合同(示范文本)》规定,竣工日期包括计划竣工日期和实际竣工日期。

① 建设工程经竣工验收合格的,以竣工验收合格之日为竣工日期;

② 承包人已经提交竣工验收报告,发包人拖延验收的,以承包人提交验收报告之日为竣工日期;

③ 建设工程未经竣工验收，发包人擅自使用的，以转移占有建设工程之日为竣工日期。

2. 工程价款的支付

按照合同约定的时间、金额和支付条件支付工程价款，是发包人的主要合同义务，也是承包人的主要合同权利。

《民法典》第五百一十条规定，合同生效后，当事人就质量、价款或者报酬、履行地点等内容没有约定或者约定不明确的，可以协议补充；不能达成补充协议的，按照合同相关条款或者交易习惯确定。

如果按照合同相关条款或者交易习惯仍不能确定的，《民法典》规定，价款或者报酬不明确的，按照订立合同时履行地的市场价格履行；依法应当执行政府定价或者政府指导价的，依照规定履行；履行期限不明确的，债务人可以随时履行，债权人也可以随时请求履行，但是应当给对方必要的准备时间。

(1) 合同价款的确定。招标工程的合同价款由发包人、承包人依据中标通知书中的中标价格在协议书内约定。非招标工程的合同价款由发包人、承包人依据工程预算书在协议书内约定。合同价款在协议书内约定后，任何一方不得擅自改变。

合同价款的确定方式有固定价格合同、可调价格合同、成本加酬金合同，双方可在专用条款内约定采用其中一种。

2013年12月住房和城乡建设部发布的《建筑工程施工发包与承包计价管理办法》规定，招标人与中标人应当根据中标价订立合同。不实行招标投标的工程由发承包双方协商订立合同。合同价款的有关事项由发承包双方约定，一般包括合同价款约定方式，预付工程款、工程进度款、工程竣工价款的支付和结算方式，以及合同价款的调整情形等。

发承包双方在确定合同价款时，应当考虑市场环境和生产要素价格变化对合同价款的影响。实行工程量清单计价的建筑工程，鼓励发承包双方采用单价方式确定合同价款。建设规模较小、技术难度较低、工期较短的建筑工程，发承包双方可以采用总价方式确定合同价款。紧急抢险、救灾以及施工技术特别复杂的建筑工程，发承包双方可以采用成本加酬金方式确定合同价款。

对于"黑白合同"的纠纷，最高人民法院《关于审理建设工程施工合同纠纷案件适用法律问题的解释(一)》规定，招标人和中标人另行签订的建设工程施工合同约定的工程范围、建设工期、工程质量、工程价款等实质性内容，与中标合同不一致，一方当事人请求按照中标合同确定权利义务的，人民法院应予支持。招标人和中标人在中标合同之外就明显高于市场价格购买承建房产、无偿建设住房配套设施、让利、向建设单位捐赠财物等另行签订合同，变相降低工程价款，一方当事人以该合同背离中标合同实质性内容为由请求确认无效的，人民法院应予支持。

(2) 工程价款的支付和竣工结算。《民法典》规定，验收合格的，发包人应当按照约定支付价款，并接收该建设工程。2019年10月公布的《优化营商环境条例》规定，国家机关、事业单位不得违约拖欠市场主体的货物、工程、服务等账款，大型企业不得利用优势地位拖欠中小企业账款。

2020年7月公布的《保障中小企业款项支付条例》规定，机关、事业单位从中小企业采购货物、工程、服务,应当自货物、工程、服务交付之日起 30 日内支付款项;合同另有约定的,付款期限最长不得超过 60 日。合同约定采取履行进度结算、定期结算等结算方式的,付款期限应当自双方确认结算金额之日起算。

《建筑工程施工发包与承包计价管理办法》第十五条至第十七条规定,预付工程款按照合同价款或者年度工程计划额度的一定比例确定和支付,并在工程进度款中予以抵扣。承包方应当按照合同约定向发包方提交已完成工程量报告。发包方收到工程量报告后,应当按照合同约定及时核对并确认。发承包双方应当按照合同约定,定期或者按照工程进度分段进行工程款结算和支付。

《建筑工程施工发包与承包计价管理办法》第十八条规定:"工程完工后,应当按照下列规定进行竣工结算:

(一)承包方应当在工程完工后的约定期限内提交竣工结算文件。

(二)国有资金投资建筑工程的发包方,应当委托具有相应资质的工程造价咨询企业对竣工结算文件进行审核,并在收到竣工结算文件后的约定期限内向承包方提出由工程造价咨询企业出具的竣工结算文件审核意见;逾期未答复的,按照合同约定处理,合同没有约定的,竣工结算文件视为已被认可。非国有资金投资的建筑工程发包方,应当在收到竣工结算文件后的约定期限内予以答复,逾期未答复的,按照合同约定处理,合同没有约定的,竣工结算文件视为已被认可;发包方对竣工结算文件有异议的,应当在答复期内向承包方提出,并可以在提出异议之日起的约定期限内与承包方协商;发包方在协商期内未与承包方协商或者经协商未能与承包方达成协议的,应当委托工程造价咨询企业进行竣工结算审核,并在协商期满后的约定期限内向承包方提出由工程造价咨询企业出具的竣工结算文件审核意见。

(三)承包方对发包方提出的工程造价咨询企业竣工结算审核意见有异议的,在接到该审核意见后 1 个月内,可以向有关工程造价管理机构或者有关行业组织申请调解,调解不成的,可以依法申请仲裁或者向人民法院提起诉讼。发承包双方在合同中对本条第(一)项、第(二)项的期限没有明确约定的,应当按照国家有关规定执行;国家没有规定的,可认为其约定期限均为 28 日。"

《建筑工程施工发包与承包计价管理办法》第十九条规定:"工程竣工结算文件经发承包双方签字确认的,应当作为工程决算的依据,未经对方同意,另一方不得就已生效的竣工结算文件委托工程造价咨询企业重复审核。发包方应当按照竣工结算文件及时支付竣工结算款。"

(3) 合同价款的调整。《建筑工程施工发包与承包计价管理办法》规定,发承包双方应当在合同中约定,发生下列情形时合同价款的调整方法:

① 法律、法规、规章或者国家有关政策变化影响合同价款的;
② 工程造价管理机构发布价格调整信息的;
③ 经批准变更设计的;
④ 发包方更改经审定批准的施工组织设计造成费用增加的;
⑤ 双方约定的其他因素。

(4) 解决工程价款结算争议的规定。

① 视为发包人认可承包人的单方结算价。《最高人民法院关于审理建设工程施工合

同纠纷案件适用法律问题的解释》规定，当事人约定，发包人收到竣工结算文件后，在约定期限内不予答复，视为认可竣工结算文件的，按照约定处理。承包人请求按照竣工结算文件结算工程价款的，应予支持。

② 对工程量有争议的工程款结算。《最高人民法院关于审理建设工程施工合同纠纷案件适用法律问题的解释》规定，当事人对工程量有争议的，按照施工过程中形成的签证等书面文件确认。承包人能够证明发包人同意其施工，但未能提供签证文件证明工程量发生的，可以按照当事人提供的其他证据确认实际发生的工程量。

《最高人民法院关于审理建设工程施工合同纠纷案件适用法律问题的解释(二)》规定，当事人就同一建设工程订立的数份建设工程施工合同均无效，但建设工程质量合格，一方当事人请求参照实际履行的合同结算建设工程价款的，人民法院应予支持。实际履行的合同难以确定，当事人请求参照最后签订的合同结算建设工程价款的，人民法院应予支持。

当事人签订的建设工程施工合同与招标文件、投标文件、中标通知书载明的工程范围、建设工期、工程质量、工程价款不一致，一方当事人请求将招标文件、投标文件、中标通知书作为结算工程价款的依据的，人民法院应予支持。

③ 欠付工程款的利息支付。《保障中小企业款项支付条例》规定，机关、事业单位和大型企业迟延支付中小企业款项的，应当支付逾期利息。双方对逾期利息的利率有约定的，约定利率不得低于合同订立时 1 年期贷款市场报价利率；未作约定的，按照日利率万分之五支付逾期利息。

《最高人民法院关于审理建设工程施工合同纠纷案件适用法律问题的解释》规定，利息从应付工程价款之日计付。当事人对付款时间没有约定或者约定不明的，下列时间视为应付款时间：

① 建设工程已实际交付的，为交付之日；
② 建设工程没有交付的，为提交竣工结算文件之日；
③ 建设工程未交付，工程价款也未结算的，为当事人起诉之日。

(5) 工程垫资的处理。《保障中小企业款项支付条例》规定，政府投资项目所需资金应当按照国家有关规定确保落实到位，不得由施工单位垫资建设。

《最高人民法院关于审理建设工程施工合同纠纷案件适用法律问题的解释》规定，当事人对垫资和垫资利息有约定，承包人请求按照约定返还垫资及其利息的，应予支持。

当事人对垫资没有约定的，按照工程欠款处理。

(6) 承包人工程价款的优先受偿权。《民法典》规定，发包人未按照约定支付价款的，承包人可以催告发包人在合理期限内支付价款。发包人逾期不支付的，除根据建设工程的性质不宜折价、拍卖外，承包人可以与发包人协议将该工程折价，也可以请求人民法院将该工程依法拍卖。建设工程的价款就该工程折价或者拍卖的价款优先受偿。

《最高人民法院关于建设工程价款优先受偿权问题的批复》(法释〔2002〕16 号)规定，人民法院在审理房地产纠纷案件和办理执行案件中，应当认定建筑工程的承包人的优先受偿权优于抵押权和其他债权。

《最高人民法院关于审理建设工程施工合同纠纷案件适用法律问题的解释(二)》规定，装饰装修工程的承包人，请求装饰装修工程价款就该装饰装修工程折价或者拍卖的价款优先受偿的，人民法院应予支持，但装饰装修工程的发包人不是该建筑物的所有权人的除外。

建设工程质量合格，承包人请求其承建工程的价款就工程折价或者拍卖的价款优先受偿的，人民法院应予支持。未竣工的建设工程质量合格，承包人请求其承建工程的价款就其承建工程部分折价或者拍卖的价款优先受偿的，人民法院应予支持。

承包人建设工程价款优先受偿的范围依照国务院有关行政主管部门关于建设工程价款范围的规定确定。承包人就逾期支付建设工程价款的利息、违约金、损害赔偿金等主张优先受偿的，人民法院不予支持。承包人行使建设工程价款优先受偿权的期限为 6 个月，自发包人应当给付建设工程价款之日起算。发包人与承包人约定放弃或者限制建设工程价款优先受偿权，损害建筑工人利益，发包人根据该约定主张承包人不享有建设工程价款优先受偿权的，人民法院不予支持。

4.1.4 建设工程赔偿损失的规定

1. 赔偿损失的概念和特征

赔偿损失，是指合同违约方因不履行或不完全履行合同义务而给对方造成的损失，依法或依据合同约定赔偿对方所蒙受损失的一种违约责任形式。

《民法典》规定，当事人一方不履行合同义务或者履行合同义务不符合约定的，应当承担继续履行、采取补救措施或者赔偿损失等违约责任。

赔偿损失具有以下特征。

(1) 赔偿损失是合同违约方违反合同义务所产生的责任形式。
(2) 赔偿损失具有补偿性，是强制违约方给非违约方所受损失的一种补偿。
(3) 赔偿损失具有一定的任意性。当事人订立合同时，可以预先约定对违约的赔偿损失的计算方法，或者直接约定违约方付给非违约方一定数额的金钱。当事人也可以事先约定免责的条款。
(4) 赔偿损失以赔偿非违约方实际遭受的全部损害为原则。

2. 承担赔偿损失责任的构成要件

承担赔偿损失责任的构成要件如下：
① 具有违约行为；
② 造成损失后果；
③ 违约行为与财产等损失之间有因果关系；
④ 违约人有过错，或者虽无过错，但法律规定应当赔偿。

3. 赔偿损失的范围

《民法典》规定，当事人一方不履行合同义务或者履行合同义务不符合约定，造成对方损失的，损失赔偿额应当相当于因违约所造成的损失，包括合同履行后可以获得的利益；但是，不得超过违约一方订立合同时预见到或者应当预见到的因违约可能造成的损失。

赔偿损失范围包括直接损失和间接损失。直接损失是指财产上的直接减少；间接损失(又称所失利益)是指失去的可以预期取得的利益。可以预期取得的利益(也称可得利益)，是指利润而不是营业额。

4. 约定赔偿损失与法定赔偿损失

《民法典》规定，当事人可以约定一方违约时应当根据违约情况向对方支付一定数额的违约金，也可以约定因违约产生的损失赔偿额的计算方法。约定的违约金低于造成的损失的，人民法院或者仲裁机构可以根据当事人的请求予以增加；约定的违约金过分高于造成的损失的，人民法院或者仲裁机构可以根据当事人的请求予以适当减少。

法定赔偿损失，是指根据法律规定的赔偿范围、损失计算原则与标准，确定赔偿损失的金额。

一般来说，赔偿损失的主要形式是法定赔偿损失，而约定赔偿损失是为了弥补法定赔偿损失的不足。在确定了适用约定赔偿损失还是法定赔偿损失的情况下，原则上约定赔偿损失优先于法定赔偿损失。作为约定赔偿损失，一旦发生违约并造成受害人的损害以后，受害人不必证明其具体损害范围即可依据约定赔偿损失条款而获得赔偿。

5. 赔偿损失的限制

（1）赔偿损失的可预见性原则。《民法典》规定，损失赔偿额应当相当于因违约所造成的损失，包括合同履行后可以获得的利益；但是，不得超过违约一方订立合同时预见到或者应当预见到的因违约可能造成的损失。如果损害是不可预见的，则违约方不应赔偿。

（2）采取措施防止损失的扩大。《民法典》规定，当事人一方违约后，对方应当采取适当措施防止损失的扩大；没有采取适当措施致使损失扩大的，不得就扩大的损失请求赔偿。当事人因防止损失扩大而支出的合理费用，由违约方承担。

6. 建设工程施工合同中的赔偿损失

1）发包人应当承担的赔偿损失

（1）未及时检查隐蔽工程造成的损失。《民法典》规定，隐蔽工程在隐蔽以前，承包人应当通知发包人检查。发包人没有及时检查的，承包人可以顺延工程日期，并有权请求赔偿停工、窝工等损失。

（2）未按照约定提供原材料、设备等造成的损失。发包人未按照约定的时间和要求提供原材料、设备、场地、资金、技术资料的，承包人可以顺延工程日期，并有权请求赔偿停工、窝工等损失。

（3）因发包人的原因致使工程中途停建、缓建造成的损失。因发包人的原因致使工程中途停建、缓建的，发包人应当采取措施弥补或者减少损失，赔偿承包人因此造成的停工、窝工、倒运、机械设备调迁、材料和构件积压等损失和实际费用。

（4）提供图纸或者技术要求不合理且怠于答复等造成的损失。承揽人（承包人）发现定做人（发包人）提供的图纸或者技术要求不合理的，应当及时通知定做人（发包人）。因定做人（发包人）怠于答复等原因造成承揽人（承包人）损失的，应当赔偿损失。

（5）中途变更承揽工作要求造成的损失。定做人（发包人）中途变更承揽工作的要求，造成承揽人（承包人）损失的，应当赔偿损失。

（6）要求压缩合同约定工期造成的损失。

（7）验收违法行为造成的损失。

2019年4月经修改后公布的《建设工程质量管理条例》规定，建设单位有下列行为之一的，责令改正，处工程合同价款2%以上4%以下的罚款；造成损失的，依法承担赔偿责任：

① 未组织竣工验收，擅自交付使用的；

② 验收不合格，擅自交付使用的；
③ 对不合格的建设工程按照合格工程验收的。

2) 承包人应当承担的赔偿损失

(1) 转让、出借资质证书等造成的损失。2019年4月经修改后公布的《中华人民共和国建筑法》规定，建筑施工企业转让、出借资质证书或者以其他方式允许他人以本企业的名义承揽工程的，对因该项承揽工程不符合规定的质量标准造成的损失，建筑施工企业与使用本企业名义的单位或者个人承担连带赔偿责任。

(2) 转包、违法分包造成的损失。承包单位将承包的工程转包的，或者违反本法规定进行分包的，对因转包工程或者违法分包的工程不符合规定的质量标准造成的损失，与接受转包或者分包的单位承担连带赔偿责任。

(3) 偷工减料等造成的损失。建筑施工企业在施工中偷工减料的，使用不合格的建筑材料、建筑构配件和设备的，或者有其他不按照工程设计图纸或者施工技术标准施工的行为的；造成建筑工程质量不符合规定的质量标准的，负责返工、修理，并赔偿因此造成的损失。

(4) 与监理单位串通造成的损失。工程监理单位与承包单位串通，为承包单位谋取非法利益，给建设单位造成损失的，应当与承包单位承担连带赔偿责任。

(5) 不履行保修义务造成的损失。建筑施工企业违反规定，不履行保修义务或者拖延履行保修义务的，并对在保修期内因屋顶、墙面渗漏、开裂等质量缺陷造成的损失，承担赔偿责任。

(6) 保管不善造成的损失。承揽人(承包人)应当妥善保管定做人(发包人)提供的材料以及完成的工作成果，因保管不善造成毁损、灭失的，应当承担赔偿责任。

(7) 合理使用期限内造成的损失。《建筑法》规定，在建筑物的合理使用寿命内，因建筑工程质量不合格受到损害的，有权向责任者要求赔偿。

《民法典》规定，因承包人的原因致使建设工程在合理使用期限内造成人身损害和财产损失的，承包人应当承担赔偿责任。

4.1.5 合同的效力

案例引入

合同的效力
(微课)

A 建筑公司挂靠于一资质较高的 B 建筑公司，以 B 建筑公司名义承揽了一项工程，并与建设单位 C 公司签订了施工合同。但在施工过程中，由于 A 建筑公司的实际施工技术力量和管理能力都较差，造成了工程进度的延误和一些工程质量上的缺陷。C 公司以 A 建筑公司挂靠为由，不予支付余下的工程款。A 建筑公司以 B 建筑公司名义将 C 公司告上了法庭。

问题：

(1) A 建筑公司以 B 建筑公司名义与 C 公司签订的施工合同是否有效？
(2) C 公司是否应当支付余下的工程款？

合同的效力是指已经成立的合同在当事人之间产生的法律拘束力。对于合同的效力，

《民法典》对有效合同、无效合同、效力待定合同以及可变更或可撤销合同进行了阐述。

1. **合同生效的条件**

(1) 合同成立即生效。对于一般合同而言，依法成立的合同，自合同成立时生效。合同的成立一般要满足三个条件：主体合格；内容合法；意思表示真实。实践中的大多数合同属于此类形式。

(2) 合同经批准登记后生效。批准登记的合同，是指法律、行政法规规定应当办理批准登记手续的合同。这类合同有的将批准登记作为合同成立的条件，有的将批准登记作为合同生效的条件。《民法典》规定，法律、行政法规规定应当办理批准、登记等手续生效的，依照规定办理。

(3) 合同在约定的条件或期限达成时生效。这一类合同即为附条件的合同或附期限的合同。

① 附条件的合同：当事人可以在建设合同内容中约定合同生效的条件，在条件成就前合同虽然订立，但不发生效力，条件一旦成就，合同开始产生效力，权利人可以请求义务人履行义务。当事人还可以约定合同消灭的条件，在条件未成就前，合同确定的权利义务对双方当事人有约束力，一方有权行使权利，另一方也必须履行义务；一旦条件成就，合同所确定的权利义务就不再发生效力，合同归于消灭。

② 附期限的合同：当事人可以在建设工程合同中设定某一期限，约定此期限到来时合同生效，当事人开始实际享受权利和承担义务。在期限到来以前，合同虽已订立，但是其效力处于停止状态。当事人还可以约定某一期限到来时合同终止，该期限到来后，合同的效力消灭。

附条件的合同与附期限的合同区别在于，条件的成就与否存在或然性，而期限是必然会到来的。

根据以上内容，对于有效的建设工程合同而言，应当符合以下条件：建设工程合同的当事人必须符合法律规定的要求，承包人必须具备法人资格，并受其设立宗旨、章程以及经营范围、专营许可、资质等级的约束；建设工程合同中约定的当事人权利义务必须合法，符合国家法律法规强制性规定；建设工程合同当事人任何一方不得把自己的意志强加给对方；法律、行政法规规定应当办理批准、登记等手续生效的建设工程合同必须按要求办理批准、登记等手续，方能生效。

2. **无效合同**

无效合同是指合同内容或者形式违反了法律、行政法规的强制性规定和社会公共利益，因而不能产生法律约束力，不受法律保护的合同。

(1) 无效合同主要有以下特征。

① 违法性；

② 不可履行性；

③ 自订立时就不具有法律效力。

《民法典》规定，民事法律行为有效需具备以下条件：

① 行为人具有相应的民事行为能力；

② 意思表示真实；

③ 不违反法律、行政法规的强制性规定，不违背公序良俗。

(2) 无效的免责条款。《民法典》规定，合同中的下列免责条款无效：

① 造成对方人身伤害的；

② 因故意或者重大过失造成对方财产损失的。

(3) 无效合同的法律后果。《民法典》规定，无效的合同或者被撤销的合同自始没有法律约束力。合同部分无效，不影响其他部分效力的，其他部分仍然有效。

合同无效、被撤销或者终止的，不影响合同中独立存在的有关解决争议方法的条款的效力。

结合以上的介绍，对于建设工程合同而言，以建设工程施工合同为例，说明建设工程无效施工合同的相关问题。

(4) 建设工程无效施工合同的主要情形。根据《民法典》规定，违反法律、行政法规的强制性规定，认定合同无效的情形如下：

① 承包人未取得建筑施工企业资质或者超越资质等级的；

② 没有资质的实际施工人借用有资质的建筑施工企业名义的；

③ 建设工程必须进行招标而未招标或者中标无效的。

承包人非法转包、违法分包建设工程或者没有资质的实际施工人借用有资质的建筑施工企业名义与他人签订建设工程施工合同的行为无效。

(5) 无效施工合同的工程款结算。《最高人民法院关于审理建设工程施工合同纠纷案件适用法律问题的解释》规定，建设工程施工合同无效，但建设工程经竣工验收合格，承包人请求参照合同约定支付工程价款的，应予支持。

建设工程施工合同无效，且建设工程经竣工验收不合格的，按照以下情况分别处理：

① 修复后的建设工程经竣工验收合格，发包人请求承包人承担修复费用的，应予支持；

② 修复后的建设工程经竣工验收不合格，承包人请求支付工程价款的，不予支持。

3. 效力待定合同

效力待定的建设工程合同是指建设工程合同成立后，其效力仍然处于不确定状态，尚待第三人同意(追认)或拒绝的意思表示来确定。合同之所以出现效力不确定的状态，是因为合同订立主体不适格。包括合同主体为限制民事行为能力人、无权代理人或无权处分人签订合同。

(1) 限制民事行为能力人依法不能独立签订的合同。限制民事行为能力订立的合同，经法定代理人追认后，该合同有效；为平衡相对人的利益，法律也赋予相对人以催告权和撤销权。相对人在得知其与对方订立的合同存在效力待定的事由后，将效力待定事由告知追认权人(权利人)，并催告追认权人于法定期限内予以确认。经催告后，追认权人未在法定期限内确认的，视为拒绝追认。与此同时，相对人在得知其与对方订立的建设工程合同存在效力待定的事由后，有权撤销其意思表示。相对人撤销其意思表示后，效力待定的建设工程合同等于未成立。限制行为能力人订立的合同其效力情况如图4-1所示。

(2) 无权代理人以被代理人名义订立的合同。行为人没有代理权、超越代理权或者代理权终止后以被代理人名义订立的合同，未经被代理人追认，对被代理人不发生效力，由行为人承担责任。但是，相对人有理由相信行为人有代理权的，该代理行为有效。无权代理人以被代理人名义订立的合同其效力情况如图4-2所示。

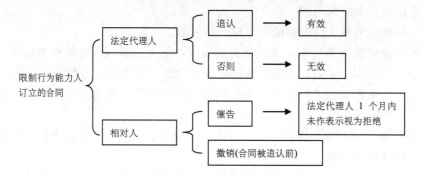

图4-1　限制行为能力人订立的合同其效力情况

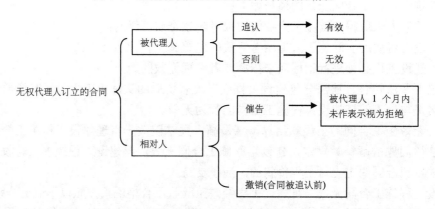

图4-2　无权代理人订立的合同其效力情况

关于无效合同、效力待定合同、不可撤销合同的区别如表4-3所示。

表4-3　无效合同、效力待定合同、不可撤销合同的区别

合同效力类型	特　征	具体事由
无效合同	违法	欺诈胁迫，损害国家利益
		恶意串通，损害集体或他人利益
		以合法形式掩盖非法目的
		损害社会公共利益
		违反法律、行政法规强制性规定
可变更可撤销合同	违心	重大误解
		显失公平
		欺诈、胁迫
		乘人之危
效力待定合同	无交易资格	(自然人)超越民事行为能力订立
		无权代理
		无权处分

案例分析

甲公司为开发新项目急需资金。2000年3月12日，甲公司向乙公司借钱15万元。双方谈妥，乙公司借给甲公司15万元，借期为6个月，月息为银行贷款利息的1.5倍，至同年9月12日本息一起付清，并且甲公司为乙公司出具了借据。之后甲公司因新项目开发不顺利，未赢利，到了9月12日无法偿还欠乙公司的借款。某日，乙公司向甲公司催促还款无果，但得到一条信息，某单位曾向甲公司借款20万元，现已到还款期，某单位正准备还款，但甲公司让某单位不用还款。于是乙公司向法院起诉，请求甲公司以某单位的还款来偿还债务，甲公司辩称该债权已放弃，无法清偿债务。

问题：
(1) 甲公司的行为是否构成违约？为什么？
(2) 乙公司是否可针对甲公司的行为行使撤销权？为什么？

分析：
(1) 甲公司的行为已构成违约。

甲公司与乙公司之间的借贷合同关系，系自愿订立，无违法内容，又有书面借据，是合法有效的。甲公司系债务人，负有按期清偿本息的义务；乙公司为债权人，享有按期收回本金、收取利息的权利。甲公司因新项目开发不顺利，不能如约履行清偿义务，因此构成违约。

(2) 乙公司可行使撤销权。请求法院撤销甲公司的放弃债权行为。

债权人对于自己享有的债权，完全可以根据自己的意志，决定行使或者放弃。但是，当该债权人另外又系其他债权人的债务人时，如果他放弃债权的行为使他债权人的权利无法实现时，他的债权人享有依法救济的权利。本案中，甲公司放弃对某单位享有的债权，表面上是处分自己的权益，但实际上却损害了乙公司的债权，依照《民法典》的规定，乙公司可以行使撤销权，撤销甲公司放弃债权的行为。

4.1.6 合同的履行、变更、转让和终止

1. 合同的履行

合同的履行是指合同失效以后，当事人各方按照合同约定的标底、数量、质量、价款、履行期限、履行地点和履行方式等，完成各自应承担的全部义务的法律行为。当事人应当按照约定全面履行自己的义务，遵循诚实信用的原则，根据合同的性质、目的和交易习惯履行通知、协助和保密等义务。不履行或不完全履行合同义务将会按照违约处理。

合同生效后，当事人不得因姓名、名称的变更或者法定代表人、负责人、承办人的变动而不履行合同义务。

1) 合同履行的基本规则

(1) 合同某些条款不明确时的履行规则。合同生效后，当事人就工程质量、价款或者报酬等内容没有约定或者约定不明确的，可以协议补充；不能达成补充协议的，按照合同有关条款或者交易习惯确定；仍不能确定的，按照以下规则履行。

① 质量约定不明确的，按照国家标准、行业标准履行；没有国家标准、行业标准的，按照通常标准或者符合合同目的的特定标准履行。

② 价款或者报酬不明确的，按照合同订立时履行地的市场价格履行；依法应当执行政府定价或者政府指导价的，按照规定履行。

③ 履行方式不明确的，按照有利于实现合同目的的方式履行。

④ 履行费用的负担不明确的，由履行义务的一方负担。

⑤ 履行期限不明确的，债务人可以随时履行，债权人有人可以随时要求履行，但应当给对方必要的准备时间。

⑥ 履行地点不明确的，给付货币的，在接受货币的一方所在地履行；交付不动产的，在不动产所在地履行；其他标的，在履行义务的一方所在地履行。

(2) 合同的价格发生变化时的履行规则。对于执行政府定价或者政府指导价的，在合同约定的交付期限内政府价格调整时，按照交付时的价格计价。逾期交付标的物的，当价格上涨时，按照原价格执行；当价格下降时，按照新价格执行。逾期提取标的物或者逾期付款的，遇价格上涨时，按照新价格执行；价格下降时，按照原价格执行。

2) 合同履行中的抗辩权

抗辩权是指在双务合同中，在满足一定法定条件时，合同当事人一方可以对抗对方当事人的履行要求，暂时拒绝履行合同约定义务的权利。

(1) 同时履行抗辩权。《民法典》规定，当事人互负债务，没有先后履行顺序的应当同时履行。一方在对方未履行之前有权拒绝其履行要求。一方在对方履行债务不符合约定时，有权拒绝其相应的履行要求。

这里的"同时"是指一定的期限，而不能机械地理解为某一时刻。

(2) 异时履行抗辩权。《民法典》规定，当事人互负债务，有先后履行顺序，先履行一方未履行的，后履行一方有权拒绝其履行要求。先履行一方在对方履行债务不符合约定时，后履行一方有权拒绝其相应的履行要求。

后履行一方的抗辩权：先履行一方应当先行履行自己的义务，当其未予履行，或虽已履行但不符合合同的约定时，后履行的一方可以行使抗辩权，且有权拒绝行履行一方的履行请求。

先履行一方的抗辩权——不安抗辩权，是指按合同约定，本应先行履行义务的一方，在有确切证据证明对方的财产明显减少或难以对待给付时，有拒绝履行的权力。《民法典》规定，当对方出现下述情况之一时，即可行使不安抗辩权(中止履行合同)：

① 经营状况严重恶化；

② 转移财产，抽逃资金，以逃避债务；

③ 丧失商业信誉；

④ 有丧失或可能丧失履行债务能力的其他情形。

此外，不安抗辩权行使时应对其限制条件加以注意：要有确切证据；及时通知对方；一旦对方当事人提供了适当担保，就应及时恢复履行。

案例分析

1. 某村配电室(供电方，以下简称甲方)与该村粮食加工专业户杨某(用电方，以下简称乙方)签订了供用电合同。合同生效后，甲方按照国家规定的供电标准和合同的约定，保证了供电的安全性和连续性。但乙方没按时缴纳电费，甲方诉至法院，要求乙方缴纳电费。在诉讼期间，电费上涨。

问题：

请问法院应该如何判决？并说明理由。

分析：

供用电合同是供电人向用电人供电，用电人支付价款的合同。供用电合同是执行国家定价的合同。本案乙方未按合同约定交纳电费，属于逾期付款的行为。按照《民法典》第五百一十三条规定："执行政府定价或政府指导价的，在合同约定的交付期限内政府价格调整时，按照交付时的价格计价。逾期交付标的物的，当价格上涨时，按原价格执行；当价格下降时，按照新价格执行。逾期提取标的物或者逾期付款的，当价格上涨时，按照新价格执行；当价格下降时，按照原价格执行。"因此，法院判决乙方按新的电费价格交纳电费是正确的、有法律依据的。

2. 甲公司与乙公司签订一份买卖木材合同，合同约定买方甲公司应在合同生效后15日内向卖方乙公司支付40%的预付款，乙公司收到预付款后3日内发货至甲公司，甲公司收到货物验收后即结清余款。乙公司收到甲公司40%预付款后的第2日即将货物送至甲公司。甲公司收到货物后经检验发现木材质量不符合合同约定，遂及时通知乙公司并拒绝支付余款。

问题：

(1) 甲公司拒绝支付余款是否合法？为什么？

(2) 甲公司行使的是什么权利？若行使该权利必须具备什么条件？

分析：

(1) 甲公司拒绝支付余款是合法的。《民法典》第五百二十六条规定："当事人互负债务，有先后顺序，先履行一方未履行的，后履行一方有权拒绝其履行要求。先履行一方履行债务不符合约定的，后履行一方有权拒绝其相应的履行要求。"乙公司虽然将木材如期运至甲公司，但其木材质量不符合合同约定的质量，且其履行债务不符合合同约定，根据《民法典》第六十七条的规定，甲公司有权拒绝支付余款。

(2) 甲公司行使的是先履行抗辩权。

先履行抗辩权的行使应当具备以下三个条件：

① 双方当事人须由同一双方合同互负债务。

② 须双方所负的债务有先后履行顺序。

③ 应当先履行债务的当事人未履行债务或履行债务不符合合同约定。

3. 甲、乙两公司签订钢材购买合同，合同约定：乙公司向甲公司提供钢材，总价款为500万元。甲公司预支价款200万元。在甲公司即将支付预付款前，得知乙公司因经营不善，无法交付钢材，并有确切证据证明。于是甲公司拒绝支付预付款，除非乙公司能提供一定的担保，乙公司拒绝提供担保。为此，双方发生纠纷并诉至法院。

问题：

(1) 甲公司拒绝支付余款是否合法？为什么？

(2) 甲公司行使的是什么权利？若行使该权利必须具备什么条件？

分析：

(1) 甲公司拒绝支付余款是合法的。《民法典》第五百二十七条规定："应当先履行债务的当事人，有确切证据证明对方有下列情形之一的，可以中止履行：(一)经营状况严重恶化；(二)转移财产、抽逃资金，以逃避债务；(三)丧失商业信誉；(四)有丧失或者可能丧失履行债务能力的其他情形。……"本案中甲公司作为先为给付的一方当事人，在对方于缔约后财产状况明显恶化，且未提供适当担保，可能危及其债权实现时，可以中止履行合同，保护权益不受损害。因此在发生纠纷时，法院应支持甲公司的主张。

(2) 甲公司行使的是不安抗辩权。

不安抗辩权适用的条件是：①当事人须因双务合同互相债务。本案例中的双方当事人签订的合同是属双务合同，当事人双方互负对待给付义务，乙公司供货(钢材)，甲公司付钱。②当事人一方须有先履行的义务且已届履行期。即当事人的履行有先后履行顺序，且应先履行的义务已届履行期。本案例中甲公司在已届履行期预先支付200万价款。③后履行债务的一方有丧失或者可能丧失履行债务的能力。本案例中，后履行义务的一方即乙公司因经营不善，无法交出钢材且确切的证据加以证明。④后履行债务的一方没有对待给付或提供适当的担保。

本案例中，后履行债务的一方，乙公司拒绝提供担保。综上所述，甲公司具备履行不安抗辩权，以其维护自身的合法权益。

2. 合同的变更

(1) 合同的变更须当事人双方协商一致。如果双方当事人就变更事项达成一致意见，则变更后的内容取代原合同内容，当事人应当按照变更后的内容履行合同。如果一方当事人没有取得对方同意擅自变更合同内容，不仅变更的内容对另一方无法律约束力，而且还是一种违约行为，应当承担违约责任。

(2) 对合同变更内容约定不明确的推定。合同变更的内容必须明确约定。如果当事人对于合同变更的内容约定不明确，则将被推定为未变更。任何一方不得要求对方履行约定不明确的变更内容。

(3) 合同基础条件变化的处理。合同成立后，合同的基础条件发生了当事人在订立合同时无法预见的、不属于商业风险的重大变化，继续履行合同对于当事人一方明显不公平的，受不利影响的当事人可以与对方重新协商；在合理期限内协商不成的，当事人可以请求人民法院或者仲裁机构变更或者解除合同。

3. 合同的转让

(1) 合同权利的转让。

① 合同权利(债权)的转让范围。《民法典》规定，债权人可以将合同的权利全部或者部分转让给第三人，但有下列情形之一的除外：根据合同性质不得转让；按照当事人约定不得转让；依照法律规定不得转让。

合同的转让（微课）

② 合同权利(债权)的转让应当通知债务人。《民法典》规定，债权人转让债权的，未通知债务人的，该转让对债务人不发生效力。债权转让的通知不得撤销，但是经受让人同意的除外。

需要说明的是，债权人转让权利应当通知债务人，未经通知的转让行为对债务人不发生效力，但债权人债权的转让无须得到债务人的同意。这一方面是尊重债权人对其权利的行使，另一方面也是防止债权人滥用权利损害债务人的利益。当债务人接到权利转让的通知后，权利转让即行生效，原债权人被新的债权人替代，或者新债权人的加入使原债权人不再完全享有原债权。

③ 债务人对让与人的抗辩。《民法典》规定，债务人接到债权转让通知后，债务人对让与人的抗辩，可以向受让人主张。

④ 从权利随同主权利转让。《民法典》规定，债权人转让权利的，受让人取得与债权有关的从权利，但该从权利专属于债权人自身的除外。

(2) 合同义务(债务)的转让。《民法典》规定，债务人将合同的义务全部或者部分转移给第三人的，应当经债权人同意。债务人或者第三人可以催告债权人在合理期限内予以同意，债权人未作表示的，视为不同意。

债务转移分为两种情况：一是债务的全部转移，在这种情况下，新的债务人完全取代了旧的债务人，新的债务人负责全面履行债务；另一种情况是债务的部分转移，即新的债务人加入原债务中，与原债务人一起向债权人履行义务。无论是转移全部债务还是部分债务，债务人都需要征得债权人同意。未经债权人同意，债务人转移债务的行为对债权人不发生效力。

(3) 合同中权利和义务的一并转让。只有经对方当事人同意，才能将合同的权利和义务一并转让。如果未经对方同意，一方当事人擅自一并转让权利和义务的，其转让行为无效，对方有权就转让行为对自己造成的损害，追究转让方的违约责任。

案例分析

2018年10月15日，甲公司与乙公司签订合同，合同约定由乙公司于2020年1月15日向甲公司提供一批价款为50万元的电脑配件，2018年12月1日甲公司因销售原因，需要乙公司提前提供电脑配件，甲公司要求提前履行的请求被乙公司拒绝，甲公司为了不影响销售，只好从外地进货，随后将对乙公司的债权转让给了丙公司，但未通知乙公司。丙公司于2020年1月15日去乙公司提货时遭拒绝。

问题：

(1) 乙公司拒绝丙公司提货有无法律依据？为什么？

(2) 甲公司与丙公司的转让合同是否有效？应如何处理？

分析：

(1) 乙公司拒绝丙公司的提货有法律依据。《民法典》第五百四十六条规定："债权人转让权利的，应当通知债务人。未经通知，该转让对债务人不发生效力。"本案中，甲公司将债权转让给丙公司，但未通知乙公司，因而对乙公司不发生效力。

(2) 依据《民法典》第五百四十五条的规定，甲公司与丙公司的债权转让合同有效。丙公司的履行要求被拒绝，应当由甲公司对丙公司承担责任。

4. 可变更或可撤销合同

可变更或可撤销的建设工程合同是指基于法定原因，合同当事人有权诉请人民法院或仲裁机构予以变更或撤销的合同，这也称为相对无效的合同。

1) 可变更、可撤销合同的种类

依据《民法典》规定，下列合同属于可变更、可撤销合同。

(1) 因重大误解订立的合同。重大误解是指合同当事人对合同关系中某种事实因素产生的错误认识。因重大误解而订立的合同，是基于主观认识上的错误，履行的后果与合同缔约人的真实意思相悖，是有瑕疵的合同。

(2) 在订立合同时显失公平的合同。在订立建设工程合同时，建设工程合同当事人之间享有的权利和承担的义务严重不对等即构成显失公平。例如，据最高人民法院《关于人民法院审理借贷案件的若干意见》规定，民间借贷利率如果高于银行同期同类贷款利率的4倍，构成显失公平，超过的部分不受法律保护。

(3) 以欺诈、胁迫或者乘人之危而订立的合同。一方以欺诈、胁迫或者乘人之危而订立的合同，如果损害国家利益，按照《民法典》的规定属无效合同；如果未损害国家利益，受损害方可以自主决定该合同有效或者请求人民法院或者仲裁机构变更或者撤销。

2) 撤销权的行使

(1) 行使撤销权的主体。撤销权由重大误解的误解人、显失公平的受害人、被欺诈方、被胁迫方、乘人之危的受害方行使。

(2) 撤销权的内容。根据《民法典》规定，一旦合同是可撤销的，则撤销权人可以申请法院或者仲裁机构撤销合同也可以申请法院或仲裁机构变更合同，当然还可以不行使撤销权继续认可该合同的权利。如果撤销权人请求变更的，法院或者仲裁机构不得撤销。

(3) 撤销权行使的时间。自知道或应当知道撤销事由后1年内。

(4) 撤销权的消灭。《民法典》规定，有下列情形之一的，撤销权消灭：

① 具有撤销权的当事人自知道或者应当知道撤销事由之日起1年内没有行使撤销权；

② 具有撤销权的当事人知道撤销事由后明确表示或者以自己的行为放弃撤销权。

3) 被撤销合同的法律后果

合同无效、被撤销或者终止的，不影响合同中独立存在的有关解决争议方法的条款的效力。

5. 合同的终止

合同的终止，是指依法生效的合同，因具备法定的或当事人约定的情形，合同的债务、债权归于消灭，债权人不再享有合同的权利，债务人也不必再履行合同的义务。

《民法典》规定，有下列情形之一的，合同的权利义务终止：

① 债务已经按照约定履行；
② 合同解除；
③ 债务相互抵消；
④ 债务人依法将标的物提存；
⑤ 债权人免除债务；
⑥ 债权债务同归于一人；
⑦ 法律规定或者当事人约定终止的其他情形。

1) 合同解除的特征

合同解除具有如下特征：

① 合同的解除适用于合法有效的合同，而无效合同、可撤销合同不发生合同解除。
② 合同解除须具备法律规定的条件。
③ 合同解除须有解除的行为。

④ 合同解除使合同关系自始消灭或者向将来消灭，可视为当事人之间未发生合同关系，或者合同尚存的权利义务不再履行。

2) 合同解除的分类

(1) 约定解除，协商解除，即行使约定解除权的解除；

(2) 法定解除。

《民法典》第五百六十三条规定："有下列情形之一的，当事人可以解除合同：

(一)因不可抗力致使不能实现合同目的；

(二)在履行期限届满之前，当事人一方明确表示或者以自己的行为表明不履行主要债务；

(三)当事一方迟延履行主要债务，经催告后在合理期限内仍未履行；

(四)当事人一方迟延履行债务或者其他违约行为致使不能实现合同目的；

(五)法律规定的其他情形。"

3) 解除合同的程序

《民法典》规定，当事人一方依法主张解除合同的，应当通知对方。合同自通知到达对方时解除；通知载明债务人在一定期限内不履行债务则合同自动解除，债务人在该期限内未履行债务的，合同自通知载明的期限届满时解除。对方对解除合同有异议的，任何一方当事人均可以请求人民法院或者仲裁机构确认解除行为的效力。当事人一方未通知对方，直接以提起诉讼或者申请仲裁的方式依法主张解除合同，人民法院或者仲裁机构确认该主张的，合同自起诉状副本或者仲裁申请书副本送达对方时解除。

当事人对异议期限有约定的依照约定，没有约定的，最长期限为3个月。

4) 施工合同解除

(1) 发包人解除施工合同。《民法典》规定，承包人将建设工程转包、违法分包的，发包人可以解除合同。《最高人民法院关于审理建设工程施工合同纠纷案件适用法律问题的解释》规定，承包人具有下列情形之一，发包人请求解除建设工程施工合同的，应予支持：明确表示或者以行为表明不履行合同主要义务的；合同约定的期限内没有完工，且在发包人催告的合理期限内仍未完工的；已经完成的建设工程质量不合格，并拒绝修复的；将承包的建设工程非法转包、违法分包的。

(2) 承包人解除施工合同。《民法典》规定，发包人提供的主要建筑材料、建筑构配件和设备不符合强制性标准或者不履行协助义务，致使承包人无法施工，经催告后在合理期限内仍未履行相应义务的，承包人可以解除合同。

(3) 施工合同解除的法律后果。《民法典》规定，合同解除后，已经完成的建设工程质量合格的，发包人应当按照约定支付相应的工程价款；已经完成的建设工程质量不合格的，参照《民法典》第七百九十三条(注：指施工合同无效)的规定处理。

4.1.7 违约责任

1. 违约责任的概念和特征

合同的违约责任
(微课)

违约责任(又称违反合同的民事责任)，是指合同当事人因违反合同义务所承担的责任。《民法典》规定，当事人一方不履行合同义务或者履行合同义务不符合规定的，应承担继续履行、采取补救措施或者赔偿损失等违约责任。原则上采用无过错原则，其特征为：

① 违约责任是以合同当事人一方不履行合同义务为条件的；
② 违约责任具有相对性；
③ 违约责任主要具有补偿性，即旨在弥补或补偿因违约行为造成的损害后果；
④ 违约责任可以由合同当事人约定，但约定不符合法律要求的，将被宣告无效或被撤销；
⑤ 违约责任是民事责任的一种。

2．当事人承担违约责任应具备的条件

(1) 先期违约(或预期违约)的责任承担。《民法典》规定，当事人一方明确表示或者以自己的行为表明不履行合同义务的，对方可以在履行期限届满之前要求其承担违约责任。

(2) 承担违约责任的条件具体如下：
① 合同当事人发生了违约行为，即有违反合同义务的行为；
② 非违约方不需要证明其主观上是否具有过错；
③ 无约定或法定免责事由。

3．承担违约责任的种类

合同当事人违反合同义务，承担违约责任的种类主要有：继续履行、采取补救措施、停止违约行为、赔偿损失、支付违约金或定金等。

守约方可以要求违约方停止违约行为，采取补救措施，继续履行合同约定；可以按照合同约定，要求违约方支付违约金或没收定金。如果守约方发生的经济损失大于违约金或定金的，守约方可以主张违约方按照实际损失予以赔偿。

(1) 继续履行。继续履行是一种违约后的补救方式，是否要求违约方继续履行是非违约方的一项权利。继续履行可以与违约金、定金、赔偿损失并用，但不能与解除合同的方式并用。

(2) 补救措施。是指当事人一方履行合同义务不符合规定的，对方可以请求人民法院或仲裁机构强制其在继续履行合同义务的同时采取补救履行措施。

(3) 赔偿损失。当事人一方不履行义务或履行义务不符合约定的，在继续履行义务或采取补救措施后，对方还有其他损失的，应当赔偿损失。

当事人一方违约后，对方应当采取适当措施防止损失的扩大，如果因其没有采取措施而致使损失扩大的，则不得就扩大的损失要求违约方赔偿。当事人因防止损失扩大而支出的合理费用，由违约方承担。

(4) 违约金和定金。
① 违约金的调整。约定的违约金低于造成的损失的，当事人可以请求人民法院或者仲裁机构予以增加；约定的违约金过分高于造成的损失的，当事人可以请求人民法院或者仲裁机构予以适当减少。
② 定金罚则。当事人可以依照《民法典》约定，其中一方向对方给付定金作为债权的担保。债务人履行债务后，定金应当抵作价款或者收回。给付定金的一方不履行约定的债务的，无权要求返还定金；收受定金的一方不履行约定的债务的，应当双倍返还定金。
③ 违约金与定金的选择。当事人既约定违约金，又约定定金的，一方违约时，对方

可以选择适用违约金或者定金条款。

4. 违约责任的免除

《民法典》规定，因不可抗力不能履行合同的，根据不可抗力的影响，部分或者全部免除责任，但法律另有规定的除外。当事人迟延履行后发生不可抗力的，不能免除责任。本法所称不可抗力，是指不能预见、不能避免并不能克服的客观情况。

当事人一方因不可抗力不能履行合同的，应当及时通知对方，以减轻可能给对方造成的损失，并应当在合理期限内提供证明。

案例分析

1. 某开发商在与某建筑公司商谈建设工程施工合同时要求该建筑公司必须先垫资施工。该建筑公司为了获得签约，答应了开发商的要求，但对垫资作何处理未作特别约定。当工程按期如约完工后，该建筑公司要求开发商除支付工程款以外，还应将先前的工程垫资款按照借款处理，并支付相应利息。

问题：

该建筑公司要求开发商将工程垫资按借款处理并支付相应利息的主张是否可以得到法律的支持？

分析：

《最高人民法院关于审理建设工程施工合同纠纷案件适用法律问题的解释》第六条规定："当事人对垫资和垫资利息有约定，承包人请求按照约定返还垫资及其相应利息的，应予以支持，但是约定利息的计算标准高于中国人民银行发布的同期同类贷款利率的部分除外。当事人对垫资没有约定的，按照拖欠工程款处理。当事人对垫资利息没有约定的，承包人请求支付利息的不予支持。"依据上述规定，该建筑公司要求开发商支付工程款垫资的要求可以得到法律的支持，但是对其按借款处理并支付相应利息的要求不符合司法解释的规定，不能得到法律的支持。

2. 某市朝阳玻璃制品厂(以下简称甲方)与某市天然气供应公司(以下简称乙方)签订了长年供气合同。合同规定，乙方每天向甲方供应生产用气4 000立方米，如减少或停供须提前五天通知甲方做好准备。甲方按月结清天然气款。双方约定，甲方向乙方交付定金5万元。

合同签订后不久，随着用气单位的增多，天然气供应日趋紧张，有些用气单位向乙方许诺可以购买高价气。乙方为追求本单位的经济效益，要求甲方减少用气2 000立方米，甲方不同意。乙方在未提前通知的情况下，单方面突然停止向甲方供气，致使甲方生产设备受损，造成损失约4万元。甲方派人前去乙方交涉，要求其保证供气，并双倍返还其已交付的定金。乙方不同意。甲方遂向某市人民法院起诉，要求乙方继续履行合同，双倍返还其已交付的定金，赔偿其他损失。

问题：

(1) 该合同是否为有效合同？

(2) 甲方的诉讼请求有无法律依据？并说明理由。

(3) 本案应该如何处理？

分析：

(1) 甲方与乙方签订的天然气供应合同，双方意思表示真实，符合国家法律规定，是有效合同。

（2）甲方的诉讼请求有法律依据。其法律依据是《民法典》第五百八十七条。在甲方支付定金，合同有效成立的前提下，乙方单方擅自减少供气，当甲方不同意时，又在不通知的情况下停止供气，造成甲方的设备损害，这是乙方违约，甲方有权要求乙方双倍返还定金，并继续履行合同。

（3）法院判决乙方双倍返还已收受的定金共10万元，继续履行向甲方供应天然气的义务，并赔偿甲方因乙方的违约所造成的经济损失4万元。

4.1.8 建设工程合同的示范文本

由于建设工程的规模和特点的差异，不同项目的合同数量可能有很大的差别。根据合同中的人物内容可划分为勘察合同、设计合同、施工承包合同、物资采购合同、工程监理合同、咨询合同等。根据《民法典》规定，勘察合同、设计合同、施工承包合同属于建设工程合同，工程监理合同、咨询合同等属于委托合同。

1. 建设工程合同示范文本

国务院建设行政主管部门和国务院原工商行政管理部门相继制定了《建设项目工程总承包合同(示范文本)》《建设工程勘察合同(示范文本)》《建设工程设计合同(示范文本)》《建设工程委托监理合同(示范文本)》《建设工程施工合同(示范文本)》《建设工程施工专业分包合同(示范文本)》《建设工程施工劳务分包合同(示范文本)》等合同示范文本。

《建设工程施工合同(示范文本)》由合同协议书、通用合同条款和专用合同条款三部分组成。

（1）合同协议书。协议书是《建设工程施工合同(示范文本)》中总纲性的文件，虽然其文字量并不大，但它规定了合同当事人双方最主要的权利、义务。合同当事人在这份文件上签字盖章，因此具有很高的法律效力。《示范文本》协议书共计13条，主要包括：工程概况、合同工期、质量标准、签约合同价和合同价格形式、项目经理、合同文件构成、承诺以及合同生效条件等重要内容。

（2）通用合同条款。通用合同条款是合同当事人根据《中华人民共和国建筑法》《中华人民共和国民法典》等法律法规的规定，就工程建设的实施及相关事项，对合同当事人的权利义务作出的原则性约定。

通用合同条款共计20条，具体条款分别为一般约定、发包人、承包人、监理人、工程质量、安全文明施工与环境保护、工期和进度、材料与设备、试验与检验、变更、价格调整、合同价格、计量与支付、验收和工程试车、竣工结算、缺陷责任与保修、违约、不可抗力、保险、索赔和争议解决。前述条款安排既考虑了现行法律法规对工程建设的有关要求，也考虑了建设工程施工管理的特殊需要。

（3）专用合同条款。专用合同条款是对通用合同条款原则性约定的细化、完善、补充、修改或另行约定的条款。合同当事人可以根据不同建设工程的特点及具体情况，通过双方的谈判、协商对相应的专用合同条款进行修改补充。在使用专用合同条款时，应注意以下事项：

① 专用合同条款的编号应与相应的通用合同条款的编号一致。

② 合同当事人可以通过对专用合同条款的修改，满足具体建设工程的特殊要求，避免直接修改通用合同条款。

③ 在专用合同条款中有横道线的地方，合同当事人可针对相应的通用合同条款进行细化、完善、补充、修改或另行约定；如无细化、完善、补充、修改或另行约定，则填写"无"或划"/"。

构成施工合同文件的组成部分，除了协议书、通用条款和专用条款以外，一般还应该包括中标通知书、投标书及其附件、有关的标准、规范及技术文件、图纸、工程量清单、工程报价单或预算书等。

作为施工合同文件组成部分的上述各个文件，其优先顺序是不同的，以下是合同通用条款规定的优先顺序：

① 协议书(包括补充协议)；
② 中标通知书；
③ 投标书及其附件；
④ 专用合同条款；
⑤ 通用合同条款；
⑥ 有关的标准、规范及技术文件；
⑦ 图纸；
⑧ 工程量清单；
⑨ 工程报价单或预算书等。

发包人在编制招标文件时，可以根据具体情况规定优先顺序。

2. 建设工程委托监理合同示范文本

原建设部和原国家工商行政管理总局于 2000 年制定并颁布了《建设工程委托监理合同(示范文本)》(GF-2000-0202)。该文本一方面结合我国建设工程监理行业发展的国情，另一方面参照国际通行 FIDIC 合同条件《业主/咨询工程师标准服务协议书》，具有较好的规范性。

委托监理合同示范文本由协议书、专用条件和通用条件三部分组成。其中协议书是一份标准的格式化文件，主要内容确认监理工程的概况、合同文件的组成、委托的范围、价款和酬金、合同生效、订立时间等；通用条件共 49 条，适用各类工程监理委托，是合同双方应遵守的基本条件，包括双方的权利、义务、责任等方面内容；专用条件是双方根据自身意愿对监理合同的地域特点、项目特征、监理范围和监理内容等进行补充与修订的特殊条款内容。

工程监理合同文件除了协议书、专用条件和通用条件组成外，还包括中标通知书(适用于招标工程)或委托书(适用于非招标工程)、投标文件(适用于招标工程)或监理与相关服务建议书(适用于非招标工程)、附录(附录 A：相关服务的范围和内容，附录 B：委托人派遣的人员和提供的房屋、资料、设备)组成。本合同签订后，双方依法签订的补充协议也是本合同文件的组成部分。

3. 建设工程勘察、设计合同示范文本

为了规范建设工程勘察设计过程中双方当事人的行为，原建设部和原国家工商行政管理总局于 2000 年颁发了《建设工程勘察合同》示范文本和《建设工程设计合同》示范文本。

《建设工程勘察合同》示范文本分为《建设工程勘察合同(示范文本)》(一)(GF-2000-0203)，涉及岩土工程勘察、水文地质勘察、工程测量、工程物探方面；《建设工程勘察合同(示范文本)》(二)(GF-2000-0204)，涉及岩土工程设计、治理、监测方面。示范文本共 9 条，分别为：工程概况；发包人按时向勘察人提供的资料文件；勘察人向发包人提供勘察成果的方式；取费标准和拨付方式、双方责任；违约责任；补充协议；合同纠纷解决方式；合同生效时间与签证。

《建设工程设计合同》示范文本分为《建设工程设计合同(示范文本)》(一)(GF-2000-0209)(民用建设工程设计合同)和《建设工程勘察合同(示范文本)》(二)(GF-2000-0210)(专业建设工程设计合同)。示范文本共 8 条，分别为：合同签订的依据；设计项目的名称、阶段、投资、设计内容和标准；甲方向乙方提交的资料和文件；乙方向甲方交付设计文件的方式；设计费支付方式；双方责任；违约责任；其他条款。

4. FIDIC 系列合同条件

FIDIC 是指国际咨询工程师联合会，国际最权威的咨询工程师组织之一。1913 年由欧洲三个国家独立的咨询工程师协会创立，1948 年英国加入，1953 年美国、加拿大、澳大利亚等国加入。现总部设在瑞士的日内瓦。目前正式的成员国会员有 60 多个。中国工程咨询协会 1996 年代表中国参加了 FIDIC，中国由此成为 FIDIC 的正式成员国。

FIDIC 的权威性主要体现在其高质量的工程合同范本上，世界银行、亚洲开发银行、非洲开发银行等国际金融机构的贷款项目指定使用 FIDIC 的合同范本，并被国际工程界广泛采纳。

了解 FIDIC 标准合同旨在学习国际工程合同管理的理想基础教程，了解国际惯例，丰富合同谈判知识，从合同角度，提高国际工程项目管理水平。

国际承包市场商业项目的增多，使得原来的 FIDIC 合同条件有必要加以更新。于是 FIDIC 在调查了全球几百家业主单位、承包商、咨询公司的基础上，于 1999 年正式出版了四个新合同版本。

《施工合同条件》(Condition of Contract for Construction，简称"新红皮书")。"新红皮书"与原"红皮书"相对应，但其名称改变后合同的适用范围更大。该合同主要用于由发包人设计的或由咨询工程师设计的房屋建设工程(Building Works)和土木工程(Engineering Works)的施工项目。合同计价方式属于单价合同，但也有某些子项采用包干价格。

《永久设备和设计—建造合同条件》(Conditions of Contract for Plant and Design—Build，简称"新黄皮书")。适用于由承包商做绝大部分设计的工程项目，承包商要按照业主的要求进行设计、提供设备以及建造其他工程(可能包括由土木、机械、电力等工程的组合)。合同计价采用总价合同方式。

《EPC 交钥匙项目合同条件》(Conditions of Contract for EPC Turnkey Projects，简称"银皮书")。适用于在交钥匙的基础上进行的工程项目的设计和施工，承包商要负责所有的设计、采购和建造工作，在交钥匙时，要提供一个设施配备完整、可以投产运行的项目。合

同计价采用固定总价方式，只有在某些特定风险出现时才调整价格。

《简明合同格式》(Short Form of Contract)。该合同条件主要适用于投资较低的一般不需要分包的建设工程或设施，或尽管投资较高，但工作内容简单、重复，或建设周期短。合同计价可以采用单价合同、总价合同或者其他方式。

任务 4.2　合同劳动及劳动者权益保护制度

案例引入

2019 年 1 月小马应聘到 A 公司就职，但工作 8 个月后就与 A 公司解除了劳动合同，于 2019 年 9 月又被 B 公司聘用。2020 年 3 月小马在 B 公司工作了 6 个月后，因家中有事，向 B 公司提出要求带薪休年假，但 B 公司说现在公司很忙，人手很缺，没有批准小马的休假申请，并说小马到 B 公司工作还没满一年，不能享受带薪年假。

问题：
(1) 小马在 B 公司是否可以享受带薪休年假？
(2) B 公司是否可以不批准小马的休假申请？
(3) 如果小马全年未能享受带薪年假，B 公司将按照何标准向小马支付工资？

4.2.1　劳动合同订立的规定

工程建设劳动法规是调整工程建设领域劳动关系、劳动保护和劳动争议的法律、行政法规、部门规章和地方性法规、地方性规章的总称。工程建设劳动法规属于社会法，侧重于调整政府与社会之间、组织与个人之间的法律关系。

民事合同与劳动合同的区分

1. 劳动合同订立的原则

订立劳动合同，应当遵循合法、公平、平等自愿、协商一致、诚实信用的原则。

劳动者和用人单位在法律上具有相等的地位，劳动者具有自主就业和择业的权利。用人单位不得要求劳动者提供担保或者以其他名义向劳动者索取财物，不得扣押劳动者的居民身份证或者其他有效证件，限制劳动者的流动。

依法订立的劳动合同具有约束力，用人单位与劳动者应当履行劳动合同约定的义务。

2. 劳动合同的分类

劳动合同分为固定期限劳动合同、无固定期限劳动合同和以完成一定工作任务为期限的劳动合同。

(1) 固定期限劳动合同。固定期限劳动合同，是指用人单位与劳动者约定合同终止时间的劳动合同。用人单位与劳动者协商一致，可以订立固定期限劳动合同。合同期限可以是一年、二年、三年，也可以是五年以上，一般可视企业规模、项目数量和劳动者技术水平而定。但是，超过两次签订固定期限的劳动合同在劳动者没有提出订立期限劳动合同的，用人单位就应当与劳动者签订无固定期限合同。

(2) 无固定期限劳动合同。无固定期限劳动合同，是指用人单位与劳动者约定无确定终止时间的劳动合同。无确定终止时间的劳动合同并不是没有终止时间，一旦出现了法定的解除情形或者双方协商一致解除的，无固定期限劳动合同同样可以解除。

用人单位与劳动者协商一致，可以订立无固定期限劳动合同。有下列情形之一，劳动者提出或者同意续订、订立劳动合同的，除劳动者提出订立固定期限劳动合同外，应当订立无固定期限劳动合同：

① 劳动者在该用人单位连续工作满十年的。

② 用人单位初次实行劳动合同制度或者国有企业改制重新订立劳动合同时，劳动者在该用人单位连续工作满十年且距法定退休年龄不足十年的。

③ 连续订立二次固定期限劳动合同，且劳动者没有如下任一情况的，可续订劳动合同的，在试用期间被证明不符合录用条件的，严重违反用人单位的规章制度的，严重失职、营私舞弊，给用人单位造成重大损害的。劳动者同时与其他用人单位建立劳动关系，对完成本单位的工作任务造成严重影响，或者经用人单位提出，拒不改正的。

凡是用人单位自用工之日起满一年不与劳动者订立书面劳动合同的，视为用人单位与劳动者已订立无固定期限劳动合同。

(3) 以完成一定工作任务为期限的劳动合同。以完成一定工作任务为期限的劳动合同，是指用人单位与劳动者约定以某项工作的完成为合同期限的劳动合同。用人单位与劳动者协商一致，可以订立以完成一定工作任务为期限的劳动合同，该类合同适用于规模小、难度大的工程。

3. 劳动合同应具备的条款

劳动合同应具备的条款主要有以下几项：

① 用人单位的名称、住所和法定代表人或者主要负责人；
② 劳动者的姓名、住址和居民身份证或者其他有效身份证件号码；
③ 劳动合同期限；
④ 工作内容和工作地点；
⑤ 工作时间和休息休假；
⑥ 劳动报酬、社会保险、劳动保护、劳动条件和职业危害防护；
⑦ 法律、法规规定应当纳入劳动合同的其他事项。

约定试用期长短的规定

劳动合同除前款规定的必备条款外，用人单位与劳动者可以约定试用期、培训、保守秘密、补充保险和福利待遇等其他事项。

4. 订立劳动合同应注意的事项

(1) 建立劳动关系即应订立劳动合同。用人单位自用工之日起即与劳动者建立劳动关系。《中华人民共和国劳动合同法》(以下简称《劳动合同法》)规定，建立劳动关系，应当订立书面劳动合同。已建立劳动关系，未同时订立书面劳动合同的，应当自用工之日起1个月内订立书面劳动合同。用人单位与劳动者在用工前订立劳动合同的，劳动关系自用工之日起建立。

合同有书面形式、口头形式和其他形式。按照《劳动合同法》的规定，除了非全日制用工(即以小时计酬为主，劳动者在同一用人单位一般平均每日工作时间不超过4小时，每周工作时间累计不超过24小时的用工形式)可以订立口头协议外，建立劳动关系应当订立书面劳动合同。如果没有订立书面合同，不订立书面合同的一方将要承担相应的法律后果。劳动合同文本由用人单位和劳动者各执一份。

(2) 劳动报酬和试用期。《劳动合同法》规定，劳动合同对劳动报酬和劳动条件等标准约定不明确，引发争议的，用人单位与劳动者可以重新协商；协商不成的，适用集体合同规定；没有集体合同或者集体合同未规定劳动报酬的，实行同工同酬；没有集体合同或者集体合同未规定劳动条件等标准的，适用国家有关规定。

劳动合同期限3个月以上不满1年的，试用期不得超过1个月；劳动合同期限1年以上不满3年的，试用期不得超过2个月；3年以上固定期限和无固定期限的劳动合同，试用期不得超过6个月。同一用人单位与同一劳动者只能约定1次试用期。以完成一定工作任务为期限的劳动合同或者劳动合同期限不满3个月的，不得约定试用期。试用期包含在劳动合同期限内。劳动合同仅约定试用期的，试用期不成立，该期限为劳动合同期限。

劳动者在试用期的工资不得低于本单位相同岗位最低档工资或者劳动合同约定工资的80%，并不得低于用人单位所在地的最低工资标准。在试用期中，除劳动者有《劳动合同法》第三十九条和第四十条第(一)项、第(二)项规定的情形外，用人单位不得解除劳动合同。用人单位在试用期解除劳动合同的，应当向劳动者说明理由。

(3) 劳动合同的生效与无效。劳动合同由用人单位与劳动者协商一致，并经用人单位与劳动者在劳动合同文本上签字或者盖章生效。双方当事人签字或者盖章时间不一致的，以最后一方签字或者盖章的时间为准；如果一方没有写签字时间，则另一方写明的签字时间就是合同生效时间。

《劳动合同法》第二十六条规定，下列劳动合同无效或者部分无效：

① 以欺诈、胁迫的手段或者乘人之危，使对方在违背真实意思的情况下订立或者变更劳动合同的；

② 用人单位免除自己的法定责任、排除劳动者权利的；

③ 违反法律、行政法规强制性规定的。劳动合同部分无效，不影响其他部分效力的，其他部分仍然有效。劳动合同被确认无效，劳动者已付出劳动的，用人单位应当向劳动者支付劳动报酬。劳动报酬的数额，参照本单位相同或者相近岗位劳动者的劳动报酬确定。

对劳动合同的无效或者部分无效有争议的，由劳动争议仲裁机构或者人民法院确认。

5. 集体合同

企业职工一方与用人单位通过平等协商，可以就劳动报酬、工作时间、休息休假、劳动安全卫生、保险福利等事项订立集体合同。集体合同草案应当提交职工代表大会或者全体职工讨论通过。集体合同由工会代表企业职工一方与用人单位订立；尚未建立工会的用人单位，由上级工会指导劳动者推举的代表与用人单位订立。企业职工一方与用人单位还可订立劳动安全卫生、女职工权益保护、工资调整机制等专项集体合同。集体合同中劳动报酬和劳动条件等标准不得低于当地人民政府规定的最低标准；用人单位与劳动者订立的劳动合同中劳动报酬和劳动条件等标准不得低于集体合同规定的标准。

集体合同订立后，应当报送劳动行政部门；劳动行政部门自收到集体合同文本之日起15日内未提出异议的，集体合同即行生效。依法订立的集体合同对用人单位和劳动者具有约束力。

用人单位违反集体合同,侵犯职工劳动权益的,工会可以依法要求用人单位承担责任;因履行集体合同发生争议,经协商解决不成的,工会可以依法申请仲裁、提起诉讼。

案例分析

2020年5月,某公司有3名员工已在该企业工作满10年,需要续签新的劳动合同。但该公司不打算再与其续签劳动合同。该公司人力资源部向3名员工下发了到期不再续签劳动合同的书面通知。但3名员工不服,认为在该公司工作了这么多年,公司不应该这样做,于是他们向有关人员进行咨询。

问题:

(1) 这3名员工坚决要求续签劳动合同,并且要求签订无固定期限劳动合同,依据《劳动合同法》的规定,是否应当续签无固定期限劳动合同?

(2) 在公司不同意的情况下,是否可以续签无固定期限劳动合同?

分析:

(1) 依据《劳动合同法》第十四条第二款的规定,劳动者在该用人单位连续工作满10年的,劳动者提出或者同意续订、订立劳动合同的,应当订立无固定期限劳动合同。本案中,3名员工已经在该公司工作了10年,依据《劳动合同法》的规定,该公司必须与3名员工续签无固定期限劳动合同。

(2) 3名员工要求续签无固定期限劳动合同,尽管公司单方面不同意,依据上述规定,公司也必须与其续签无固定期限劳动合同,否则将构成违法。

4.2.2 劳动合同的履行和变更

1. 劳动合同的履行

劳动合同一经依法订立便具有法律效力。用人单位与劳动者应当按照劳动合同的约定,全面履行各自的义务。当事人双方既不能只履行部分义务,也不能擅自变更合同,更不能任意不履行合同或者解除合同,否则将承担相应的法律责任。

劳动合同法案例解析(微课)

(1) 用人单位应当履行向劳动者支付劳动报酬的义务。《劳动合同法》规定,用人单位应当按照劳动合同约定和国家规定,向劳动者及时足额支付劳动报酬。

劳动报酬是指劳动者为用人单位提供劳动而获得的各种报酬,通常包括三个部分:①货币工资,包括各种工资、奖金、津贴、补贴等;②实物报酬,即用人单位以免费或低于成本价提供给劳动者的各种物品和服务等;③社会保险,即用人单位为劳动者支付的医疗、失业、养老、工伤等保险金。

用人单位和劳动者可以在法律允许的范围内对劳动报酬的金额、支付时间、支付方式等进行平等协商。劳动报酬的支付要遵守国家的有关规定:①用人单位支付劳动者的工资不得低于当地的最低工资标准;②工资应当以货币形式按月支付劳动者本人,即不得以实物或有价证券等形式代替货币支付;③用人单位应当依法向劳动者支付加班费;④劳动者在法定休假日、婚丧假期间、探亲假期间、产假期间和依法参加社会活动期间以及非因劳动者原因停工期间,用人单位应当依法支付工资。

用人单位拖欠或者未足额支付劳动报酬的,劳动者可以依法向当地人民法院申请支付令、人民法院应当依法发出支付令。

(2) 依法限制用人单位安排劳动者加班。用人单位应当严格执行劳动定额标准，不得强迫或者变相强迫劳动者加班。用人单位安排加班的，应当按照国家有关规定向劳动者支付加班费。

(3) 劳动者有权拒绝违章指挥、冒险作业。劳动者对危害生命安全和身体健康的劳动条件，有权对用人单位提出批评、检举和控告。劳动者拒绝用人单位管理人员违章指挥、强令冒险作业的，不视为违反劳动合同。

(4) 用人单位发生变动不影响劳动合同的履行。用人单位变更名称、法定代表人、主要负责人或者投资人等事项，不影响劳动合同的履行。

用人单位发生合并或者分立等情况，原劳动合同继续有效，劳动合同由承继其权利和义务的用人单位继续履行。

2. 劳动合同的变更

《劳动合同法》规定，用人单位与劳动者协商一致，可以变更劳动合同约定的内容。变更劳动合同，应当采用书面形式。变更后的劳动合同文本由用人单位和劳动者各执一份。

变更劳动合同时应当注意以下几点。

① 必须在劳动合同依法订立之后，在合同没有履行或者尚未履行完毕之前的有效时间内进行；

② 必须坚持平等自愿、协商一致的原则，即须经用人单位和劳动者双方当事人的同意；

③ 不得违反法律法规的强制性规定；

④ 劳动合同的变更须采用书面形式。

4.2.3 劳动合同的解除和终止

1. 劳动合同的解除

用人单位与劳动者协商一致，可以解除劳动合同。劳动者提前三十日以书面形式通知用人单位，可以解除劳动合同，不需要支付违约金。劳动者在试用期内提前三日通知用人单位，可以解除劳动合同，可不支付违约金。

(1) 劳动者提出解除合同。用人单位有下列情形之一的，劳动者可以解除劳动合同：

① 未按照劳动合同约定提供劳动保护或者劳动条件的；

② 未及时足额支付劳动报酬的；

③ 未依法为劳动者缴纳社会保险费的；

④ 用人单位的规章制度违反法律、法规的规定，损害劳动者权益的；

⑤ 法律、行政法规规定劳动者可以解除劳动合同的其他情形。

用人单位以暴力、威胁或者非法限制人身自由的手段强迫劳动者劳动的，或者用人单位违章指挥、强令冒险作业危及劳动者人身安全的，劳动者可以立即解除劳动合同，不需要事先告知用人单位。

(2) 用人单位提出解除合同。劳动者有下列情形之一的，用人单位可以解除劳动合同：

① 在试用期间被证明不符合录用条件的；
② 严重违反用人单位的规章制度的；
③ 严重失职，营私舞弊，给用人单位造成重大损害的；
④ 劳动者同时与其他用人单位建立劳动关系，对完成本单位的工作任务造成严重影响，或者经用人单位提出，拒不改正的；
⑤ 被依法追究刑事责任的；
⑥ 法律、行政法规规定用人单位可以解除劳动合同的其他情形。

《劳动合同法》规定，有下列情形之一的，用人单位提前30日以书面形式通知劳动者本人或者额外支付劳动者1个月工资后，可以解除劳动合同：

① 劳动者患病或者非因工负伤，在规定的医疗期满后不能从事原工作，也不能从事由用人单位另行安排的工作的；
② 劳动者不能胜任工作，经过培训或者调整工作岗位，仍不能胜任工作的；
③ 劳动合同订立时所依据的客观情况发生重大变化，致使劳动合同无法履行，经用人单位与劳动者协商，未能就变更劳动合同内容达成协议的。

(3) 用人单位不得解除劳动合同的规定。为了保护一些特殊群体劳动者的权益，《劳动合同法》规定，劳动者有下列情形之一的，用人单位不得解除劳动合同：

① 从事接触职业病危害作业的劳动者未进行离岗前职业健康检查，或者疑似职业病病人在诊断或者医学观察期间的；
② 在本单位患职业病或者因工负伤并被确认丧失或者部分丧失劳动能力的；
③ 患病或者非因工负伤，在规定的医疗期内的；
④ 女职工在孕期、产期、哺乳期的；
⑤ 在本单位连续工作满15年，且距法定退休年龄不足5年的；
⑥ 法律、行政法规规定的其他情形。

用人单位违反《劳动合同法》规定解除或者终止劳动合同，劳动者要求继续履行劳动合同的，用人单位应当继续履行；劳动者不要求继续履行劳动合同或者劳动合同已经不能继续履行的，用人单位应当依法向劳动者支付赔偿金。赔偿金标准为经济补偿标准的2倍。

2. 劳动合同的终止

有下列情形之一的，劳动合同终止：
① 劳动合同期满的；
② 劳动者开始依法享受基本养老保险待遇的；
③ 劳动者死亡，或者被人民法院宣告死亡或者宣告失踪的；
④ 用人单位被依法宣告破产的；
⑤ 用人单位被吊销营业执照、责令关闭、撤销或者用人单位决定提前解散的；
⑥ 法律、行政法规规定的其他情形。

4.2.4 合法用工方式与违法用工模式的规定

劳务派遣(又称劳动力派遣、劳动派遣或人才租赁)，是指依法设立的劳务派遣单位与劳动者订立劳动合同，依据与接受劳务派遣单位(即实际用工单位)订立的劳务派遣协议，将劳动者派遣到实际用工单位工作，由派遣单位向劳动者支付工资、福利及社会保险费用，实际用工单位提供劳动条件并按照劳务派遣协议支付用工费用的新型用工方式。其显著特征是劳动者的聘用与使用分离。

(1) 劳务派遣单位。《劳动合同法》规定，经营劳务派遣业务，应当向劳动行政部门依法申请行政许可。经许可的，可依法办理相应的公司登记。未经许可，任何单位和个人不得经营劳务派遣业务。

劳务派遣用工是补充形式，只能在临时性、辅助性或者替代性的工作岗位上实施。2014年1月人力资源和社会保障部发布的《劳务派遣暂行规定》进一步规定，临时性工作岗位是指存续时间不超过6个月的岗位；辅助性工作岗位是指为主营业务岗位提供服务的非主营业务岗位；替代性工作岗位是指用工单位的劳动者因脱产学习、休假等原因无法工作的一定期间内，可以由其他劳动者替代工作的岗位。

(2) 劳动合同与劳务派遣协议。《劳动合同法》规定，劳务派遣单位是《劳动合同法》中所称的用人单位，应当履行用人单位对劳动者的义务。劳务派遣单位与被派遣劳动者订立的劳动合同，除应当载明《劳动合同法》第17条规定的事项外，还应当载明被派遣劳动者的用工单位以及派遣期限、工作岗位等情况。劳务派遣单位应当与被派遣劳动者订立2年以上的固定期限劳动合同，按月支付劳动报酬；被派遣劳动者在无工作期间，劳务派遣单位应当按照所在地人民政府规定的最低工资标准，向其按月支付报酬。

劳务派遣单位派遣劳动者应当与接受以劳务派遣形式用工的单位(以下称用工单位)订立劳务派遣协议。劳务派遣单位应当将劳务派遣协议的内容告知被派遣劳动者。劳务派遣单位不得克扣用工单位按照劳务派遣协议支付给被派遣劳动者的劳动报酬。劳务派遣单位和用工单位不得向被派遣劳动者收取费用。

《劳务派遣暂行规定》规定，劳务派遣协议应当载明下列内容：

① 派遣的工作岗位名称和岗位性质；
② 工作地点；
③ 派遣人员数量和派遣期限；
④ 按照同工同酬原则确定的劳动报酬数额和支付方式；
⑤ 社会保险费的数额和支付方式；
⑥ 工作时间和休息休假事项；
⑦ 被派遣劳动者工伤、生育或者患病期间的相关待遇；
⑧ 劳动安全卫生以及培训事项；
⑨ 经济补偿等费用；
⑩ 劳务派遣协议期限；
⑪ 劳务派遣服务费的支付方式和标准；
⑫ 违反劳务派遣协议的责任；
⑬ 法律、法规、规章规定应当纳入劳务派遣协议的其他事项。

(3) 被派遣劳动者。《劳动合同法》规定，被派遣劳动者享有与用工单位的劳动者同工同酬的权利。用工单位应当按照同工同酬原则，对被派遣劳动者与本单位同类岗位的劳动者实行相同的劳动报酬分配办法。用工单位无同类岗位劳动者的，参照用工单位所在地

相同或者相近岗位劳动者的劳动报酬确定。劳务派遣单位与被派遣劳动者订立的劳动合同和与用工单位订立的劳务派遣协议，载明或者约定的向被派遣劳动者支付的劳动报酬应当符合前款规定。

被派遣劳动者有权在劳务派遣单位或者用工单位依法参加或者组织工会，维护自身的合法权益。被派遣劳动者可以依照《劳动合同法》第三十六条、第三十八条的规定与劳务派遣单位解除劳动合同。

(4) 用工单位。《劳动合同法》规定，用工单位应当履行下列义务：

① 执行国家劳动标准，提供相应的劳动条件和劳动保护；
② 告知被派遣劳动者的工作要求和劳动报酬；
③ 支付加班费、绩效奖金，提供与工作岗位相关的福利待遇；
④ 对在岗被派遣劳动者进行工作岗位所必需的培训；
⑤ 连续用工的，实行正常的工资调整机制。用工单位不得将被派遣劳动者再派遣到其他用人单位。

《劳务派遣暂行规定》规定，用工单位应当按照劳动合同法规定，向被派遣劳动者提供与工作岗位相关的福利待遇，不得歧视被派遣劳动者。被派遣劳动者在用工单位因工作遭受事故伤害的，劳务派遣单位应当依法申请工伤认定，用工单位应当协助工伤认定的调查核实工作。劳务派遣单位承担工伤保险责任，但可以与用工单位约定补偿办法。被派遣劳动者在申请进行职业病诊断、鉴定时，用工单位应当负责处理职业病诊断、鉴定事宜，并如实提供职业病诊断、鉴定所需的劳动者职业史和职业危害接触史、工作场所职业病危害因素检测结果等资料，劳务派遣单位应当提供被派遣劳动者职业病诊断、鉴定所需的其他材料。

有下列情形之一的，用工单位可以将被派遣劳动者退回劳务派遣单位：

① 用工单位被依法宣告破产、吊销营业执照、责令关闭、撤销、决定提前解散或者经营期限届满不再继续经营的；
② 劳务派遣协议期满终止的。

被派遣劳动者退回后在无工作期间，劳务派遣单位应当按照或不低于所在地人民政府规定的最低工资标准，向其按月支付报酬。

案例分析

老李是某劳务派遣公司派遣到某建筑公司工作的劳动者。一天，老李与同岗位一起工作的小王聊天时得知，老李的月工资比小王低了好几百块钱，便找到该建筑公司人事行政部门询问，为什么小王很年轻，每天和他工作在同一岗位，但工资待遇却差别如此之大。该公司人事行政部门回答："你不是我们公司的员工，当然同小王的工资待遇不一样。"

问题：

(1) 该公司人事行政部门的回答是否合法？
(2) 老李的工资待遇问题应当由谁来解决？

分析：

(1) 该公司人事行政部门的回答是不合法的。《劳动合同法》第六十三条规定："被派遣劳动者享有与用工单位的劳动者同工同酬的权利。用工单位应当按照同工同酬原则，对被派遣劳动者与本单位同类岗位的劳动者实行相同的劳动报酬分配办法。""劳务派遣单位与被派遣劳动者订立的劳动合同和与用工单位订立的劳务派遣协议，载明或者约定的向被派遣劳动者支付的劳动报酬应当符合前款规定。"据此，虽然老李不是该公司的员工，但也应当与该公司员工享有同工同酬的权利。

(2) 老李的工资待遇问题应当由劳务派遣单位来解决。《劳动合同法》第58条规定："劳务派遣单位是本法所称用人单位，应当履行用人单位对劳动者的义务。"据此，老李的工资待遇问题，应当由老李所属的劳务派遣单位解决。

4.2.5 劳动保护的规定

劳动保护是国家和单位为保护劳动者在劳动生产过程中的安全和健康所采取的立法、组织和技术措施的总称。劳动保护的目的是为劳动者创造安全、卫生、舒适的劳动工作条件，消除和预防劳动生产过程中可能发生的伤亡、职业病和急性职业中毒，保障劳动者以健康的劳动力参加社会生产，促进劳动生产率的提高，保证经济可持续发展。

1. 劳动者的工作时间和休息休假

《中华人民共和国劳动法》(以下简称《劳动法》)规定，国家实行劳动者每日工作时间不超过8小时、平均每周工作时间不超过44小时的工时制度。用人单位应当保证劳动者每周至少休息1日。企业因生产特点不能实行上述规定的，经劳动行政部门批准，可以实行其他工作和休息办法。

工作时间(又称劳动时间)，是指法律规定的劳动者在一昼夜和一周内从事生产、劳动或工作的时间。

休息休假(又称休息时间)，是指劳动者在国家规定的法定工作时间外，不从事生产、劳动或工作而有自己自行支配的时间，包括劳动者每天休息的时数、每周休息的天数、节假日、年休假、探亲假等。

《劳动法》规定，用人单位在下列节日期间应当依法安排劳动者休假：元旦、春节、国际劳动节、国庆节和法律、法规规定的其他休假节日。目前，法律、法规规定的其他休假节日有：全体公民放假的节日是清明节、端午节和中秋节；部分公民放假的节日及纪念日是妇女节、青年节、儿童节、中国人民解放军建军纪念日。

劳动者连续工作1年以上的，享受带薪年休假。此外，劳动者按有关规定还可以享受探亲假、婚丧假、生育(产)假、节育手术假等。

用人单位因生产经营需要，经与工会和劳动者协商可以延长工作时间，一般每日不得超过1小时；因特殊原因需要延长工作时间的，在保障劳动者身体健康的条件下延长工作时间每日不得超过3小时，但是每月不得超过36小时。在发生自然灾害、事故等需要紧急处理，或者生产设备、交通运输线路、公共设施发生故障必须及时抢修等法律、行政法规规定的特殊情况的，延长工作时间不受上述限制。

用人单位应当按照下列标准支付高于劳动者正常时间工作的工资报酬：安排劳动者延长工作时间的，支付不低于正常工资的150%的工资报酬；休息日安排劳动者工作又不能安排补休的，支付不低于正常工资的200%的工资报酬；法定休假日安排劳动者工作的，支付不低于正常工资的 300%的工资报酬。

2. 女职工劳动保护

(1) 妇女拥有就业权和培训权。凡适合妇女从事劳动的单位，不得拒绝招收女职工。用人单位应当加强女职工劳动保护，采取措施改善女职工劳动安全卫生条件，对女职工进行劳动安全卫生知识培训。

(2) 女职工拥有特别保护权。用人单位应当遵守女职工禁忌从事的劳动范围的规定。

用人单位应当将本单位属于女职工禁忌从事的劳动范围的岗位书面告知女职工，女职工禁忌从事的劳动范围如下：矿山井下作业；体力劳动强度分级标准中规定的第四级体力劳动强度的作业；每小时负重 6 次以上、每次负重超过 20 公斤的作业，或者间断负重、每次负重超过 25 公斤的作业；用人单位不得安排怀孕的女职工和未成年工在 35℃以上的高温天气露天工作及温度在 33℃以上的作业场所工作。

(3) 女职工拥有特殊假期权利。女职工在孕期不能适应原劳动的，用人单位应当根据医疗机构的证明，予以减轻劳动量或者安排其他能够适应的劳动。对怀孕 7 个月以上的女职工，用人单位不得延长劳动时间或者安排夜班劳动，并应当在劳动时间内安排一定的休息时间。怀孕女职工在劳动时间内进行产前检查，所需时间计入劳动时间。

女职工生育享受 98 天产假，其中，产前可以休假 15 天；难产的，增加产假 15 天；生育多胞胎的，每多生育 1 个婴儿，增加产假 15 天。女职工怀孕未满 4 个月流产的，享受 15 天产假；怀孕满 4 个月流产的，享受 42 天产假。女职工产假期间的生育津贴，对已经参加生育保险的，按照用人单位上年度职工月平均工资的标准由生育保险基金支付；对未参加生育保险的，按照女职工产假前工资的标准由用人单位支付。对哺乳未满 1 周岁婴儿的女职工，用人单位不得延长劳动时间或者安排夜班劳动。用人单位应当在每天的劳动时间内为哺乳期女职工安排 1 小时哺乳时间；女职工生育多胞胎的，每多哺乳 1 个婴儿每天增加 1 小时哺乳时间。

女职工比较多的用人单位应当根据女职工的需要，建立女职工卫生室、孕妇休息室、哺乳室等设施，妥善解决女职工在生理卫生、哺乳方面的困难。在劳动场所，用人单位应当预防和制止对女职工的性骚扰。

(4) 用人单位的违法责任。用人单位违反规定，侵害女职工合法权益的，女职工可以依法投诉、举报、申诉，依法向劳动人事争议调解仲裁机构申请调解仲裁，对仲裁裁决不服的，依法向人民法院提起诉讼。用人单位违反规定，侵害女职工合法权益，造成女职工损害的，依法给予赔偿；用人单位及其直接负责的主管人员和其他直接责任人员构成犯罪的，依法追究刑事责任。

3. 未成年劳动保护

不得安排未成年工从事矿山井下、有毒有害、国家规定的第四级体力劳动强度的劳动和其他禁忌从事的劳动。其中，第四级体力劳动就是在 8 小时工作日内，人体的平均能量耗费为 2 700 千卡，净劳动时间为 370 分钟，相当于"很重"强度的劳动，比如煤厂的煤仓装煤工等。

用人单位应对未成年工定期进行安全检查，还需向所在地的县级以上劳动行政部门办理登记。未成年工上岗前用人单位应对其进行有关的职业安全卫生教育和培训，比如，安

全防护用品的使用等。

用人单位非法招用未满十六周岁的未成年人的,由劳动行政部门责令改正,处以罚款;情节严重的,由工商行政管理部门吊销营业执照。

4. 劳动者的工资

工资是指用人单位依据国家有关规定和劳动关系双方的约定,以货币形式支付给劳动者的劳动报酬,如计时工资、计件工资、奖金、津贴和补贴等。

(1) 工资基本规定。《劳动法》规定,工资分配应当遵循按劳分配原则,实行同工同酬。工资水平在经济发展的基础上逐步提高。国家对工资总量实行宏观调控。用人单位根据本单位的生产经营特点和经济效益,依法自主确定本单位的工资分配方式和工资水平。

工资应当以货币形式按月支付给劳动者本人。不得克扣或者无故拖欠劳动者的工资。劳动者在法定休假日和婚丧假期间以及依法参加社会活动期间,用人单位应当依法支付工资。

在我国,企业、机关(包括社会团体)、事业单位实行不同的基本工资制度。企业基本工资制度主要有等级工资制、岗位技能工资制、岗位工资制、结构工资制、经营者年薪制等。

(2) 最低工资保障制度。最低工资标准,是指劳动者在法定工作时间或依法签订的劳动合同约定的工作时间内提供了正常劳动的前提下,用人单位依法应支付的最低劳动报酬。所谓正常劳动,是指劳动者按依法签订的劳动合同约定,在法定工作时间或劳动合同约定的工作时间内从事的劳动。劳动者依法享受带薪年休假、探亲假、婚丧假、生育(产)假、节育手术假等国家规定的假期期间,以及法定工作时间内依法参加社会活动期间,视为提供了正常劳动。

《劳动法》规定,国家实行最低工资保障制度。最低工资的具体标准由省、自治区、直辖市人民政府规定,报国务院备案。用人单位支付劳动者的工资不得低于当地的最低工资标准。

(3) 农民工工资支付的规定。《保障农民工工资支付条例》规定,农民工有按时足额获得工资的权利。任何单位和个人不得拖欠农民工工资。用人单位拖欠农民工工资的,应当依法予以清偿。

用工单位使用个人、不具备合法经营资格的单位或者未依法取得劳务派遣许可证的单位派遣的农民工,拖欠农民工工资的,由用工单位清偿,并可以依法进行追偿。用人单位允许个人、不具备合法经营资格或者未取得相应资质的单位以用人单位的名义对外经营,导致拖欠所招用农民工工资的,由用人单位清偿,并可以依法进行追偿。合伙企业、个人独资企业、个体经济组织等用人单位拖欠农民工工资的,应当依法予以清偿;不清偿的,由出资人依法清偿。

用人单位合并或者分立时,应当在实施合并或者分立前依法清偿拖欠的农民工工资;经与农民工书面协商一致的,可以由合并或者分立后承继其权利和义务的用人单位清偿。用人单位被依法吊销营业执照或者登记证书、被责令关闭、被撤销或者依法解散的,应当在申请注销登记前依法清偿拖欠的农民工工资。未依据规定清偿农民工工资的用人单位主要出资人,应当在注册新用人单位前清偿拖欠的农民工工资。

建设单位应当按照合同约定及时拨付工程款,并将人工费用及时足额拨付至农民工的

工资专用账户,加强对施工总承包单位按时足额支付农民工工资的监督。因建设单位未按照合同约定及时拨付工程款导致农民工工资拖欠的,建设单位应当以未结清的工程款为限,先行垫付被拖欠的农民工工资。

分包单位对所招用农民工的实名制管理和工资支付负直接责任。施工总承包单位对分包单位劳动用工和工资发放等情况进行监督。分包单位拖欠农民工工资的,由施工总承包单位先行清偿,再依法进行追偿。工程建设项目转包,拖欠农民工工资的,由施工总承包单位先行清偿,再依法进行追偿。

工程建设领域推行分包单位农民工工资委托施工总承包单位代发制度。用于支付农民工工资的银行账户所绑定的农民工本人社会保障卡或者银行卡,用人单位或者其他人员不得以任何理由扣押或者变相扣押。

施工总承包单位应当按照有关规定存储工资保证金,专项用于支付为所承包工程提供劳动的农民工被拖欠的工资。

建设单位与施工总承包单位或者承包单位与分包单位因工程数量、质量、造价等产生争议的,建设单位不得因争议不按照《保障农民工工资支付条例》第二十四条的规定拨付工程款中的人工费用,施工总承包单位也不得因争议不按照规定代发工资。

建设单位或者施工总承包单位将建设工程发包、分包给个人或者不具备合法经营资格的单位,导致拖欠农民工工资的,由建设单位或者施工总承包单位清偿。施工单位允许其他单位和个人以施工单位的名义对外承揽建设工程,导致拖欠农民工工资的,由施工单位清偿。

5. 劳动者的社会保险与福利

2018年12月经修改后公布的《中华人民共和国社会保险法》(以下简称《社会保险法》)规定,国家建立基本养老保险、基本医疗保险、工伤保险、失业保险、生育保险等社会保险制度,保障公民在年老、疾病、工伤、失业、生育等情况下依法从国家和社会获得物质帮助的权利。

(1) 基本养老保险。职工应当参加基本养老保险,由用人单位和职工共同缴纳基本养老保险费。用人单位应当按照国家规定的本单位职工工资总额的比例缴纳基本养老保险费,记入基本养老保险统筹基金。职工应当按照国家规定的本人工资的比例缴纳基本养老保险费,记入个人账户。

(2) 基本医疗保险。职工应当参加职工基本医疗保险,由用人单位和职工按照国家规定共同缴纳基本医疗保险费。医疗机构应当为参保人员提供合理、必要的医疗服务。

参加职工基本医疗保险的个人,达到法定退休年龄时累计缴费达到国家规定年限的,退休后不再缴纳基本医疗保险费,按照国家规定享受基本医疗保险待遇;未达到国家规定年限的,可以缴费至国家规定年限。

(3) 工伤保险。职工应当参加工伤保险,由用人单位缴纳工伤保险费,职工不缴纳工伤保险费。此外,《建筑法》还规定,鼓励企业为从事危险作业的职工办理意外伤害保险,支付保险费。

(4) 失业保险。《社会保险法》规定,职工应当参加失业保险,由用人单位和职工按照国家规定共同缴纳失业保险费。职工跨统筹地区就业的,其失业保险关系随本人转移,缴费年限累计计算。

(5) 生育保险。《社会保险法》规定，职工应当参加生育保险，由用人单位按照国家规定缴纳生育保险费，职工不缴纳生育保险费。用人单位已经缴纳生育保险费的，其职工享受生育保险待遇；职工未就业的配偶按照国家规定享受生育医疗费用待遇。所需资金从生育保险基金中支付。

4.2.6 劳动争议解决

劳动争议(又称劳动纠纷)，是指劳动关系当事人之间因劳动的权利与义务发生分歧而引起的争议。

1. 劳动争议的范围

劳动争议的范围主要包括以下几种类型：因确认劳动关系发生的争议；因订立、履行、变更、解除和终止劳动合同发生的争议；因除名、辞退和辞职、离职发生的争议；因工作时间、休息休假、社会保险、福利、培训以及劳动保护发生的争议；因劳动报酬、工伤医疗费、经济补偿或者赔偿金等发生的争议；法律、法规规定的其他劳动争议。

凡是以下情况，均不属于劳动争议的范围：劳动者请求社会保险经办机构发放社会保险金的纠纷；劳动者与用人单位因住房制度改革产生的公有住房转让纠纷；劳动者对劳动能力鉴定委员会的伤残等级鉴定结论或者对职业病诊断鉴定委员会的职业病诊断鉴定结论的异议纠纷；家庭或者个人与家政服务人员之间的纠纷；个体工匠与帮工、学徒之间的纠纷；农村承包经营户与受雇人之间的纠纷。

2. 劳动争议的解决方式

解决劳动争议，应当根据事实，遵循合法、公正、及时、着重调解的原则，依法保护当事人的合法权益。争议的解决方式主要有调解、仲裁和诉讼。

1) 调解

(1) 调解组织。发生劳动争议，当事人可以到下列调解组织申请调解：企业劳动争议调解委员会；依法设立的基层人民调解组织；在乡镇、街道设立的具有劳动争议调解职能的组织。其中，企业劳动争议调解委员会由职工代表和企业代表组成。职工代表由工会成员担任或者由全体职工推举产生，企业代表由企业负责人指定；企业劳动争议调解委员会主任由工会成员或者双方推举的人员担任。

(2) 调解形式。当事人申请劳动争议调解可以书面申请，也可以口头申请。口头申请的，调解组织应当当场记录申请人基本情况、申请调解的争议事项、理由和时间。

经调解达成协议的，应当制作调解协议书。调解协议书由双方当事人签名或者盖章，经调解员签名并加盖调解组织印章后生效，对双方当事人具有约束力，当事人应当履行。

调解不成的，可以申请仲裁或者诉讼：自劳动争议调解组织收到调解申请之日起十五日内未达成调解协议的，当事人可以依法申请仲裁；达成调解协议后，一方当事人在协议约定期限内不履行调解协议的，另一方当事人可以依法申请仲裁；因支付拖欠劳动报酬、工伤医疗费、经济补偿或者赔偿金事项达成调解协议，用人单位在协议约定期限内不履行的，劳动者可以持调解协议书依法向人民法院申请支付令，人民法院应当依法发出支付令。

2) 仲裁

(1) 仲裁组织。劳动争议仲裁委员会按照统筹规划、合理布局和适应实际需要的原则设立。省、自治区人民政府可以决定在市、县设立；直辖市人民政府可以决定在区、县设立。直辖市、设区的市也可以设立一个或者若干个劳动争议仲裁委员会。劳动争议仲裁委员会不按行政区划层层设立。

劳动争议仲裁委员会由劳动行政部门代表、工会代表和企业方面代表组成。劳动争议仲裁委员会组成人员应当是单数，依法履行下列职责：聘任、解聘专职或者兼职仲裁员；受理劳动争议案件；讨论重大或者疑难的劳动争议案件；对仲裁活动进行监督。

劳动争议仲裁公开进行，但当事人协议不公开进行或者涉及国家秘密、商业秘密和个人隐私的除外。

(2) 仲裁期限。劳动争议申请仲裁的时效期间为一年。仲裁时效期间从当事人知道或者应当知道其权利被侵害之日起计算。仲裁时效，因当事人一方向对方当事人主张权利，或者向有关部门请求权利救济，或者对方当事人同意履行义务而中断。从中断时起，仲裁时效期间重新计算。

因不可抗力或者有其他正当理由，当事人不能在规定的仲裁时效期间申请仲裁的，仲裁时效中止。从中止时效的原因消除之日起，仲裁时效期间继续计算。

劳动关系存续期间因拖欠劳动报酬发生争议的，劳动者申请仲裁不受不可抗力仲裁时效期间的限制；但是，劳动关系终止的，应当自劳动关系终止之日起一年内提出。

(3) 仲裁申请书。申请人申请仲裁应当提交书面仲裁申请，并按照被申请人人数提交副本。

仲裁申请书应当载明下列事项：劳动者的姓名、性别、年龄、职业、工作单位和住所，用人单位的名称、住所和法定代表人或者主要负责人的姓名、职务；仲裁请求和所根据的事实、理由；证据和证据来源、证人姓名和住所。书写仲裁申请确有困难的，可以口头申请，由劳动争议仲裁委员会记入笔录，并告知对方当事人。

3) 诉讼

当事人对仲裁裁决不服的，可以自收到仲裁裁决书之日起15日内向人民法院提起诉讼。

当事人对发生法律效力的调解书、裁决书，应当依照规定的期限履行。一方当事人逾期不履行的，另一方当事人可以依照民事诉讼法的有关规定向人民法院申请执行。受理申请的人民法院应当依法执行。

案例分析

赵某2020年5月进入某IT公司工作，并与该IT公司签订了劳动合同。由于赵某自行开发了一款新的软件，并保留了该软件的源代码且没有上交公司。按照公司的规章制度要求，任何员工开发的软件其知识产权均属公司所有，不得被个人保留。但赵某以此为条件，要求公司为其上涨工资，否则不交出软件源代码。公司没有答应赵某的条件，并告知赵某已经违背了公司的规章制度，将与他解除劳动合同，并要求赵某赔偿由其行为给公司造成的经济损失。双方僵持不下，赵某向该IT公司所在地的劳动争议仲裁委员会提出了仲裁申请，要求公司因解除劳动合同对其支付经济补偿和赔偿金。该公司认为，对赵某的行为公司有权解除劳动合同，并对赵某给公司造成的损失提出了反请求。

问题:

(1) 赵某的行为是否属于劳动争议的范围?

(2) 该公司是否可以解除与赵某的劳动合同?

分析:

(1) 赵某的上述请求属于劳动仲裁的范围。根据《劳动争议调解仲裁法》和《最高人民法院关于审理劳动争议案件适用法律若干问题的解释》的规定,因订立、履行、变更、解除和终止劳动合同发生的争议属于劳动争议的范围。

(2) 该IT公司可以解除与赵某的劳动合同。《劳动合同法》第三十九条规定,劳动者有下列情形之一的,用人单位可以解除劳动合同:(一)在试用期间被证明不符合录用条件的;(二)严重违反用人单位的规章制度的;(三)严重失职,营私舞弊,给用人单位造成重大损害的;(四)劳动者同时与其他用人单位建立劳动关系,对完成本单位的工作任务造成严重影响的,或者经用人单位提出,拒不改正的;(五)因本法第二十六条第一款规定的情形致使劳动合同无效的;(六)被依法追究刑事责任的。赵某不上交源代码的行为违反了公司的规章制度,依据上述《劳动合同法》的规定,该IT公司可以解除与赵某的劳动合同。

素质提升

项目 5　建设工程施工环境保护和节约能源法律制度

学习目标

(1) 掌握施工现场环境的噪声、废气和废水污染、固体废弃物污染的防治。

(2) 熟悉施工现场环境的噪声、废气和废水污染、固体废弃物污染应承担的法律责任。

(3) 掌握建筑节能和施工节能的规定。

(4) 了解施工节能技术激励措施。

项目 5　建设工程施工环境保护和节约能源法律制度

思政课堂

请看下面一则消息：

港珠澳大桥被称为现代世界七大奇迹之一，从设计到建成，前后历时 15 年，抗风能力为 16 级，抗震能力为 8 级，使用寿命为 120 年，是桥岛隧交通集群工程。15 年间，建设者们以"绣花功夫"在设计理念、建造技术、施工组织、管理模式等方面进行了一系列创新，各种新材料、新工艺、新设备、新技术在大桥建设中层出不穷，不仅填补了我国在多个领域的空白，也让中国跨海桥隧岛工程设计施工管理水平走在了世界前列。

请就以上消息思考：

作为新时代土建类专业的学生，未来的建设者，应该怎样继续发扬前人的工匠精神与创新精神？

任务 5.1　施工现场环境保护制度

案例引入

某房地产开发项目，目前正处于建设阶段，建设完毕后将用于居住用途，该项目东侧紧邻城市主干道。

问题：
(1) 因该项目周边有居民居住，施工期间产生的噪声应采用哪种标准进行控制？
(2) 按照该标准，夜间是否有施工限制要求？(是否有要求特定时段内禁止施工)
(3) 如确需夜间连续施工，应该办理什么手续？

《建筑法》规定，建筑施工企业应当遵守有关环境保护和安全生产的法律、法规的规定，采取控制和处理施工现场的各种粉尘、废气、废水、固体废弃物以及噪声、振动对环境的污染和危害的措施。

2003年11月颁布的《建设工程安全生产管理条例》进一步规定，施工单位应当遵守有关环境保护法律、法规的规定，在施工现场采取措施，防止或者减少粉尘、废气、废水、固体废物、噪声、振动和施工照明对人和环境的危害和污染。

5.1.1 施工现场噪声污染防治的规定

环境噪声，是指在工业生产、建筑施工、交通运输和社会生活中所产生的干扰周围生活环境的声音。环境噪声污染，则是指产生的环境噪声超过国家规定的环境噪声排放标准，并干扰他人正常生活、工作和学习的现象。

在工程建设领域，环境噪声污染的防治主要包括两个方面：一是施工现场环境噪声污染的防治；二是建设项目环境噪声污染的防治。前者主要是解决建设工程施工过程中产生的施工噪声污染问题，后者则是要解决建设项目建成后使用过程中可能产生的环境噪声污染问题。

1. 施工现场环境噪声污染的防治

《中华人民共和国噪声污染防治法》(以下简称《噪声污染防治法》)规定，新建、改建、扩建的建设项目，必须遵守国家有关建设项目环境保护管理的规定。

(1) 排放建筑施工噪声应当符合建筑施工场界环境噪声排放标准。《噪声污染防治法》规定，在城市市区范围内向周围生活环境排放建筑施工噪声的，应当符合国家规定的建筑施工场界环境噪声排放标准。

所谓施工噪声，是指在建设工程施工过程中产生的干扰周围生活环境的噪声。

按照《建筑施工场界环境噪声排放标准》(GB 12523—2011)的规定，城市建筑施工期间施工场地不同施工阶段产生的作业噪声限值如表5-1所示。

表5-1 建筑施工场界环境噪声排放标准

施工阶段	主要噪声源	噪声限值/dB	
		昼间	夜间
土石方施工阶段	推土机、挖掘机、装载机等	75	55
打桩施工阶段	各种打桩机等	85	禁止施工
结构施工阶段	混凝土施工、振捣棒、电锯等	70	55
装修施工阶段	吊车、升降机等	65	55

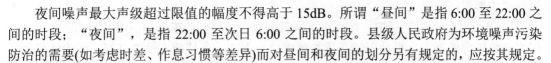

夜间噪声最大声级超过限值的幅度不得高于 15dB。所谓"昼间"是指 6:00 至 22:00 之间的时段;"夜间",是指 22:00 至次日 6:00 之间的时段。县级人民政府为环境噪声污染防治的需要(如考虑时差、作息习惯等差异)而对昼间和夜间的划分另有规定的,应按其规定。

(2) 使用机械设备可能产生环境噪声污染的申报。《噪声污染防治法》规定,在城市市区范围内,建筑施工过程中使用机械设备,可能产生环境噪声污染的,施工单位必须在工程开工 15 日以前向工程所在地县级以上地方人民政府环境保护行政主管部门进行申报,申报该工程的项目名称、施工场所和期限、可能产生的环境噪声值以及所采取的环境噪声污染防治措施的情况。

国家对环境噪声污染严重的落后设备实行淘汰制度。

(3) 禁止夜间进行产生环境噪声污染施工作业的规定。《噪声污染防治法》规定,在城市市区噪声敏感建筑物集中区域内,禁止夜间进行产生环境噪声污染的建筑施工作业,但抢修、抢险作业和因生产工艺上要求或者特殊需要必须连续作业的除外。因特殊必须连续作业的,必须有县级以上人民政府或者其有关主管部门的证明。以上规定的夜间作业,必须公告附近居民。

所谓噪声敏感建筑物集中区域,是指医疗区、文教科研区和以机关或者居民住宅为主的区域。所谓噪声敏感建筑物,是指医院、学校、机关、科研单位、住宅等需要保持安静的建筑物。

(4) 政府监管部门的现场检查。《噪声污染防治法》规定,县级以上人民政府环境保护行政主管部门和其他环境噪声污染防治工作的监督管理部门、机构,有权依据各自的职责对管辖范围内排放环境噪声的单位进行现场检查。

被检查的单位必须如实反映情况,并提供必要的资料。

2. 建设项目环境噪声污染的防治

城市道路、铁路(包括城市轨道交通)、工业厂房等,其建成以后的使用可能会对环境产生噪声污染,因此,建设单位在建设前期就会规定噪声污染的防治措施,并在建设过程中同步建设环境噪声污染防治设施。

《噪声污染防治法》规定,新建、改建、扩建的建设项目,必须遵守国家有关建设项目环境保护管理的规定。

建设项目可能产生环境噪声污染的,建设单位必须提出环境影响报告书,规定环境噪声污染的防治措施,并按照国家规定的程序报环境保护行政主管部门批准。环境影响报告书中,应当有该建设项目所在地单位和居民的意见。

建设项目的环境噪声污染防治设施必须与主体工程同时设计、同时施工、同时投产使用。

建设项目在投入生产或者使用之前,其环境噪声污染防治设施必须经原审批环境影响报告书的环境保护行政主管部门验收;达不到国家规定要求的,该建设项目不得投入生产或者使用。

3. 交通运输噪声污染的防治

建设工程施工有着大量的运输任务,还会产生交通运输噪声。所谓交通运输噪声,是指机动车辆、铁路机车、机动船舶、航空器等交通运输工具在运行时所产生的干扰周围生活环境的声音。

《噪声污染防治法》规定，在城市市区范围内行驶的机动车辆的消声器和喇叭必须符合国家有关规定的要求。机动车辆必须加强维修和保养，保持技术性能良好，防治环境噪声污染。

警车、消防车、工程抢险车、救护车等机动车辆安装、使用警报器，必须符合国务院公安部门的规定；在执行非紧急任务时，禁止使用警报器。

4. 对产生环境噪声污染企业事业单位的规定

《噪声污染防治法》规定，产生环境噪声污染的企业事业单位，必须保持防治环境噪声污染的设施的正常使用；拆除或者闲置环境噪声污染防治设施的。必须事先报经所在地的县级以上地方人民政府环境保护行政主管部门批准。

例题

产生环境噪声污染的单位，应当采取措施进行治理，并按照国家规定缴纳超标准排污费。征收的超标准排污费必须用于污染的防治，不得挪作他用。

5. 施工现场噪声污染防治违法行为应承担的主要法律责任

《噪声污染防治法》规定，未经环境保护行政主管部门批准，擅自拆除或者闲置环境噪声污染防治设施，致使环境噪声排放超过规定标准的，由县级以上地方人民政府环境保护行政主管部门责令改正，并处罚款。

排放环境噪声的单位违反规定，拒绝环境保护行政主管部门或者其他依照本法规定行使环境噪声监督管理权的部门、机构现场检查或者在被检查时弄虚作假的，环境保护行政主管部门或者其他依照本法规定行使环境噪声监督管理权的监督管理部门、机构可以根据不同情节，给予警告或者处以罚款。

建筑施工单位违反规定，在城市市区噪声敏感建筑物集中区域内，夜间进行禁止进行的产生环境噪声污染的建筑施工作业的，由工程所在地县级以上地方人民政府环境保护行政主管部门责令改正，可以并处罚款。

机动车辆不按照规定使用声响装置的，由当地公安机关根据不同情节给予警告或者处以罚款。

受到环境噪声污染危害的单位和个人，有权要求加害人排除危害；造成损失的，依法赔偿损失。赔偿责任和赔偿金额的纠纷，可以根据当事人的请求，由环境保护行政主管部门或者其他环境噪声污染防治工作的监督管理部门、机构调解处理；调解不成的，当事人可以向人民法院起诉。当事人也可以直接向人民法院起诉。

5.1.2 施工现场废气、废水污染防治的规定

在工程建设领域，对于废气、废水污染的防治，包括建设项目和施工现场两大方面。

1. 大气污染的防治

按照国际标准化组织(ISO)的定义，大气污染通常是指由于人类活动或自然过程引起某些物质进入大气中，呈现出足够的浓度，达到足够的时间，并因此危害了人体的舒适、健康和福利或造成环境污染的现象。如果不对大气污染物的排放总量加以控制和防治，将会

严重破坏生态系统和人类生存条件。

(1) 建设项目大气污染的防治。2018年9月经修改后公布的《中华人民共和国大气污染防治法》(以下简称《大气污染防治法》)规定，新建、扩建、改建向大气排放污染物的项目，必须遵守国家有关建设项目环境保护管理的规定。

建设项目可能产生大气污染的，建设单位必须提出环境影响报告书，必须对项目有可能产生的大气污染对生态环境的影响作出评价，提出相应的防治措施，并按照国家规定的程序报环境保护行政主管部门批准。环境影响报告书中，应当有该建设项目所在地单位和居民的意见。

建设项目的大气污染防治设施必须与主体工程同时设计、同时施工、同时投产使用。

建设项目在投入生产或者使用之前，其大气污染防治设施必须经原审批环境影响报告书的环境保护行政主管部门验收；达不到国家规定要求的，该建设项目不得投入生产或者使用。

(2) 施工现场大气污染的防治。《大气污染防治法》规定，城市人民政府应当采取绿化责任制、加强建设施于管理、扩大地面铺装面积、控制渣土堆放和清洁运输等措施，提高人均占有绿地面积。减少市区裸露地面和地面尘土，防治城市扬尘污染。

施工现场大气污染的防治，重点是防治扬尘污染。对于扬尘控制，《绿色施工导则》中规定：

① 运送土方、垃圾、设备及建筑材料等，不污损场外道路。运输容易散落、飞扬、流漏的物料的车辆，必须采取措施封闭严密，保证车辆清洁。施工现场出口应设置洗车槽。

② 土方作业阶段。采取洒水、覆盖等措施，达到作业区目测扬尘高度小于1.5m，不扩散到场区外。

③ 结构施工、安装装饰装修阶段，作业区目测扬尘高度小于0.5m。对易产生扬尘的堆放材料应采取覆盖措施；对粉末状材料应封闭存放；场区内可能引起扬尘的材料及建筑垃圾搬运应有降尘措施，如覆盖、洒水等，浇筑混凝土前清理灰尘和垃圾时尽量使用吸尘器，避免使用吹风器等易产生扬尘的设备；机械剔凿作业时可用局部遮挡、掩盖、水淋等防护措施；高层或多层建筑清理垃圾应搭设封闭性临时专用道或采用容器吊运。

④ 施工现场非作业区达到目测无扬尘的要求。对现场易飞扬物质采取有效措施，如洒水、地面硬化、围挡、密网覆盖、封闭等，以防止扬尘产生。

⑤ 构筑物机械拆除前，做好扬尘控制计划。可采取清理积尘、拆除体洒水、设置隔挡等措施。

⑥ 构筑物爆破拆除前，做好扬尘控制计划。可采用清理积尘、淋湿地面、预湿墙体、屋面敷水袋、楼面蓄水、建筑外设高压喷雾状水系统、搭设防尘排栅和直升机投水弹等综合降尘。选择风力小的天气进行爆破作业。

⑦ 在场界四周隔挡高度位置测得的大气总悬浮颗粒物(TSP)月平均浓度与城市背景值的差值不大于$0.08mg/m^3$。在人口集中地区和其他依法需要特殊保护的区域内，禁止焚烧沥青、油毡、橡胶、塑料、皮革、垃圾以及其他会产生有毒有害烟尘和恶臭气体的物质。

2. 水污染的防治

按照国际标准化组织的定义，水污染是指水体因某种物质的介入，而导致其化学、物理、生物或者放射性等方面特性的改变，从而影响水的有效利用，危害人体健康或者破坏生态环境，造成水质恶化的现象。

2017年6月经修改后公布的《中华人民共和国水污染防治法》(以下简称《水污染防治法》)规定，水污染防治应当坚持预防为主、防治结合、综合治理的原则，优先保护饮用水水源，严格控制工业污染、城镇生活污染，防治农业水源污染，积极推进生态治理工程建设，预防、控制和减少水环境污染和生态破坏。

(1) 建设项目水污染的防治。《水污染防治法》规定，新建、改建、扩建直接或者间接向水体排放污染物的建设项目和其他水上设施，应当依法进行环境影响评价。

建设单位在江河、湖泊新建、改建、扩建排污口的，应当取得水行政主管部门或者流域管理机构同意；涉及通航、渔业水域的，环境保护主管部门在审批环境影响评价文件时，应当征求交通、渔业主管部门的意见。

建设项目的水污染防治设施，应当与主体工程同时设计、同时施工、同时投入使用。水污染防治设施应当经过环境保护主管部门验收，验收不合格的，该建设项目不得投入生产或者使用。

2021年12月经修改后公布的《城镇排水与污水处理条例》规定：新建、改建、扩建建设工程，不得影响城镇排水与污水处理设施安全。

建设工程开工前，建设单位应当查明工程建设范围内地下城镇排水与污水处理设施的相关情况。城镇排水主管部门及其他相关部门和单位应当及时提供相关资料。

建设工程施工范围内有排水管网等城镇排水与污水处理设施的，建设单位应当与施工单位、设施维护运营单位共同制定设施保护方案，并采取相应的安全保护措施。

因工程建设需要拆除、改动城镇排水与污水处理设施的，建设单位应当制订拆除、改动方案，报城镇排水主管部门审核，并承担重建、改建和采取临时措施的费用。

禁止在饮用水水源一级保护区内新建、改建、扩建与供水设施和保护水源无关的建设项目；已建成的与供水设施和保护水源无关的建设项目，由县级以上人民政府责令拆除或者关闭。禁止在饮用水水源二级保护区内新建、改建、扩建排放污染物的建设项目；已建成的排放污染物的建设项目，由县级以上人民政府责令拆除或者关闭。

禁止在饮用水水源准保护区内新建、扩建对水体污染严重的建设项目，如需改建建设项目，则不得增加排污量。

(2) 施工现场水污染的防治。《水污染防治法》规定，排放水污染物，不得超过国家或者地方规定的水污染物排放标准和重点水污染物排放总量控制指标。

直接或者间接向水体排放污染物的企业事业单位和个体工商户，应当按照国务院环境保护主管部门的规定，向县级以上地方人民政府环境保护主管部门申报登记拥有的水污染物排放设施、处理设施和在正常作业条件下排放水污染物的种类、数量和浓度，并提供防治水污染方面的有关技术资料。

禁止向水体排放油类、酸液、碱液或者剧毒废液。禁止在水体清洗装贮过油类或者有毒污染物的车辆和容器。禁止向水体排放，倾倒放射性固体废物或者含有高放射性和中放射性物质的废水。向水体排放含低放射性物质的废水，应当符合国家有关放射性污染防治的规定和标准。

在饮用水源保护区内，禁止设置排污口。

禁止利用渗井、渗沟、渗坑、裂隙和溶洞排放、倾倒含有有毒污染物的废水、含病原体的污水和其他废弃物。

兴建地下工程设施或者进行地下勘探,采矿等活动,应当采取保护性措施,防止地下水污染。人工回灌补给地下水,不得恶化地下水质。

《绿色施工导则》进一步规定,水污染控制应做到:

① 施工现场污水排放应达到国家标准《污水综合排放标准》(GB 8978—1996)的要求。

② 在施工现场应针对不同的污水,设置相应的处理设施,如沉淀池、隔油池、化粪池等。

③ 污水排放应委托有资质的单位进行废水水质检测,提供相应的污水检测报告。

④ 保护地下水环境。采用隔水性能好的边坡支护技术。在缺水地区或地下水位持续下降的地区,基坑降水尽可能少地抽取地下水;当基坑开挖抽水量大于 50 万 m^3 时,应进行地下水回灌,并避免地下水被污染。

⑤ 对于化学品等有氧材料、油料的储存地,应有严格的隔水层设计,做好渗漏液收集和处理。

(3) 发生事故或者其他突发性事件的规定。《水污染防治法》规定,企事业单位发生事故或者其他突发性事件,造成或者可能造成水污染事故的,应当立即启动本单位的应急方案,采取应急措施,并向事故发生地的县级以上地方人民政府或者环境保护主管部门报告。

3. 施工现场大气、水污染防治违法行为应承担的主要法律责任

(1) 施工现场大气污染防治违法行为应承担的主要法律责任。《大气污染防治法》规定,违反本法规定,有下列行为之一的,环境保护行政主管部门或者规定的监督管理部门可以根据不同情节,责令停止违法行为,限期改正,给予警告或者处 5 万元以下罚款:

① 拒报或者谎报国务院环境保护行政主管部门规定的有关污染物排放申报事项的;

② 拒绝环境保护行政主管部门或者其他监督管理部门现场检查或者在被检查时弄虚作假的;

③ 排污单位不正常使用大气污染物处理设施,或者未经环境保护行政主管部门批准,擅自拆除、闲置大气污染物处理设施的;

④ 未采取防燃、防尘措施,在人口集中地区存放煤炭、煤矸石、煤渣、煤灰、砂石、灰土等物料的。

向大气排放污染物超过国家和地方规定排放标准的,应当限期治理,并由所在地县级以上地方人民政府环境保护行政主管部门处 1 万元以上 10 万元以下罚款。

违反本法规定,有下列行为之一的,由县级以上地方人民政府环境保护行政主管部门或者其他依法行使监督管理权的部门责令停止违法行为,限期改正,可以处 5 万元以下罚款:

① 未采取有效污染防治措施,向大气排放粉尘、恶臭气体或者其他含有有毒物质气体的;

② 未经当地环境保护行政主管部门批准,向大气排放转炉气、电石气、电炉黄磷尾气、有机烃类尾气的;

③ 未采取密闭措施或者其他防护措施,运输、装卸或者贮存能够散发有毒、有害气

体或者粉尘物质的；

④ 城市饮食服务业的经营者未采取有效污染防治措施，致使排放的油烟对附近居民的居住环境造成污染的。

在人口集中地区和其他依法需要特殊保护的区域内，焚烧沥青、油毡、橡胶、塑料、皮革、垃圾以及其他会产生有毒有害烟尘和恶臭气体的物质的，由所在地县级以上地方人民政府环境保护行政主管部门责令停止违法行为，处 2 万元以下罚款。

在城市市区进行建设施工或者从事其他产生扬尘污染的活动，未采取有效扬尘防治措施，致使大气环境受到污染的，限期改正，处 2 万元以下罚款；对逾期仍未达到当地环境保护规定要求的，可以责令其停工整顿。对因建设施工造成扬尘污染的处罚，由县级以上地方人民政府建设行政主管部门决定对其他造成扬尘污染的处罚，由县级以上地方人民政府指定的有关主管部门决定。

造成大气污染事故的企业事业单位，由所在地县级以上地方人民政府环境保护行政主管部门根据所造成的危害后果处直接经济损失 50% 以下罚款，但最高不超过 50 万元；情节较重的，对直接负责的主管人员和其他直接责任人员，由所在单位或者上级主管机关依法给予行政处分或者纪律处分；造成重大大气污染事故，导致公私财产重大损失或者人身伤亡的严重后果，构成犯罪的，依法追究刑事责任。

(2) 施工现场水污染防治违法行为应承担的主要法律责任。《水污染防治法》规定，排放水污染物超过国家或者地方规定的水污染物排放标准，或者超过重点水污染物排放总量控制指标的，由县级以上人民政府环境保护主管部门按照权限责令限期治理，处应缴纳排污费数额 2 倍以上 5 倍以下的罚款。限期治理期间，由环境保护主管部门责令限制生产、限制排放或者停产整治，限期治理的期限最长不超过 1 年；逾期未完成治理任务的。报经有批准权的人民政府批准，责令关闭。

在饮用水水源保护区内设置排污口的，由县级以上地方人民政府责令限期拆除，处 10 万元以上 50 万元以下的罚款；逾期不拆除的，强制拆除，所需费用由违法者承担，处 50 万元以上 100 万元以下的罚款，并可以责令停产整顿。

5.1.3 施工现场固体废弃物污染防治的规定

2020 年 4 月经修改后公布的《中华人民共和国固体废物污染环境防治法》(以下简称《固体废物污染环境防治法》)规定，国家对固体废物污染环境的防治，实行减少固体废物的产生量和危害性、充分合理利用固体废物和无害化处置固体废物的原则，促进清洁生产和循环经济发展。

固体废物，是指在生产、生活和其他活动中产生的丧失原有利用价值或者虽未丧失利用价值但被抛弃或者放弃的固态、半固态和置于容器中的气态的物品、物质以及法律、行政法规规定纳入固体废物管理的物品、物质。固体废物污染环境，是指固体废物在产生、收集、贮存、运输、利用和处置的过程中产生的危害环境的现象。

固体废物是环境的污染源，除了直接污染外，还经常以水、大气和土层为媒介污染环境。

1. 建设项目固体废物污染环境的防治

《固体废物污染环境防治法》规定，建设产生固体废物的项目以及建设贮存、利用和处置固体废物的项目，必须依法进行环境影响评价，并遵守国家有关建设项目环境保护管理的规定。

建设项目的环境影响评价文件确定需要配套建设的固体废物污染环境防治设施，必须与主体工程同时设计、同时施工、同时投入使用。固体废物污染环境防治设施必须经原审批环境影响评价文件的环境保护行政主管部门验收合格后，该建设项目方可投入生产或者使用。对固体废物污染环境防治设施的验收应当与对主体工程的验收同时进行。

在国务院和国务院有关主管部门及省、自治区、直辖市人民政府划定的自然保护区、风景名胜区、饮用水水源保护区、基本农田保护区和其他需要特别保护的区域内，禁止建设工业固体废物集中贮存、处置的设施、场所和生活垃圾填埋场。

2. 施工现场固体废物污染环境的防治

施工现场的固体废物主要是建筑垃圾和生活垃圾。固体废物又分为一般固体废物和危险废物。所谓危险废物，是指列入国家危险废物名录或者根据国家规定的危险废物鉴别标准和鉴别方法认定的具有危险特性的固体废物。

(1) 一般固体废物污染环境的防治。《固体废物污染环境防治法》规定，产生固体废物的单位和个人，应当采取措施，防止或者减少固体废物对环境的污染。

收集、贮存、运输、利用和处置固体废物的单位和个人，必须采取防扬散、防流失、防渗漏或者其他防止污染环境的措施；不得擅自倾倒、堆放、丢弃和遗撒固体废物。禁止任何单位或者个人向江河、湖泊、运河、渠道、水库及其最高水位线以下的滩地和岸坡等法律、法规规定禁止倾倒、堆放废弃物的地点倾倒、堆放固体废物。

工程施工单位应当及时清运工程施工过程中产生的固体废物，并按照环境卫生行政主管部门的规定进行利用或者处置。

(2) 危险废物污染环境防治的特别规定。对危险废物的容器和包装物以及收集、贮存、运输、处置危险废物的设施、场所，必须设置危险废物识别标志。

收集、贮存、运输、处置危险废物的场所、设施、设备和容器、包装物及其他物品转作他用时，必须经过消除污染的处理，方可使用。

(3) 施工现场固体废物的减量化和回收再利用。《绿色施工导则》规定，制定建筑垃圾减量化计划，如住宅建筑，每一万平方米的建筑垃圾不宜超过 400 t。

施工现场生活区设置封闭式垃圾容器，施工现场垃圾实行袋装化，及时清运。

3. 施工现场固体废物违法行为应承担的主要法律责任

危险废物产生者不处置其产生的危险废物又不承担依法应当承担的处置费用的，由县级以上地方人民政府环境保护行政主管部门责令限期改正，处代为处置费用 1 倍以上 3 倍以下的罚款。

造成固体废物严重污染环境的，由县级以上人民政府环境保护行政主管部门按照国务院规定的权限决定限期治理；逾期未完成治理任务的，由本级人民政府决定停业或者关闭。

造成固体废物污染环境事故的，由县级以上人民政府环境保护行政主管部门处 2 万元以上 20 万元以下的罚款；造成重大损失的，按照直接损失的 30%计算罚款，但是最高不超过 100 万元，对负有责任的主管人员和其他直接责任人员，依法给予行政处分；造成固体废物污染环境重大事故的，由县级以上人民政府按照国务院规定的权限决定停业或者关闭。

收集、贮存、利用和处置危险废物，造成重大环境污染事故，构成犯罪的，依法追究刑事责任。

拒绝县级以上人民政府环境保护行政主管部门或者其他固体废物污染环境防治工作的监督管理部门现场检查的，由执行现场检查的部门责令限期改正；拒不改正或者在检查时弄虚作假的，处 2 000 元以上 2 万元以下的罚款。

任务 5.2　施工节约能源制度

案例引入

某施工企业在砌体结构施工中肆意使用黏土砖，并未对进入施工现场的墙体材料、保温材料、门窗、采暖制冷系统和照明设备进行查验，就将其用于施工。

问题：
(1) 该施工企业有哪些违法行为？
(2) 该施工企业应承受何种法律责任？

5.2.1　施工合理使用与节约能源的规定

在工程建设领域，节约能源主要包括建筑节能和施工节能两个方面。

1. 合理使用与节约能源的一般规定

(1) 节能的产业政策。2018 年 10 月经修改后公布的《中华人民共和国节约能源法》(以下简称《节约能源法》)规定，国家实行有利于节能和环境保护的产业政策，限制发展高耗能、高污染行业，发展节能环保型产业。

国家对落后的耗能过高的用能产品、设备和生产工艺实行淘汰制度。禁止使用国家明令淘汰的用能设备、生产工艺。国家鼓励企业制定严于国家标准、行业标准的企业节能标准。

(2) 用能单位的法定义务。用能单位应当按照合理用能的原则，加强节能管理，制订并实施节能计划和节能技术措施，降低能源消耗。用能单位应当建立节能目标责任制，对节能工作取得成绩的集体、个人给予奖励。用能单位应当定期开展节能教育和岗位节能培训。

(3) 循环经济的法律要求。循环经济是指在生产、流通和消费等过程中进行的减量化、再利用、资源化活动的总称。

2018 年 10 月经修改后公布的《中华人民共和国循环经济促进法》(以下简称《循环经济促进法》)规定，发展循环经济应当在技术可行、经济合理和有利于节约资源、保护环境的前提下，按照减量化优先的原则实施。在废物再利用和资源化过程中，应当保障生产安全，保证产品质量符合国家规定的标准，并防止产生再次污染。

2. 建筑节能的规定

《节约能源法》规定，国家实行固定资产投资项目节能评估和审查制度。不符合强制性节能标准的项目，依法负责项目审批或者核准的机关不得批准或者核准建设；建设单位不得开工建设；已经建成的，不得投入生产、使用。

国家鼓励在新建建筑和既有建筑节能改造中使用新型墙体材料等节能建筑材料和节能设备，安装和使用太阳能等可再生能源利用系统。

建筑工程的建设、设计、施工和监理单位应当遵守建筑节能标准。

(1) 采用太阳能、地热能等可再生能源。《民用建筑节能条例》规定，国家鼓励和扶持在新建建筑和既有建筑节能改造中采用太阳能、地热能等可再生能源。

(2) 新建建筑节能的规定。国家推广使用民用建筑节能的新技术、新工艺、新材料和新设备，限制使用或者禁止使用能源消耗高的技术、工艺、材料和设备。国家限制进口或者禁止进口能源消耗高的技术、材料和设备。

建设单位、设计单位、施工单位不得在建筑活动中使用列入禁止使用目录的技术、工艺、材料和设备。

(3) 既有建筑节能的规定。既有建筑节能改造，是指对不符合民用建筑节能强制性标准的既有建筑的围护结构、供热系统、采暖制冷系统、照明设备和热水供应设施等实施节能改造的活动。

实施既有建筑节能改造，应当符合民用建筑节能强制性标准，优先采用遮阳、改善通风等低成本改造措施。既有建筑围护结构的改造和供热系统的改造应当同步进行。

3. 施工节能的规定

1) 节材与材料资源利用

《循环经济促进法》规定，国家鼓励利用无毒、无害的固体废物生产建筑材料，鼓励使用散装水泥，推广使用预拌混凝土和预拌砂浆。禁止损毁耕地烧砖。在国务院或者省、自治区、直辖市人民政府规定的期限和区域内，禁止生产、销售和使用黏土砖。

《绿色施工导则》进一步规定，图纸会审时，应审核节材与材料资源利用的相关内容，达到材料损耗率比定额损耗率降低 30%；根据施工进度、库存情况等合理安排材料的采购、进场时间和批次，减少库存；现场材料堆放有序；储存环境适宜，措施得当；保管制度健全，责任落实；材料运输工具适宜，装卸方法得当，防止损坏和遗洒；根据现场平面布置情况就近卸载，避免和减少二次搬运；采取技术和管理措施提高模板、脚手架等的周转次数；优化安装工程的预留、预埋、管线路径等方案；应就地取材，距施工现场 500km 以内生产的建筑材料用量占建筑材料总重量的 70% 以上。

2) 节水与水资源利用

《循环经济促进法》规定，国家鼓励和支持使用再生水。企业应当发展串联用水系统和循环用水系统，提高水的重复利用率。企业应当采用先进技术、工艺和设备，对生产过程中产生的废水进行再生利用。

《绿色施工导则》进一步对提高用水效率、非传统水源利用和安全用水作出规定。

(1) 提高用水效率。包括以下内容：

① 施工中采用先进的节水施工工艺；

②　施工现场喷洒路面、绿化浇灌不宜使用市政自来水；

③　施工现场供水管网应根据用水量设计布置，管径合理、管路简捷，采取有效措施减少管网和用水器具的漏损；

④　现场机具、设备、车辆冲洗用水必须设立循环用水装置；

⑤　施工现场建立可再利用水的收集处理系统，使水资源得到梯级循环利用；

⑥　施工现场分别对生活用水与工程用水确定用水定额指标，并分别计量管理；

⑦　大型工程的不同单项工程、不同标段、不同分包生活区，凡具备条件的应分别计量用水量；

⑧　对混凝土搅拌站点等用水集中的区域和工艺点进行专项计量考核。

(2) 非传统水源利用。包括以下内容：

①　优先采用中水搅拌、中水养护，有条件的地区和工程应收集雨水养护；

②　处于基坑降水阶段的工地，宜优先采用地下水作为混凝土搅拌用水、养护用水、冲洗用水和部分生活用水；

③　现场机具、设备、车辆冲洗、喷洒路面、绿化浇灌等用水，优先采用非传统水源，尽量不使用市政自来水；

④　大型施工现场，尤其是雨量充沛地区的大型施工现场建立雨水收集利用系统，充分收集自然降水用于施工和生活中适宜的部位；

⑤　力争施工中非传统水源和循环水的再利用量大于30%。

(3) 安全用水。在非传统水源和现场循环再利用水的使用过程中，应制定有效的水质检测与卫生保障措施，确保避免对人体健康、工程质量以及周围环境产生不良影响。

3) 节能与能源利用

《绿色施工导则》对节能措施，机械设备与机具，生产、生活及办公临时设施，施工用电及照明分别作出规定。

(1) 节能措施。包括以下内容：

①　制定合理施工能耗指标，提高施工能源利用率；

②　优先使用国家、行业推荐的节能、高效、环保的施工设备和机具；

③　施工现场分别设定生产、生活、办公和施工设备的用电控制指标，定期进行计量、核算、对比分析，并有预防与纠正措施；

④　在施工组织设计中，合理安排施工顺序、工作面，以减少作业区域的机具数量，相邻作业区充分利用共有的机具资源；

⑤　根据当地气候和自然资源条件，充分利用太阳能、地热等可再生能源。

(2) 机械设备与机具。包括以下内容：

①　建立施工机械设备管理制度，开展用电、用油计量，完善设备档案，及时做好维修保养工作，使机械设备保持低耗、高效的状态；

②　选择功率与负载相匹配的施工机械设备，避免大功率施工机械设备低负载长时间运行；

③　合理安排工序，提高各种机械的使用率和满载率，降低各种设备的单位耗能。

(3) 生产、生活及办公临时设施。包括以下内容：

①　利用场地自然条件，合理设计生产、生活及办公临时设施的体形、朝向、间距和

窗墙面积比，使其获得良好的日照、通风和采光。南方地区可根据需要在其外墙窗设置遮阳设施；

② 临时设施宜采用节能材料，墙体、屋面使用隔热性能好的材料，减少夏天空调、冬天取暖设备的使用时间及消耗能量；

③ 合理配置采暖、空调、风扇数量，规定使用时间，实行分段分时使用，节约用电。

(4) 施工用电及照明。包括以下内容：

① 临时用电优先选用节能电线和节能灯具，临电线路合理设计、布置，临电设备宜采用自动控制装置、采用声控、光控等节能照明灯具；

② 照明设计以满足最低照度为原则，照度不应超过最低照度的20%。

4) 节地与施工用地保护

(1) 临时用地指标。包括以下内容：

① 根据施工规模及现场条件等因素合理确定临时设施；

② 要求平面布置合理、紧凑，在满足环境、职业健康与安全及文明施工要求的前提下尽可能减少废弃地和死角，临时设施占地面积有效利用率大于90%。

(2) 临时用地保护。包括以下内容：

① 应对深基坑施工方案进行优化，减少土方开挖和回填量，最大限度地减少对土地的扰动，保护周边自然生态环境；

② 红线外临时占地应尽量使用荒地、废地，少占用农田和耕地；

③ 利用和保护施工用地范围内原有绿色植被。

(3) 施工总平面布置。包括以下内容：

① 施工总平面布置应做到科学、合理，充分利用原有建筑物、构筑物、道路、管线为施工服务。

② 施工现场搅拌站、仓库、加工厂、作业棚、材料堆场等布置应尽量靠近已有交通线路或即将修建的正式或临时交通线路，缩短运输距离。

③ 临时办公和生活用房应采用经济、美观、占地面积小、对周边地貌环境影响较小，且适合于施工平面布置动态调整的多层轻钢活动板房、钢骨架水泥活动板房等标准化装配式结构。生活区与生产区应分开布置，并设置标准的分隔设施。

④ 施工现场围墙可采用连续封闭的轻钢结构预制装配式活动围挡，减少建筑垃圾，保护土地。

⑤ 施工现场道路按照永久道路和临时道路相结合的原则布置。

⑥ 临时设施布置应注意远近结合(本期工程与下期工程)，努力减少和避免大量临时建筑拆迁和场地搬迁。

5.2.2 施工节能技术进步和激励措施的规定

1. 节能技术进步

《节约能源法》规定，国家鼓励、支持节能科学技术的研究、开发、示范和推广，促进节能技术创新与进步。相关措施如下。

(1) 政府政策引导。

(2) 政府资金扶持。

2. 节能激励措施

按照《节约能源法》《循环经济促进法》的规定，主要有如下相关的节能激励措施：
① 财政安排节能专项资金；
② 税收优惠；
③ 信贷支持；
④ 价格政策；
⑤ 表彰奖励。

5.2.3 违法行为应承担的法律责任

施工节约能源违法行为应承担的主要法律责任如下。

1. 违反建筑节能标准违法行为应承担的法律责任

《节约能源法》规定，设计单位、施工单位、监理单位违反建筑节能标准的，由建设主管部门责令改正，并处 10 万元以上 50 万元以下罚款；情节严重的，由颁发资质证书的部门降低资质等级或者吊销资质证书；造成损失的，依法承担赔偿责任。

《民用建筑节能条例》规定，施工单位未按照民用建筑节能强制性标准进行施工的，由县级以上地方人民政府建设主管部门责令改正，处民用建筑项目合同价款 2%以上 4%以下的罚款；情节严重的，由颁发资质证书的部门责令停业整顿，降低资质等级或者吊销资质证书；造成损失的，依法承担赔偿责任。

注册执业人员未执行民用建筑节能强制性标准的，由县级以上人民政府建设主管部门责令停止执业 3 个月以上 1 年以下；情节严重的，由颁发资格证书的部门吊销执业资格证书，5 年内不予注册。

2. 使用黏土砖及其他施工节能违法行为应承担的法律责任

《循环经济促进法》规定，在国务院或者省、自治区、直辖市人民政府规定禁止生产、销售、使用黏土砖的期限或者区域内生产、销售或者使用黏土砖的，由县级以上地方人民政府指定的部门责令限期改正；有违法所得的，没收违法所得；逾期继续生产、销售的，由地方人民政府工商行政管理部门依法吊销营业执照。

《民用建筑节能条例》规定，施工单位有下列行为之一的，由县级以上地方人民政府建设主管部门责令改正，处 10 万元以上 20 万元以下的罚款；情节严重的，由颁发资质证书的部门责令停业整顿，降低资质等级或者吊销资质证书；造成损失的，依法承担赔偿责任：
① 未对进入施工现场的墙体材料、保温材料、门窗、采暖制冷系统和照明设备进行查验的；
② 使用不符合施工图设计文件要求的墙体材料、保温材料、门窗、采暖制冷系统和照明设备的；
③ 使用列入禁止使用目录的技术、工艺、材料和设备的。

3. 用能单位其他违法行为应承担的法律责任

《节约能源法》规定，用能单位未按照规定配备、使用能源计量器具的，由产品质量监督部门责令限期改正；逾期不改正的，处 1 万元以上 5 万元以下罚款。

瞒报、伪造、篡改能源统计资料或者编造虚假能源统计数据的，依照《中华人民共和国统计法》的规定处罚。

无偿向本单位职工提供能源或者对能源消费实行包费制的，由管理节能工作的部门责令限期改正；逾期不改正的，处 5 万元以上 20 万元以下罚款。

进口列入淘汰名录的设备、材料或者产品的，由海关责令退运，可以处 10 万元以上 100 万元以下的罚款。进口者不明的，由承运人承担退运责任，或者承担有关处置费用。

素质提升

项目 6　建设工程安全管理制度

学习目标

(1) 掌握施工安全生产管理的基本制度。

(2) 掌握施工单位、勘察设计单位、监理单位的安全生产管理责任。

(3) 熟悉工程建设相关单位的违法责任。

(4) 掌握管理人员、特种作业人员和企业员工的安全教育。

(5) 掌握安全事故报告和调查处理制度。

思政课堂

请看下面一则消息：

2019年1月23日9时15分，湖南省岳阳市华容县华容明珠三期在建工程项目10号楼塔式起重机在进行拆卸作业时发生一起坍塌事故，造成5人死亡，直接经济损失达580余万元。事故发生原因是塔式起重机安拆人员严重违规作业，引起横梁销轴从西北侧端踏步圆弧槽内滑脱，造成塔式起重机上部荷载由顶升横梁一端承重从而失稳，导致塔式起重机上部结构墩落，引发坍塌事故。

(资料来源：https://www.sohu.com/a/439754892_658567，有改动)

请就以上消息思考：

作为新时代土建类专业的大学生，毕业后公司未经培训或未持证便要求你上岗，你会怎样做？

由于工程项目投资大、建设时间长、参与人数多、不确定因素复杂，安全隐患多，容易产生安全问题，安全生产的难度比较大。为了保障相关利益群体的财产和人身安全，规范工程建设各方行为，建立一套完善的安全生产管理制度，提高建设安全生产管理水平是

非常重要的。

工程建设安全生产是指在工程项目建设生产过程中要避免人员、财产的损失及对周围环境的破坏。它包括建筑生产过程中的施工现场人身安全、财产设备安全，施工现场及附近的道路、管线和房屋的安全，施工现场和周围的环境保护及工程建设后的使用安全等方面的内容。

工程建设安全生产管理主要包括安全生产责任制度、安全生产许可证制度、政府安全生产监督检查制度、安全生产教育培训制度、安全生产事故报告和调查处理制度、特种作业人员持证上岗制度、专项施工方案专家论证制度；危及施工安全工艺、设备、材料淘汰制度；施工起重机械使用登记制度，等等，不仅内容多，而且涉及面广。

任务 6.1 施工安全生产许可证制度

案例引入

某建筑工程公司因企业长期亏损造成效益不好，该公司领导层作出决定：进行改革，减负增效，将公司的安全部人员全部撤销，安全人员 10 人中，5 人采取下岗方式，5 人采取转岗方式，原安全部承担的工作，改由公司工会中的两无关人员负责。由于公司领导层采取撤销安全部门的决定，整个公司的安全工作仅仅由两名负责工会工作的人兼任，导致建筑工程公司全体人员对安全生产的工作完全不放在心上，安全生产管理极其紊乱，经常出现人员伤亡事故。

问题：

该公司领导的做法是否合法？为什么？

2014 年 7 月经修改后公布的《安全生产许可证条例》中规定，国家对矿山企业、建筑施工企业和危险化学品、烟花爆竹、民用爆炸物品生产企业(以下统称企业)实行安全生产许可制度。企业未取得安全生产许可证的，不得从事生产活动。

2015 年 1 月住房和城乡建设部经修改后发布的《建筑施工企业安全生产许可证管理规定》中规定，本规定所称建筑施工企业，是指从事土木工程、建筑工程、线路管道和设备安装工程及装修工程的新建、扩建、改建和拆除等有关活动的企业。

建筑施工企业未取得安全生产许可证的，不得从事建筑施工活动。

工程建设安全生产管理的基本制度如下。

1. 安全生产责任制度

建设工程安全生产管理，坚持"安全第一、预防为主、综合治理"的方针。安全生产责任制度是建筑生产中最基本的安全管理制度，是所有安全规章制度的核心。安全生产责任制度是按照安全生产管理方针和"管生产的同时必须管安全"的原则，将各级主要负责人、各职能部门及其工作人员和各岗位生产工人在安全生产方面应该做的事情和应负的责任加以明确的一种制度，坚持成本、质量、工期和安全的有机统一。

在建筑活动中，只有明确安全责任，分工负责，才能形成完整有效的安全管理体系，激发每个人的安全责任感，严格执行建筑工程安全的法律、法规和安全规程、技术规范，防患于未然，减少和杜绝建筑工程事故，为建筑工程的生产创造一个良好的环境。

1) 安全生产责任制度的主要机构和责任人

安全生产责任制度各级责任人的安全职责

涉及安全生产的主要机构包括安全环保、设备、技术、生产、财务等相关职能部门，是建设公司安全生产的组织框架的横向体系。

安全生产责任人主要包括企业最高管理人、企业安全负责人、项目经理、安全技术负责人、专职安全生产管理人员、施工员、班组长和岗位人员等，是建设公司安全生产的组织框架的纵向体系。

2) 工程建设需配备的安全人员数量

(1) 项目施工现场应配备足额的安全人员。

① 建筑工程、装饰装修工程按照建筑面积配备专职安全生产管理人员，具体详见表 6-1。

表 6-1 建筑工程、装饰装修工程安全人员配备表

建筑面积	<1 万 m²	1 万～5 万 m²	>5 万 m²
安全人员	≥1 人	≥2 人	≥3 人

② 土木工程、线路管道、设备安装工程按照合同价款配备专职安全生产管理人员，具体详见表 6-2。

表 6-2 土木工程等其他工程安全人员配备表

合同价款	<5 000 万元	5 000 万～1 亿元	>1 亿元
安全人员	≥1 人	≥2 人	≥3 人

以上均是总承包单位配备项目专职安全生产管理人员的数量要求。若总承包单位把非主体、非关键工程发包给专业承包公司或者劳务分包单位，项目专职安全生产管理人员的数量要满足表 6-3 和表 6-4 中的要求。

表 6-3 专业承包单位安全人员配备表

专业承包单位	工程规模不限
安全人员	≥1 人，根据工程量和危险程度适时增加

表 6-4 劳务分包单位安全人员配备表

施工人员数量	<50 人	50～200 人	≥200 人
安全人员	≥1 人	≥2 人	≥3 人

(2) 企业应配备的安全人员数量。矿山、建筑施工单位和危险物品的生产、经营、储存单位，以及从业人员超过 300 人的其他生产经营单位，必须配备专职的安全生产管理人员。除上述三类高风险单位以外且从业人员在 300 人以下的生产经营单位，可以配备专职的安全生产管理人员，也可以只配备兼职的安全生产管理人员，还可以委托具有国家规定的相关专业技术资格的工程技术人员提供安全生产管理服务。当生产经营单位依据法律规

定和本单位实际情况，委托工程技术人员提供安全生产管理服务时，保证安全生产的责任仍由本单位负责。

2. 安全生产许可制度

国家对矿山企业、建筑施工企业和危险化学品、烟花爆竹、民用爆破器材生产企业行安全生产许可制度。企业未取得安全生产许可证的，不得从事生产活动。

国务院建设主管部门负责中央管理的建筑施工企业安全生产许可证的颁发和管理。

省、自治区、直辖市人民政府建设主管部门负责前款规定以外的建筑施工企业安全生产许可证的颁发和管理，并接受国务院建设主管部门的指导和监督。

1) 企业取得安全生产许可证应具备的条件及相关规定

(1) 企业取得安全生产许可证，应当具备下列安全生产条件：

① 建立、健全安全生产责任制，制定完备的安全生产规章制度和操作规程；

② 安全投入符合安全生产要求，保证资金来源的充足性；

③ 设置安全生产管理机构，配备专职安全生产管理人员；

④ 主要负责人和安全生产管理人员经考核合格；

⑤ 特种作业人员经有关业务主管部门考核合格，取得特种作业操作资格证书；

⑥ 从业人员经安全生产教育和培训合格；

⑦ 依法参加工伤保险，为从业人员缴纳保险费；

⑧ 厂房、作业场所和安全设施、设备、工艺符合有关安全生产法律、法规、标准和规程的要求；

⑨ 有职业危害防治措施，并为从业人员配备符合国家标准或者行业标准的劳动防护用品；

⑩ 依法进行安全评价；

⑪ 有重大危险源检测、评估、监控措施和应急预案；

⑫ 有生产安全事故应急救援预案、应急救援组织或者应急救援人员，配备必要的应急救援器材、设备；

⑬ 法律、法规规定的其他条件。

(2) 企业进行生产前，应当依照本条例的规定向安全生产许可证颁发管理机关申请领取安全生产许可证，并提供《安全生产许可证条例》规定的相关文件、资料。安全生产许可证颁发管理机关应当自收到申请之日起 45 日内审查完毕，经审查符合《安全生产许可证条例》规定的安全生产条件的，颁发安全生产许可证；不符合条例规定的安全生产条件的，不予颁发安全生产许可证，书面通知企业并说明理由。

凡是未取得安全生产许可证的，建筑施工企业不得从事建筑施工活动。

2) 安全许可证有效期

安全生产许可证的有效期为 3 年。安全生产许可证有效期满需要延期的，企业应当于期满前 3 个月向原安全生产许可证颁发管理机关办理延期手续。

企业在安全生产许可证有效期内，严格遵守有关安全生产的法律法规，未发生死亡事故的，安全生产许可证有效期届满时，经原安全生产许可证颁发管理机关同意，不再审查，安全生产许可证有效期延期 3 年。

安全生产许可证颁发管理机关应当建立、健全安全生产许可证档案管理制度，并定期向社会公布企业取得安全生产许可证的情况。企业不得转让、冒用安全生产许可证或者使用伪造的安全生产许可证。企业取得安全生产许可证后，不得降低安全生产条件，并应当加强日常安全生产管理，接受安全生产许可证颁发管理机关的监督检查。

3) 安全生产许可证违法责任

(1) 未取得安全生产许可证擅自进行生产的，责令停止生产，没收违法所得，并处10万元以上50万元以下的罚款；造成重大事故或者其他严重后果，构成犯罪的，依法追究刑事责任。

(2) 安全生产许可证有效期满未办理延期手续，继续进行生产的，责令停止生产，限期补办延期手续，没收违法所得，并处5万元以上10万元以下的罚款；逾期仍不办理延期手续，继续进行生产的，依照相关规定处罚。

(3) 转让安全生产许可证的，没收违法所得，处10万元以上50万元以下的罚款，并吊销其安全生产许可证；构成犯罪的，依法追究刑事责任；接受转让的，依照规定处罚。

(4) 建筑施工隐瞒有关情况或者提供虚假资料申请安全生产许可证的，不予受理或者颁发安全生产许可证，并给予警告，1年内不得申请安全生产许可证。

(5) 以欺骗、贿赂等不正当手段取得安全生产许可证的，撤销安全生产许可证，3年内不得再次申请安全生产许可证；构成犯罪的，依法追究刑事责任。

3. 政府安全生产检查制度

住房和城乡建设主管部门在审核发放施工许可证时，应当对已经确定的建筑施工企业是否有安全生产许可证进行审查，对没有取得安全生产许可证的，不得颁发施工许可证。安全生产许可证颁发管理机关发现企业不再具备安全生产条件的，应当暂扣或者吊销安全生产许可证。企业不得转让、冒用安全生产许可证或者使用伪造的安全生产许可证。

安全生产许可证颁发管理机关或者其上级行政机关发现有下列情形之一的，可以撤销已经颁发的安全生产许可证：

① 安全生产许可证颁发管理机关工作人员滥用职权、玩忽职守颁发安全生产许可证的；

② 超越法定职权颁发安全生产许可证的；

③ 违反法定程序颁发安全生产许可证的；

④ 对不具备安全生产条件的建筑施工企业颁发安全生产许可证的；

⑤ 依法可以撤销已经颁发的安全生产许可证的其他情形。

案例分析

某建筑安装公司承担一住宅工程施工。该公司原已依法取得安全生产许可证，但在开工5个月后有效期满。因当时正值施工高峰期，该公司忙于组织施工，未能按规定办理延期手续。当地政府监管机构发现后，立即责令其停止施工，限期补办延期手续。但该公司为了赶工期，既没有停止施工，到期后也未办理延期手续。

问题：

(1) 本案中的建筑安装公司有哪些违法行为？

(2) 违法者应当承担哪些法律责任？

分析:

(1) 本案中的建筑安装公司有两项违法行为:一是安全生产许可证有效期满,未依法办理延期手续并继续从事施工活动;二是在政府监管机构责令停止施工、限期补办延期手续后,仍逾期不补办延期手续,并继续从事施工活动。《安全生产许可证条例》第九条规定:安全生产许可证的有效期为3年。安全生产许可证有效期满需要延期的,企业应当于期满前3个月向原安全生产许可证颁发管理机关办理延期手续。

(2) 对于该建筑安装公司的违法行为,监管机构应当依法作出相应处罚。《安全生产许可证条例》第二十条规定:"违反本条例规定,安全生产许可证有效期满未办理延期手续,继续进行生产的,责令停止生产,限期补办延期手续,没收违法所得,并处5万元以上10万元以下的罚款;逾期仍不办理延期手续,继续进行生产的,依照本条例第十九条的规定处罚。"第十九条则规定:"违反本条例规定,未取得安全生产许可证擅自进行生产的,责令停止生产,没收违法所得,并处10万元以上50万元以下的罚款;造成重大事故或者其他严重后果,构成犯罪的,依法追究刑事责任。"

任务 6.2　施工安全生产责任

案例引入

某购物中心工程在进行石材幕墙安装时,使用落地式钢管脚手架,高66 m。2020年5月15日,项目负责人安排5名工人对脚手架进行拆除,由于事先未制订详细的拆除方案,当局部刚刚拆除到30 m左右时,脚手架突然向外整体倾覆,架子上作业的5名工人一同坠落到地面,后被紧急送往医院抢救,4人脱离危险,1人因抢救无效死亡。经调查,拆除脚手架作业的5名工人刚刚进场两天,并非专业架子工,进场后并没有接受三级安全教育,在拆除作业前,项目经理也没有对他们进行相应的安全技术交底。

问题:

该建筑施工企业在安全生产管理方面存在哪些问题?

2019年4月经修改后公布的《建筑法》规定,建筑工程安全生产管理必须坚持"安全第一、预防为主"的方针,建立健全安全生产的责任制度和群防群治制度。建筑施工企业应当建立健全劳动安全生产教育培训制度,加强对职工安全生产的教育培训;未经安全生产教育培训的人员,不得上岗作业。

2003年11月公布的《建设工程安全生产管理条例》进一步规定,施工单位应当建立、健全安全生产责任制度和安全生产教育培训制度,制定安全生产规章制度和操作规程,保证本单位安全生产条件所需资金的投入,对所承担的建设工程进行定期和专项安全检查,并做好安全检查记录。

6.2.1　施工单位安全生产责任

1. 施工安全生产管理的方针

《中华人民共和国安全生产法》(以下简称《安全生产法》)规定,安全生产工作应当以人为本，坚持安全发展，坚持安全第一、预防为主、综合治理的方针。

安全第一，就是要在建设工程施工过程中把安全放在第一重要的位置，贯彻以人为本的科学发展观，切实保护劳动者的生命安全和身体健康。预防为主，是要把建设工程施工安全生产工作的关口前移，建立预教、预警、预防的施工事故隐患预防体系，改善施工安全生产状况，预防施工安全事故。综合治理，则是要自觉遵循施工安全生产规律，把握施工安全生产工作中的主要矛盾和关键环节，综合运用经济、法律、行政等手段，人管、法治、技防多管齐下，并充分发挥社会、职工、舆论的监督作用，有效解决建设工程施工中安全生产的问题。

2. 施工单位的安全生产责任制度

《安全生产法》规定，生产经营单位的安全生产责任制应当明确各岗位的责任人员、责任范围和考核标准等内容。生产经营单位应当建立相应的机制，加强对安全生产责任制落实情况的监督考核，保证安全生产责任制的落实。《建筑法》还规定，建筑施工企业必须依法加强对建筑安全生产的管理，执行安全生产责任制度，采取有效措施，防止伤亡和其他安全生产事故的发生。

《中共中央 国务院关于推进安全生产领域改革发展的意见》中指出，企业实行全员安全生产责任制度，法定代表人和实际控制人同为安全生产第一责任人，主要技术负责人拥有安全生产技术决策和指挥权，强化部门安全生产职责，落实一岗双责。建立企业全过程安全生产和职业健康管理制度，做到安全责任、安全管理、安全投入、安全培训和应急救援"五到位"。国有企业要发挥安全生产工作示范带头作用，自觉接受属地监管。

1) 施工单位主要负责人对安全生产工作全面负责

《安全生产法》规定，生产经营单位的主要负责人对本单位的安全生产工作全面负责。生产经营单位的主要负责人对本单位安全生产工作负有下列职责：

① 建立、健全本单位安全生产责任制；
② 组织制定本单位安全生产规章制度和操作规程；
③ 保证本单位安全生产投入的有效实施；
④ 督促、检查本单位的安全生产工作，及时消除生产安全事故隐患；
⑤ 组织制定并实施本单位的生产安全事故应急救援预案；
⑥ 及时、如实报告生产安全事故；
⑦ 组织制订并实施本单位安全生产教育和培训计划。

《建筑法》规定，建筑施工企业的法定代表人对本企业的安全生产负责。《建设工程安全生产管理条例》也规定，施工单位主要负责人依法对本单位的安全生产工作全面负责。国务院办公厅《关于加强安全生产监管执法的通知》(国办发〔2015〕20号)中进一步规定，国有大中型企业和规模以上企业要建立安全生产委员会，主任由董事长或总经理担任，董事长、党委书记、总经理对安全生产工作均负有领导责任，企业领导班子成员和管理人员实行安全生产"一岗双责"。

2014年6月住房和城乡建设部发布的《建筑施工企业主要负责人、项目负责人和专职安全生产管理人员安全生产管理规定》中规定，主要负责人应当与项目负责人签订安全生产责任书，确定项目安全生产考核目标、奖惩措施，以及企业为项目提供的安全管理和技术保障措施。工程项目实行总承包的，总承包企业应当与分包企业签订安全生产协议，明确双方安全生产责任。

住房和城乡建设部《建筑施工企业主要负责人、项目负责人和专职安全生产管理人员安全生产管理规定实施意见》(建质〔2015〕206号)中规定，企业主要负责人包括法定代表人、总经理(总裁)、分管安全生产的副总经理(副总裁)、分管生产经营的副总经理(副总裁)、技术负责人、安全总监等。

2) 施工单位安全生产管理机构和专职安全生产管理人员的职责

(1) 《安全生产法》规定，矿山、金属冶炼、建筑施工、道路运输单位和危险物品的生产、经营、储存单位，应当设置安全生产管理机构或者配备专职安全生产管理人员。

生产经营单位作出涉及安全生产的经营决策，应当听取安全生产管理机构以及安全生产管理人员的意见。生产经营单位不得因安全生产管理人员依法履行职责而降低其工资、福利等待遇或者解除与其订立的劳动合同。

生产经营单位的安全生产管理人员应当根据本单位的生产经营特点，对安全生产状况进行经常性检查；对检查中发现的安全问题，应当立即处理；不能处理的，应当及时报告本单位有关负责人，有关负责人应当及时处理。检查及处理情况应当如实记录在案。生产经营单位的安全生产管理人员在检查中发现重大事故隐患，依照前款规定向本单位有关负责人报告，有关负责人不及时处理的，安全生产管理人员可以向主管的负有安全生产监督管理职责的部门报告，接到报告的部门应当依法及时处理。

(2) 《建设工程安全生产管理条例》还规定，施工单位应当设立安全生产管理机构，配备专职安全生产管理人员。专职安全生产管理人员负责对安全生产进行现场监督检查。发现安全事故隐患，应当及时向项目负责人和安全生产管理机构报告；对违章指挥、违章操作的，应当立即制止。

《建筑施工企业安全生产管理机构设置及专职安全生产管理人员配备办法》(建质〔2008〕91号)规定，建筑施工企业应当依法设置安全生产管理机构，在企业主要负责人的领导下开展本企业的安全生产管理工作。建筑施工企业安全生产管理机构具有以下职责：

① 宣传和贯彻国家有关安全生产法律法规和标准；
② 编制并适时更新安全生产管理制度并监督实施；
③ 组织或参与企业生产安全事故应急救援预案的编制及演练；
④ 组织开展安全教育培训与交流；
⑤ 协调配备项目专职安全生产管理人员；
⑥ 制订企业安全生产检查计划并组织实施；
⑦ 监督在建项目安全生产费用的使用；
⑧ 参与危险性较大工程的安全专项施工方案专家论证会；
⑨ 通报在建项目违规违章查处情况；
⑩ 组织开展安全生产评优评先表彰工作；
⑪ 建立企业在建项目安全生产管理档案；
⑫ 考核评价分包企业安全生产业绩及项目安全生产管理情况；
⑬ 参加生产安全事故的调查和处理工作；
⑭ 企业明确的其他安全生产管理职责。

建筑施工企业安全生产管理机构专职安全生产管理人员在施工现场检查过程中具有以下职责：
① 查阅在建项目安全生产有关资料、核实有关情况；
② 检查危险性较大工程安全专项施工方案落实情况；
③ 监督项目专职安全生产管理人员履责情况；
④ 监督作业人员安全防护用品的配备及使用情况；
⑤ 对发现的安全生产违章违规行为或安全隐患，有权当场予以纠正或作出处理决定；
⑥ 对不符合安全生产条件的设施、设备、器材，有权当场作出查封的处理决定；
⑦ 对施工现场存在的重大安全隐患有权越级报告或直接向建设主管部门报告；
⑧ 企业明确的其他安全生产管理职责。

(3) 建筑施工企业应当实行建设工程项目专职安全生产管理人员委派制度。建设工程项目的专职安全生产管理人员应当定期将项目安全生产管理情况报告企业安全生产管理机构。

项目专职安全生产管理人员具有以下主要职责：
① 负责施工现场安全生产日常检查并做好检查记录；
② 现场监督危险性较大工程安全专项施工方案实施情况；
③ 对作业人员违规违章行为有权予以纠正或查处；
④ 对施工现场存在的安全隐患有权责令立即整改；
⑤ 对于发现的重大安全隐患，有权向企业安全生产管理机构报告；
⑥ 依法报告生产安全事故情况。

3) 建设工程项目安全生产领导小组的职责

建筑施工企业应当在建设工程项目组建安全生产领导小组。建设工程实行施工总承包的，安全生产领导小组由总承包企业、专业承包企业和劳务分包企业项目经理、技术负责人和专职安全生产管理人员组成。

安全生产领导小组的主要职责：
① 贯彻落实国家有关安全生产法律法规和标准；
② 组织制订项目安全生产管理制度并监督实施；
③ 编制项目生产安全事故应急救援预案并组织演练；
④ 保证项目安全生产费用的有效使用；
⑤ 组织编制危险性较大工程安全专项施工方案；
⑥ 开展项目安全教育培训；
⑦ 组织实施项目安全检查和隐患排查；
⑧ 建立项目安全生产管理档案；
⑨ 及时、如实报告安全生产事故。

3. 施工单位负责人施工现场带班制度

《国务院关于进一步加强企业安全生产工作的通知》(国发〔2010〕23号)中规定，强化生产过程管理的领导责任。企业主要负责人和领导班子成员要轮流现场带班。

《建筑施工企业负责人及项目负责人施工现场带班暂行办法》(建质〔2011〕111号)进一

步规定,企业负责人带班检查是指由建筑施工企业负责人带队实施对工程项目质量安全生产状况及项目负责人带班生产情况的检查。建筑施工企业负责人,是指企业的法定代表人、总经理、主管质量安全和生产工作的副总经理、总工程师和副总工程师。

建筑施工企业负责人要定期带班检查,每月检查时间不少于其工作日的25%。建筑施工企业负责人带班检查时,应认真做好检查记录,并分别在企业和工程项目存档备查。工程项目进行超过一定规模的危险性较大的分部分项工程施工时,建筑施工企业负责人应到施工现场进行带班检查。工程项目出现险情或发现重大隐患时,建筑施工企业负责人应到施工现场带班检查,督促工程项目进行整改,及时消除险情和隐患。

对于有分公司(非独立法人)的企业集团,集团负责人因故不能到现场的,可书面委托工程所在地的分公司负责人对施工现场进行带班检查。

4. 施工总包单位对承包工程安全生产承担主要责任

建设工程实行施工总承包的,由总承包单位对施工现场的安全生产负总责。总承包单位应当自行完成建设工程主体结构的施工。

总承包单位依法将建设工程分包给其他单位的,分包合同中应当明确各自的安全生产方面的权利、义务。总承包单位和分包单位对分包工程的安全生产承担连带责任。分包单位应当服从总承包单位的安全生产管理,分包单位不服从管理导致生产安全事故的,由分包单位承担主要责任。

5. 特种作业人员需持证上岗

垂直运输机械作业人员、起重机械安装拆卸工、爆破作业人员、起重信号工、登高架设作业人员等特种作业人员,必须按照国家有关规定经过专门的安全作业培训,并取得特种作业操作资格证书后,方可上岗作业。

6. 超过一定规模的危险性较大的分部分项工程需编制专项施工方案

施工单位应当在施工组织设计中编制安全技术措施和施工现场临时用电方案,对下列达到一定规模的危险性较大的分部分项工程编制专项施工方案,并附具安全验算结果,经施工单位技术负责人、总监理工程师签字后实施,由专职安全生产管理人员进行现场监督:

① 基坑支护与降水工程;
② 土方开挖工程;
③ 模板工程;
④ 起重吊装工程;
⑤ 脚手架工程;
⑥ 拆除、爆破工程;
⑦ 国务院建设行政主管部门或者其他有关部门规定的其他危险性较大的工程。

对所列工程中涉及深基坑、地下暗挖工程、高大模板工程的专项施工方案,施工单位还应当组织专家进行论证、审查。达到一定规模的危险性较大工程的标准,由国务院建设行政主管部门会同国务院其他有关部门制定。建设工程施工前,施工单位负责项目管理的技术人员应当对有关安全施工的技术要求向施工作业班组、作业人员作出详细说明,并由双方签字确认。

7. 在危险部位设置标准安全警示标志

施工单位应当在施工现场入口处、施工起重机械、临时用电设施、脚手架、出入通道口、楼梯口、电梯井口、孔洞口、桥梁口、隧道口、基坑边沿、爆破物及有害危险气体和液体存放处等危险部位，设置明显的安全警示标志。安全警示标志必须符合国家标准。

8. 保持施工现场办公、生活区与作业区功能清晰、井然有序

施工单位应当将施工现场的办公、生活区与作业区分开设置，并保持安全距离；办公、生活区的选址应当符合安全性要求。职工的膳食、饮水、休息场所等应当符合卫生标准。施工单位不得在尚未竣工的建筑物内设置员工集体宿舍。

施工现场临时搭建的建筑物应当符合安全使用要求。施工现场使用的装配式活动房屋应当具有产品合格证。

9. 施工单位应协调工程项目与周围居民、建筑物的关系，遵守环境保护相关法规

施工单位对因建设工程施工可能造成损害的毗邻建筑物、构筑物和地下管线等，应当采取专项防护措施。

施工单位应当遵守有关环境保护法律、法规的规定，在施工现场采取措施，防止或者减少粉尘、废气、废水、固体废物、噪声、振动和施工照明对人和环境的危害和污染。

在城市市区内的建设工程，施工单位应当对施工现场实行封闭围挡。

10. 落实消防责任管理

施工单位应当在施工现场建立消防安全责任制度，确定消防安全责任人，制订用火、用电、使用易燃易爆材料等各项消防安全管理制度和操作规程，设置消防通道、消防水源，配备消防设施和灭火器材，并在施工现场入口处设置明显标志。

11. 保障施工人员生命安全

施工单位应当向作业人员提供安全防护用具和安全防护服装，并书面告知危险岗位的操作规程和违章操作的危害。作业人员应当遵守安全施工的强制性标准、规章制度和操作规程，正确使用安全防护用具、机械设备等；作业人员有权对施工现场的作业条件、作业程序和作业方式中存在的安全问题提出批评、检举和控告，有权拒绝违章指挥和强令冒险作业；在施工中发生危及人身安全的紧急情况时，作业人员有权立即停止作业或者在采取必要的应急措施后撤离危险区域。施工单位在采用新技术、新工艺、新设备、新材料时，应当对作业人员进行相应的安全生产教育培训。

施工单位采购、租赁的安全防护用具、机械设备、施工机具及配件，应当具有生产(制造)许可证、产品合格证，并在进入施工现场前进行查验。施工现场的安全防护用具、机械设备、施工机具及配件必须由专人管理，定期进行检查、维修和保养，建立相应的资料档案，并按照国家有关规定及时报废。

12. 大型设备经验收后方可使用

施工单位在使用施工起重机械和整体提升脚手架、模板等自升式架设设施前，应当组织有关单位进行验收，也可以委托具有相应资质的检验检测机构进行验收；使用承租的机

械设备和施工机具及配件的，由施工总承包单位、分包单位、出租单位和安装单位共同进行验收。验收合格的方可使用。

《特种设备安全监察条例》规定的施工起重机械，在验收前应当经有相应资质的检验检测机构监督检验合格。

施工单位应当自施工起重机械和整体提升脚手架、模板等自升式架设设施验收合格之日起30日内，向建设行政主管部门或者其他有关部门登记。登记标志应当置于或者附着于该设备的显著位置。

13. 施工单位依法为危险作业人员办理意外伤害保险

施工单位应当为施工现场从事危险作业的人员办理意外伤害保险。

意外伤害保险费由施工单位支付。实行施工总承包的，由总承包单位支付意外伤害保险费。意外伤害保险期限自建设工程开工之日起至竣工验收合格止。

施工企业为职工购买工伤保险与意外伤害险的要求

6.2.2　勘察设计人员安全生产管理责任

勘察单位应当按照法律、法规和工程建设强制性标准进行勘察，提供的勘察文件应当真实、准确，满足建设工程安全生产的需要。勘察单位在勘察作业时，应当严格执行操作规程，采取措施保证各类管线、设施和周边建筑物、构筑物的安全。

设计单位应当按照法律、法规和工程建设强制性标准进行设计，防止因设计不合理导致生产安全事故的发生。设计单位应当考虑施工安全操作和防护的需要，对涉及施工安全的重点部位和环节在设计文件中注明，并对防范生产安全事故提出指导意见。采用新结构、新材料、新工艺的建设工程和特殊结构的建设工程，设计单位应当在设计中提出保障施工作业人员安全和预防生产安全事故的措施建议。设计单位和注册建筑师等注册执业人员应当对其设计负责。

6.2.3　监理人员安全生产管理责任

工程监理单位应当审查施工组织设计中的安全技术措施或者专项施工方案是否符合工程建设强制性标准。工程监理单位在实施监理过程中，发现存在安全事故隐患的，应当要求施工单位整改；情况严重的，应当要求施工单位暂时停止施工，并及时报告建设单位。施工单位拒不整改或者不停止施工的，工程监理单位应当及时向有关主管部门报告。工程监理单位和监理工程师应当按照法律、法规和工程建设强制性标准实施监理，并对建设工程安全生产承担监理责任。

6.2.4　工程建设相关单位违法责任

1. 建设单位的违法责任

建设单位有下列行为之一的，责令限期改正，并处20万元以上50万元以下的罚款；造成重大安全事故，构成犯罪的，对直接责任人员，依照刑法有关规定追究刑事责任；造成损失的，依法承担赔偿责任：

① 对勘察、设计、施工、工程监理等单位提出不符合安全生产法律、法规和强制性标准规定的要求的；

② 要求施工单位压缩合同约定的工期的；

③ 将拆除工程发包给不具有相应资质等级的施工单位的。

2. 施工单位的违反责任

1) 企业违法责任

(1) 施工单位挪用列入建设工程概算的安全生产作业环境及安全施工措施所需费用的，责令限期改正，处挪用费用 20% 以上 50% 以下的罚款；造成损失的，依法承担赔偿责任。

(2) 施工单位有下列行为之一的，责令限期改正；逾期未改正的，责令停业整顿，依照《中华人民共和国安全生产法》的有关规定处以罚款；造成重大安全事故，构成犯罪的，对直接责任人员，依照刑法有关规定追究刑事责任：①未设立安全生产管理机构、配备专职安全生产管理人员或者分部分项工程施工时无专职安全生产管理人员现场监督的；②施工单位的主要负责人、项目负责人、专职安全生产管理人员、作业人员或者特种作业人员，未经安全教育培训或者经考核不合格即从事相关工作的；③未在施工现场的危险部位设置明显的安全警示标志，或者未按照国家有关规定在施工现场设置消防通道、消防水源、配备消防设施和灭火器材的；④未向作业人员提供安全防护用具和安全防护服装的；⑤未按照规定在施工起重机械和整体提升脚手架、模板等自升式架设设施验收合格后登记的；⑥使用国家明令淘汰、禁止使用的危及施工安全的工艺、设备、材料的。

(3) 施工单位有下列行为之一的，责令限期改正；逾期未改正的，责令停业整顿，并处 5 万元以上 10 万元以下的罚款；造成重大安全事故，构成犯罪的，对直接责任人员，依照刑法有关规定追究刑事责任：①施工前未对有关安全施工的技术要求作出详细说明的；②未根据不同施工阶段和周围环境及季节、气候的变化，在施工现场采取相应的安全施工措施，或者在城市市区内的建设工程的施工现场未实行封闭围挡的；③在尚未竣工的建筑物内设置员工集体宿舍的；④施工现场临时搭建的建筑物不符合安全使用要求的；⑤未对因建设工程施工可能造成损害的毗邻建筑物、构筑物和地下管线等采取专项防护措施。

(4) 施工单位有下列行为之一的，责令限期改正；逾期未改正的，责令停业整顿，并处 10 万元以上 30 万元以下的罚款；情节严重的，降低资质等级，直至吊销资质证书；造成重大安全事故，构成犯罪的，对直接责任人员，依照刑法有关规定追究刑事责任；造成损失的，依法承担赔偿责任：①安全防护用具、机械设备、施工机具及配件在进入施工现场前未经查验或者查验不合格即投入使用的；②使用未经验收或者验收不合格的施工起重机械和整体提升脚手架、模板等自升式架设设施的；③委托不具有相应资质的单位承担施工现场安装、拆卸施工起重机械和整体提升脚手架、模板等自升式架设设施的；④在施工组织设计中未编制安全技术措施、施工现场临时用电方案或者专项施工方案的。

2) 相关人员违法责任

施工单位的主要负责人、项目负责人未履行安全生产管理职责的，责令限期改正；逾期未改正的，责令施工单位停业整顿；造成重大安全事故、重大伤亡事故或者其他严重后果，构成犯罪的，依照刑法有关规定追究刑事责任。

作业人员不服从管理、违反规章制度和操作规程冒险作业造成重大伤亡事故或者其他严重后果，构成犯罪的，依照刑法有关规定追究刑事责任。

施工单位的主要负责人、项目负责人有前款违法行为，尚不够刑事处罚的，处 2 万元以上 20 万元以下的罚款或者按照管理权限给予撤职处分；自刑罚执行完毕或者受处分之日起，5 年内不得担任任何施工单位的主要负责人、项目负责人。

3. 勘察、设计单位的违法责任

勘察单位、设计单位有下列行为之一的，责令限期改正，处 10 万元以上 30 万元以下的罚款；情节严重的，责令停业整顿，降低资质等级，直至吊销资质证书；造成重大安全事故，构成犯罪的，对直接责任人员，依照刑法有关规定追究刑事责任；造成损失的，依法承担赔偿责任：

① 未按照法律、法规和工程建设强制性标准进行勘察、设计的；

② 采用新结构、新材料、新工艺的建设工程和特殊结构的建设工程，设计单位未在设计中提出保障施工作业人员安全和预防生产安全事故的措施建议的。

4. 监理单位的违法责任

工程监理单位有下列行为之一的，责令限期改正；逾期未改正的，责令停业整顿，并处 10 万元以上 30 万元以下的罚款；情节严重的，降低资质等级，直至吊销资质证书；造成重大安全事故，构成犯罪的，对直接责任人员，依照刑法有关规定追究刑事责任；造成损失的，依法承担赔偿责任：

① 未对施工组织设计中的安全技术措施或者专项施工方案进行审查的；

② 发现安全事故隐患未及时要求施工单位整改或者暂时停止施工的；

③ 施工单位拒不整改或者不停止施工，未及时向有关主管部门报告的；

④ 未依照法律、法规和工程建设强制性标准实施监理的。

任务 6.3　安全生产教育培训制度

各级人民法院的
管辖范围

案例引入

某建筑公司在城市市区承担一商厦的工程施工，在施工现场周边设置了 2m 高的围挡，但因施工日久且缺乏管理，有几处已破损成洞。某日，有两个男孩淘气从破洞处钻入工地现场玩耍，不小心被堆放的钢筋等材料滑落碰伤，引起了孩子家长与该建筑公司的赔偿纠纷。

问题：

(1) 本案中的建筑公司是否存在违法行为？

(2) 该违法行为应当承担哪些法律责任？

企业安全生产教育培训一般包括对管理人员、特种作业人员和企业员工的安全教育。

6.3.1 管理人员的安全教育

管理人员安全教育实行企业、项目和班组三级培训,具体内容如表 6-5 所示。

表 6-5 管理人员安全教育的内容

安全教育人员	培训内容
企业领导(法定代表人)	国家有关的方针、政策、法律、法规及有关规章制度; 安全生产管理职责、管理知识和安全文化; 有关事故案例及事故应急处理措施
项目经理、技术负责人和技术骨干	国家有关的方针、政策、法律、法规及有关规章制度; 项目经理部安全生产责任; 典型事故案例分析; 本系统安全及相应的安全技术知识
行政管理干部	国家有关的方针、政策、法律、法规及有关规章制度; 基本的安全技术知识; 本职的安全生产责任
企业安全管理人员	国家有关的方针、政策、法律、法规及有关规章制度; 企业安全生产管理、技术、知识、文件; 员工伤亡事故和职业病统计报告及调查处理程序; 有关事故案例及事故应急处理措施
班组长和安全员	法律法规、安全技术及技能、职业病和安全文化的知识; 本企业、本班组和本岗位的危险因素、安全注意事项; 本岗位安全生产职责; 典型事故案例; 事故抢救与应急处理措施

6.3.2 特种作业人员的安全教育

根据《特种作业人员安全技术培训考核管理规定》,特种作业的范围主要有以下几种:
① 电工作业,包括高压电工作业、低压电工作业、防爆电气作业;
② 焊接与热切割作业,包括熔化焊接与热切割作业、压力焊作业、钎焊作业;
③ 高处作业,包括登高架设作业、高处安装、维护、拆除作业;
④ 制冷与空调作业,包括制冷与空调设备运行操作作业、制冷与空调设备安装修理作业;煤矿安全作业;
⑤ 金属非金属矿山安全作业;
⑥ 石油天然气安全作业;
⑦ 冶金(有色)生产安全作业;
⑧ 危险化学品安全作业;
⑨ 烟花爆竹安全作业;

⑩ 安全监管总局认定的其他作业。

特种作业人员必须经过专门的安全技术培训并考核合格，取得《中华人民共和国特种作业操作证》后，方可上岗作业。跨省、自治区、直辖市从业的特种从业人员，可以在户籍所在地或者从业所在地参加培训。安全资格证的有效期为 3 年；有效期届满需要延期的，应当于有效期届满 30 日前向原发证部门申请办理延期手续。

6.3.3 企业员工的安全培训

对新进企业的员工、改变工资和更换岗位的员工、长时间离岗再上岗的员工等人群，企业必须及时进行安全政策方针、法律法规和技术知识的培训，使从业人员掌握所在岗位的安全生产要领和工作技能。企业对员工的安全教育培训需长期持续进行，保持经常性安全教育，比如班组会议、安全活动日、企业安全生产大会、事故现场分析会、安全生产标牌等。

任务 6.4 安全事故报告和调查处理制度

案例引入

某住宅小区工地上，一载满作业工人的施工升降机在上升过程中突然失控冲顶，从 100m 高处坠落，造成施工升降机上的 9 名施工人员全部随机坠落而遇难身亡的惨剧。

问题：

(1) 本案中的事故应当定为哪个等级？

(2) 在事故发生后，施工单位应当依法采取哪些措施？

安全事故等级快速记忆图

6.4.1 安全事故分类

根据生产安全事故造成的人员重伤亡或者直接经济损失，安全事故的分类如表 6-6 所示。

表 6-6 生产事故分类

事故级别	死亡人数/人	重伤人数/人	直接经济损失/元
特别重大事故	≥30	≥100	≥1 亿
重大事故	≥10	≥50	≥5 000 万
较大事故	≥3	≥10	≥1 000 万
一般事故	<3	<10	<1 000 万

6.4.2 安全事故上报

事故发生后，事故现场有关人员应当立即向本单位负责人报告；单位负责人接到报告后，应当于 1 小时内向事故发生地县级以上人民政府安全生产监督管理部门和负有安全生产监督管理职责的有关部门报告。

情况紧急时，事故现场有关人员可以直接向事故发生地县级以上人民政府安全生产监督管理部门和负有安全生产监督管理职责的有关部门报告。

1. 安全事故上报的办法

安全生产监督管理部门和负有安全生产监督管理职责的有关部门接到事故报告后，应当依照下列规定上报事故情况，并通知公安机关、劳动保障行政部门、工会和人民检察院。

(1) 特别重大事故、重大事故。特大、重大事故逐级上报至国务院安全生产监督管理部门和负有安全生产监督管理职责的有关部门。

(2) 较大事故。较大事故逐级上报至省、自治区、直辖市人民政府安全生产监督管理部门和负有安全生产监督管理职责的有关部门。

(3) 一般事故。一般事故报至设区的市级人民政府安全生产监督管理部门和负有安全生产监督管理职责的有关部门。

2. 安全事故上报的时间要求

安全生产监督管理部门和负有安全生产监督管理职责的有关部门依照规定上报事故情况，应当同时报告本级人民政府。国务院安全生产监督管理部门和负有安全生产监督管理职责的有关部门以及省级人民政府接到发生特别重大事故、重大事故的报告后，应当立即报告国务院。必要时，安全生产监督管理部门和负有安全生产监督管理职责的有关部门可以越级上报事故情况。安全生产监督管理部门和负有安全生产监督管理职责的有关部门逐级上报事故情况，每级上报的时间不得超过 2 小时。

事故报告后出现新情况的，应当及时补报。自事故发生之日起 30 日内，事故造成的伤亡人数发生变化的，应当及时补报。道路交通事故、火灾事故自发生之日起 7 日内，事故造成的伤亡人数发生变化的，应当及时补报。

3. 事故上报的内容

事故报告内容应该包含以下信息：

① 事故发生单位概况；
② 事故发生的时间、地点以及事故现场情况；
③ 事故的简要经过；
④ 事故已经造成或者可能造成的伤亡人数(包括下落不明的人数)和初步估计的直接经济损失；
⑤ 已经采取的措施；
⑥ 其他应当报告的情况。

6.4.3 安全事故调查

1. 成立调查组

事故调查组的组成应当遵循精简、效能的原则。事故调查组组长由负责事故调查的人民政府指定，事故调查组组长主持事故调查组的工作。

根据事故的具体情况，事故调查组由有关人民政府、安全生产监督管理部门、负有安全生产监督管理职责的有关部门、监察机关、公安机关以及工会派人组成，并应当邀请人民检察院派人参加。事故调查组可以聘请有关专家参与调查。事故调查组成员应当具有事故调查所需要的知识和专长，并与所调查的事故没有直接利害关系。

(1) 特别重大事故。特别重大事故由国务院或者国务院授权有关部门组织事故调查组进行调查。

(2) 重大事故、较大事故、一般事故。重大事故、较大事故、一般事故分别由事故发生地省级人民政府、设区的市级人民政府、县级人民政府负责调查。省级人民政府、设区的市级人民政府、县级人民政府可以直接组织事故调查组进行调查，也可以授权或者委托有关部门组织事故调查组进行调查。

(3) 未造成人员伤亡的一般事故。造成人员伤亡的一般事故，县级人民政府也可以委托事故发生单位组织事故调查组进行调查。

特别重大事故以下等级事故，事故发生地与事故发生单位不在同一个县级以上行政区域的，由事故发生地人民政府负责调查，事故发生单位所在地人民政府应当派人参加。

2. 调查组的职责

事故调查组应尽职尽责履行下列义务：
① 查明事故发生的经过、原因、人员伤亡情况及直接经济损失；
② 认定事故的性质和事故责任；
③ 提出对事故责任者的处理建议；
④ 总结事故教训，提出防范和整改措施；
⑤ 提交事故调查报告。

3. 撰写并提交调查报告

事故调查组应当自事故发生之日起60日内提交事故调查报告；特殊情况下，经负责事故调查的人民政府批准，提交事故调查报告的期限可以适当延长，但延长的期限最长不超过60日。

事故调查报告应当包括下列内容：
① 事故的发生单位概况；
② 事故的发生经过和事故救援情况；
③ 事故造成的人员伤亡和直接经济损失；
④ 事故发生的原因和事故性质；
⑤ 事故责任的认定以及对事故责任者的处理建议；
⑥ 事故的防范和整改措施。

事故调查报告应当附具有关证据材料。事故调查组成员应当在事故调查报告上签名。

事故调查报告报送负责事故调查的人民政府后，事故调查工作即告结束。事故调查的有关资料应当归档保存。

6.4.4 安全事故处理

1. 重大事故、较大事故、一般事故的处理

重大事故、较大事故、一般事故负责事故调查的人民政府应当自收到事故调查报告之

日起 15 日内作出批复。

2. 特别重大事故的处理

特别重大事故 30 日内作出批复，特殊情况下，批复时间可以适当延长，但延长的时间最长不超过 30 日。

有关机关应当按照人民政府的批复，依照法律、行政法规规定的权限和程序，对事故发生单位和有关人员进行行政处罚，对负有事故责任的国家工作人员进行处分。事故发生单位应当按照负责事故调查的人民政府的批复，对本单位负有事故责任的人员进行处理。负有事故责任的人员涉嫌犯罪的，依法追究刑事责任。

6.4.5　法律责任

事故发生单位及其有关人员有下列行为之一的，对事故发生单位处 100 万元以上 500 万元以下的罚款；对主要负责人、直接负责的主管人员和其他直接责任人员处上一年年收入 60%至 100%的罚款；属于国家工作人员的，并依法给予处分；构成违反治安管理行为的，由公安机关依法给予治安管理处罚；构成犯罪的，依法追究刑事责任：①谎报或者瞒报事故的；②伪造或者故意破坏事故现场的；③转移、隐匿资金、财产，或者销毁有关证据、资料的；④拒绝接受调查或者拒绝提供有关情况和资料的；⑤在事故调查中作伪证或者指使他人作伪证的；⑥事故发生后逃逸的。

事故发生单位对事故发生负有责任的，依照下列规定处以罚款：
① 发生一般事故的，处 10 万元以上 20 万元以下的罚款；
② 发生较大事故的，处 20 万元以上 50 万元以下的罚款；
③ 发生重大事故的，处 50 万元以上 200 万元以下的罚款；
④ 发生特别重大事故的，处 200 万元以上 500 万元以下的罚款。

事故发生单位主要负责人未依法履行安全生产管理职责，导致事故发生的，依照下列规定处以罚款；属于国家工作人员的，并依法给予处分；构成犯罪的，依法追究刑事责任：
① 发生一般事故的，处上一年年收入 30%的罚款；
② 发生较大事故的，处上一年年收入 40%的罚款；
③ 发生重大事故的，处上一年年收入 60%的罚款；
④ 发生特别重大事故的，处上一年年收入 60%的罚款。

素质提升

项目 7　建设工程质量法律制度

学习目标

(1) 掌握工程建设标准。

(2) 掌握施工单位的质量责任和义务。

(3) 熟悉建设单位，监理单位，勘察、设计单位的质量责任和义务。

(4) 掌握建设工程质量保修制度。

思政课堂

请看下面一则消息：

某城市建设开发集团在该市南三环建设拆迁居民安置区。甲建筑公司将该工程中的 A、B、C、D 等 4 栋多层住宅楼分包给乙公司，并签订了分包合同。在工程交付使用后，发现 A 号楼因偷工减料存在严重质量问题，城市建设开发集团便要求甲建筑公司承担责任。甲建筑公司认为工程 A 号楼是由分包商乙公司完成的，应由乙公司承担相关责任，并以乙公司早已结账撤出而失去联系为由，不予配合问题的处理。

请就以上消息思考：

如果你是甲建筑公司的负责人，你会怎么做？

任务7.1 建设工程质量法律制度相关理论知识

案例引入

某施工企业(以下称施工方)承包了某开发公司(以下称建设方)的商务楼工程施工,双方签订了工程施工合同。该工程封顶时,建设方发现该商务楼的顶层17层以及15层、16层的混凝土凝固较慢。于是,建设方认为施工方使用的混凝土强度不够,要求施工方采取措施,对该三层重新施工。施工方则认为,该混凝土强度符合相关的技术规范,不同意重新施工或者采取其他措施。双方协商未果,建设方便将施工方起诉至某区法院,要求施工方对混凝土强度不够的那三层重新施工或采取其他措施,并赔偿建设方的相应损失。混凝土实体强度进行检测,具体检测情况如下。

根据原告即建设方的要求,检测中心按照行业协会推荐性标准《钻芯法检测混凝土强度技术规程》(CECS 03:2007),其检测结果是:第15层、16层、17层的结构混凝土实体强度未达到该技术规范的要求,其他各层的结构混凝土实体均达到该技术规范的要求。根据被告即施工方的请求,检测中心按照地方推荐性标准《结构混凝土实体检测技术规程》(DB/T 29-148-2005)的检测结果是:第15层、第16层、第17层及其他各层结构混凝土实体强度均达到该规范的要求。

问题:

(1) 本案中的检测中心按照两个推荐性标准分别进行了检测,法院应以哪个标准作为判案的依据?

(2) 当事人若在合同中约定了推荐性标准,对国家强制性标准是否仍须执行?

工程建设质量是整个工程项目管理的核心内容,关系到人民财产、百姓生命安全的重大问题。一旦发生工程质量事故,特别是重大、特大事故,给项目建设相关单位及人员造成难以估计的损失。因此,"百年大计,质量第一",必须保证固定资产建设质量,进一步发挥工程投资效益水平。

7.1.1 工程建设质量管理法规体系

中华人民共和国成立以来,随着建筑市场的逐步规范化,我国已形成了一套包含法律、行政法规、部门规章和质量标准的比较完善的建设工程质量法规体系。

1. 法律

相关法律包括《中华人民共和国建筑法》《中华人民共和国民法典》《中华人民共和国标准化法》等。

2. 行政法规

相关行政法规是指《建设工程质量管理条例》《民用建筑节能条例》等。

3. 部门规章

部门规章主要有《建设工程质量检测管理办法》《房屋建筑工程质量保修办法》《房屋建筑和市政基础设施工程竣工验收备案管理办法》以及《建筑地基基础工程施工质量验收规范》(GB 50202—2018)和《地下水防水工程质量验收规范(GB 50208—2011)》等。

4. 标准

标准主要涉及 ISO 9000《质量管理和质量保证》《建筑工程施工质量验收统一标准》等。

7.1.2 建设工程质量标准化制度

工程建设标准是指为了在工程建设领域获得最佳秩序，对基本建设中各类工程的勘察、规划、设计、施工、安装、验收及运营维护等活动和结果需要协调统一的事项所制定的共同的、重复使用的技术依据和准则。

1. 工程建设标准的分级

2017 年 11 月经修改后公布的《中华人民共和国标准化法》(以下简称《标准化法》)将标准分为国家标准、行业标准、地方标准和企业标准。国家标准、行业标准又可分为强制性标准和推荐性标准。

强制性标准是为保障人体健康，人身、财产安全的标准和法律、行政法规规定而强制执行的标准，其他标准是推荐性标准。强制性标准一经颁布，必须贯彻执行，否则对造成恶劣后果和重大损失的单位和个人，要受到经济制裁或承担相应法律责任。

1) 国家标准

《标准化法》第六条规定，对需要在全国范围内统一的技术要求，应当制定国家标准。国家标准由国务院标准化行政主管部门制定。

(1) 工程建设国家标准的范围。建设部《工程建设国家标准管理办法》规定，对需要在全国范围内统一的下列技术要求，应当制定国家标准：

① 工程建设勘察、规划、设计、施工(包括安装)及验收等通用的质量要求；
② 工程建设通用的有关安全、卫生和环境保护的技术要求；
③ 工程建设通用的术语、符号、代号、量与单位、建筑模数和制图方法；
④ 工程建设通用的试验、检验和评定等方法；
⑤ 工程建设通用的信息技术要求；
⑥ 国家需要控制的其他工程建设通用的技术要求。

(2) 工程建设国家标准的类型。工程建设国家标准分为强制性标准和推荐性标准。下列标准属于强制性标准：

① 工程建设勘察、规划、设计、施工(包括安装)及验收等通用的综合标准和重要的通用的质量标准；
② 工程建设通用的有关安全、卫生和环境保护的标准；
③ 工程建设重要的通用的术语、符号、代号、量与单位、建筑模数和制图方法标准；

④ 工程建设重要的通用的试验、检验和评定方法等标准；
⑤ 工程建设重要的通用的信息技术标准；
⑥ 国家需要控制的其他工程建设通用的标准。
强制性标准以外的标准是推荐性标准。

2) 行业标准

《标准化法》第六条规定，对没有国家标准而又需要在全国某个行业范围内统一的技术要求，可以制定行业标准。

行业标注由国务院有关行政主管部门制定，并报国务院标准化行政主管部门备案，在公布国家标准之后，该项行业标准即行废止。

(1) 行业标准的范围。建设部《工程建设行业标准管理办法》规定，对没有国家标准而需要在全国某个行业范围内统一的下列技术要求，可以制定行业标准：
① 工程建设勘察、规划、设计、施工(包括安装)及验收等行业专用的质量要求；
② 工程建设行业专用的有关安全、卫生和环境保护的技术要求；
③ 工程建设行业专用的术语、符号、代号、量与单位和制图方法；
④ 工程建设行业专用的试验、检验和评定等方法；
⑤ 工程建设行业专用的信息技术要求；
⑥ 行业专用的其他工程建设技术要求。

(2) 行业标准的类型。工程建设行业标准也分为强制性标准和推荐性标准。下列标准属于强制性标准：
① 工程建设勘察、规划、设计、施工(包括安装)及验收等行业专用的综合性标准和重要的行业专用的质量标准；
② 工程建设行业专用的有关安全、卫生和环境保护的标准；
③ 工程建设重要的行业专用的术语、符号、代号、量与单位和制图方法标准；
④ 工程建设重要的行业专用的试验、检验和评定方法等标准；
⑤ 工程建设重要的行业专用的信息技术；
⑥ 行业需要控制的其他工程建设标准。

强制性标准以外的标准是推荐性标准。

行业标准不得与国家标准相抵触。行业标准的某些规定与国家标准不一致时，必须有充分的科学依据和理由，并经国家标准的审批部门批准。行业标准在相应的国家标准实施后，应当及时修订或废止。

3) 地方标准

《标准化法》第六条规定，对没有国家标准和行业标准而又需要在省、自治区、直辖市范围内统一的工业产品的安全、卫生要求，可以制定地方标准。

地方标准由省、自治区、直辖市标准化行政主管部门制定，并报国务院标准化行政主管部门和国务院有关行政主管部门备案。在公布国家标准或者行业标准之后，该项地方标准即行废止。

4) 企业标准

《标准化法》第六条规定，企业生产的产品没有国家标准和行业标准的，应当制定企业标准，作为组织生产的依据。企业的产业标准须报当地政府标准化行政主管部门和有关行

政主管部门备案。已有国家标准或者行业标准的，国家鼓励企业制定严于国家标准或者行业标准的企业标准，在企业内部适用。

2. 工程建设强制性标准的实施

工程建设标准制定的目的在于实施，否则再好的标准也是一纸空文。我国工程建设领域所出现的各类工程质量事故，大都是没有贯彻或没有严格贯彻强制性标准的结果。因此，《标准化法》规定，强制性标准必须执行。

严格执行工程建设强制性标准是工程建设主体参与方的法定义务，是从业人员的法定责任。违反强制性标准的规定即是违法行为，要承担相应的法律责任。

2000年1月颁布的《建设工程质量管理条例》中规定了各建设主体参与方应承担的相应责任。

1) 建设单位的法律责任

(1) 《建筑法》第五十四条规定，建设单位不得以任何理由，要求建筑设计单位或者建筑施工企业在工程设计或者施工作业中，违反法律、行政法规和建筑工程质量、安全标准，降低工程质量。《建筑法》第七十二条规定，建设单位违反本法规定，要求建筑设计单位或者建筑施工企业违反建筑工程质量、安全标准，降低工程质量的，责令改正，可以处以罚款；构成犯罪的，依法追究刑事责任。

(2) 《建设工程质量管理条例》第十条规定，建设单位不得明示或者暗示设计单位或者施工单位违反工程建设强制性标准，降低建设工程质量。第五十六条规定，明示或者暗示设计单位或者施工单位违反工程建设强制性标准，降低工程质量的，责令改正，处20万元以上50万元以下的罚款。

2) 勘察、设计单位的法律责任

(1) 《建设工程质量管理条例》第十九条规定，勘察、设计单位必须按照工程建设强制性标准进行勘察、设计，并对其勘察、设计的质量负责。

(2) 《建设工程质量管理条例》第五十四条规定，建筑设计单位企业对建设单位违反规定提出的降低工程质量的要求，应当予以拒绝。

(3) 《建筑法》第七十三条规定，建筑设计单位不按照建筑工程质量、安全标准进行设计的，责令改正，处以罚款；造成工程质量事故的，责令停业整顿，降低资质等级或者吊销资质证书，没收违法所得，并处罚款；造成损失的，承担赔偿责任；构成犯罪的，依法追究刑事责任。

(4) 《建设工程质量管理条例》第六十三条规定，有下列行为之一的，责令改正，并处10万元以上30万元以下的罚款：

① 勘察单位未按照工程建设强制性标准进行勘察的；

② 设计单位未按照工程建设强制性标准进行设计的。

有以上所列行为，造成工程质量事故的，责令停业整顿，降低资质等级；情节严重的，吊销资质证书；造成损失的，依法承担赔偿责任。

3) 施工单位的法律责任

(1) 《建设工程质量管理条例》第二十八条规定，施工单位必须按照工程设计图纸和施工技术标准施工，不得擅自修改工程设计，不得偷工减料。

(2) 《建设工程质量管理条例》第五十四条规定，施工单位对建设单位违反规定提出的降低工程质量的要求，应当予以拒绝。

（3）《建筑法》第七十四条规定，建筑施工企业在施工中偷工减料的，使用不合格的建筑材料、建筑构配件和设备的，或者有其他不按照工程设计图纸或者施工技术标准施工的行为的，责令改正，处以罚款；情节严重的，责令停业整顿，降低资质等级或者吊销资质证书；造成建筑工程质量不符合规定的质量标准的，负责返工、修理，并赔偿因此造成的损失；构成犯罪的，依法追究刑事责任。

（4）《建设工程质量管理条例》第六十四条规定，施工单位在施工中偷工减料的，使用不合格的建筑材料、建筑构配件和设备的，或者有不按照工程设计图纸或者施工技术标准施工的其他行为的，责令改正，并处工程合同价款 2%以上 4%以下的罚款；造成建设工程质量不符合规定的质量标准的，负责返工、修理，并赔偿因此造成的损失；情节严重的，责令停业整顿，降低资质等级或者吊销资质证书。

4）监理单位的法律责任

（1）《建设工程质量管理条例》第三十六条规定，工程监理单位应当依照法律、行政法规及有关的技术标准、设计文件和建筑工程承包合同，代表建设单位对施工质量实施监理，并对施工质量承担监理责任。

（2）《实施工程建设强制性标准监督规定》规定，工程监理单位违反强制性标准规定，将不合格的建设工程以及建筑材料、建筑构配件和设备按照合格签字的，责令改正，并处 50 万元以上 100 万元以下的罚款，降低资质等级或者吊销资质证书；有违法所得的，予以没收；造成损失的，承担连带赔偿责任。

3. 实施工程建设强制性标准的监督管理

《建设工程质量管理条例》第四十四条规定，国务院建设行政主管部门和国务院铁路、交通、水利等有关部门应当加强对有关建设工程质量的法律、法规和强制性标准执行情况的监督检查。第四十七条规定，县级以上地方人民政府建设行政主管部门和其他有关部门应当加强对有关建设工程质量的法律、法规和强制性标准执行情况的监督检查。

（1）监督管理机构。《实施工程建设强制性标准监督规定》第六条、第八条对监督机构作了如下规定：

① 建设项目规划审查机关应当对工程建设规划阶段执行强制性标准的情况实施监督；

② 施工图设计文件审查单位应当对工程建设勘察、设计阶段执行强制性标准的情况实施监督；

③ 建筑安全监督管理机构应当对工程建设施工阶段执行施工安全强制性标准的情况实施监督；

④ 工程质量监督机构应当对工程建设施工、监理、验收等阶段执行强制性标准的情况实施监督；

⑤ 工程建设标准批准部门应当定期对建设项目规划审查机关、施工图设计文件审查单位、建筑安全监督管理机构、工程质量监督机构实施强制性标准的监督进行检查，对监督不力的单位和个人，给予通报批评，建议有关部门处理。

（2）监督检查的方式和内容。工程建设标准批准部门应当对工程项目执行强制性标准情况进行监督检查。监督检查可以采取重点检查、抽查和专项检查的方式。

《实施工程建设强制性标准监督规定》第十条对强制性标准监督检查的内容，规定如下：

① 工程技术人员是否熟悉、掌握强制性标准；
② 工程项目的规划、勘察、设计、施工、验收等是否符合强制性标准的规定；
③ 工程项目采用的材料、设备是否符合强制性标准的规定；
④ 工程项目的安全、质量是否符合强制性标准的规定；
⑤ 工程项目采用的导则、指南、手册、计算机软件的内容是否符合强制性标准的规定。

任务7.2　建设单位的质量责任和义务

案例引入

2020年4月1日，某建筑工程有限责任公司(以下简称施工单位)中标承包了某开发公司(以下简称建设单位)的住宅工程施工项目，双方于同年4月10日签订了建设工程施工合同，2021年11月该工程封顶时建设单位发现该住宅的顶层防水工程做得不到位，认为是施工单位使用的防水卷材不符合标准，要求施工单位采取措施，对该顶层防水工程重新施工。施工单位则认为，防水卷材符合标准，不同意重新施工或采取其他措施，双方协商未果，建设单位将施工单位起诉至法院，要求施工单位对顶层防水工程重新施工或采取其他措施，并赔偿建设单位的相应损失。根据当事人的请求，受诉法院委托某建筑工程质量检测中心对顶层防水卷材进行检测，检测结果表明：本工程使用的"弹性体改性沥青防水卷材"，不符合自2009年9月1日起正式实施的国家标准《弹性体改性沥青防水卷材》(GB 18242—2000)的要求。但是，施工单位认为，施工合同中并未约定使用此强制性国家标准，不同意重新施工或者采取其他措施。

问题：
本案例建设单位的诉讼请求能否得到支持？为什么？

建设单位作为建设工程的投资人，是建设工程的重要责任主体。建设单位有权选择承包单位，有权对建设过程进行检查、控制，对建设工程进行验收，并要按时支付工程款和费用等，在整个建设活动中居于主导地位。因此，要确保建设工程的质量，首先就要对建设单位的行为进行规范，对其质量责任予以明确。

7.2.1　建设单位的质量责任及义务

1. 依法对工程进行发包的责任

《建设工程质量管理条例》第七条规定，建设单位应当将工程发包给具有相应资质等级的单位，不得将建设工程肢解发包。

建设单位还要按照《建设工程质量管理条例》第八条的规定，依法对工程建设项目的勘察、设计、施工、监理以及与工程建设有关的重要设备、材料等的采购进行招标。择优选定工程勘察、设计、施工、监理单位以及采购重要设备、材料等。

2. 依法向有关单位提供原始资料

《建设工程质量管理条例》第九条规定，建设单位必须向有关的勘察、设计、施工、监理等单位提供与建设工程有关的原始资料。

原始资料必须真实、准确、齐全。

3. 限制不合理的干预行为

《建筑法》第五十四条规定，建设单位不得以任何理由，要求建筑设计单位或者建筑施工企业在工程设计或者施工作业中，违反法律、行政法规和建筑工程质量、安全标准，降低工程质量。

另外，按照《建设工程质量管理条例》第十条的规定，建设工程发包单位不得迫使承包方以低于成本的价格竞标，不得任意压缩合理工期。建设单位不得明示或者暗示设计单位或者施工单位违反工程建设强制性标准，降低建设工程质量。

4. 依法报审施工图设计文件

《建设工程质量管理条例》第十一条的规定，建设单位应当将施工图设计文件报县级以上人民政府建设行政主管部门或者其他有关部门审查。施工图设计文件审查的具体办法，由国务院建设行政主管部门会同国务院其他有关部门制定。

施工图设计文件未经审查批准的，不得使用。

5. 依法实行工程监理

《建设工程质量管理条例》第十二条规定，实行监理的建设工程，建设单位应当委托具有相应资质等级的工程监理单位进行监理，也可以委托具有工程监理相应资质等级并与被监理工程的施工承包单位没有隶属关系或者其他利害关系的该工程设计单位进行监理。

《建设工程质量管理条例》还规定，下列建设工程必须实行监理：

① 国家重点建设工程；
② 大中型公用事业工程；
③ 成片开发建设的住宅小区工程；
④ 利用外国政府或者国家组织贷款、援助资金的工程；
⑤ 国家规定必须实行监理的其他工程。

6. 依法办理工程质量监督手续

《建设工程质量管理条例》第十三条规定，建设单位在领取施工许可证或者开工报告前，应当按照国家有关规定办理工程质量监督手续。

办理工程质量监督手续是法定程序，不办理质量监督手续的，不予发放施工许可证，工程不得开工。因此，建设单位在领取施工许可证或者开工报告之前，应当依法到建设行政主管部门或铁路、交通、水利等有关管理部门，或者委托的工程质量监督机构办理工程质量监督手续，接受政府主管部门的工程质量监督。

建设单位办理工程质量监督手续，应提供以下文件和资料：

① 工程规划许可证；
② 设计单位资质等级证书；

③ 监理单位资质等级证书，监理合同及《工程项目监理登记表》；
④ 施工单位资质等级证书及营业执照副本；
⑤ 工程勘察设计文件；
⑥ 中标通知书及施工承包合同等。

7. 依法保证建筑材料等符合要求

《建设工程质量管理条例》第十四条规定，按照合同约定，由建设单位采购建筑材料、建筑构配件和设备的，建设单位应当保证建筑材料、建筑构配件和设备符合设计文件和合同要求。

在工程实际中，根据工程项目设计文件和合同要求的质量标准，哪些材料和设备由建设单位采购，哪些材料和设备由施工单位采购，应该在合同中明确约定，并且是谁采购、谁负责。

8. 依法进行装修工程

随意拆改建筑主体结构和承重结构等，会危及建设工程安全和人民生命财产安全。因此，《建设工程质量管理条例》规定，涉及建筑主体和承重结构变动的装修工程，建设单位应当在施工前委托原设计单位或者相应资质等级的设计单位提出设计方案；没有设计方案的，不得施工。房屋建筑使用者在装修过程中，不得擅自变动房屋建筑主体和承重结构。

9. 依法组织竣工验收并移交建设项目档案

《建设工程质量管理条例》第十六条规定，建设单位收到建设工程竣工报告后，应当组织设计、施工、工程监理等有关单位进行竣工验收。

建设工程竣工验收应当具备下列条件：
① 完成建设工程设计和合同约定的各项内容；
② 有完整的技术档案和施工管理资料；
③ 有工程使用的主要建筑材料、建筑构配件和设备的进场试验报告；
④ 有勘察、设计、施工、工程监理等单位分别签署的质量合格文件；
⑤ 有施工单位签署的工程保修书。

规划、消防、环保、节能分项工程竣工验收组织

建设工程经验收合格的，方可交付使用。

《建设工程质量管理条例》第十七条规定，建设单位应当严格按照国家有关档案管理的规定，及时收集、整理建设项目各环节的文件资料，建立、健全建设项目档案，并在建设工程竣工验收后，及时向建设行政主管部门或者其他有关部门移交建设项目档案。

7.2.2 建设单位质量违法行为应承担的法律责任

《建筑法》规定，建设单位违反本法规定，要求建筑设计单位或者建筑施工企业违反建筑工程质量、安全标准，降低工程质量的，责令改正，可以处以罚款；构成犯罪的，依法追究刑事责任。

《建设工程质量管理条例》第五十四条规定，违反本条例规定，建设单位将建设工程发包给不具有相应资质等级的勘察、设计、施工单位或者委托给不具有相应资质等级的工程

监理单位的,责令改正,处 50 万元以上 100 万元以下的罚款。

《建设工程质量管理条例》第五十五条规定:"违反本条例规定,建设单位将建设工程肢解发包的,责令改正,处工程合同价款 0.5%以上 1%以下的罚款;对全部或者部分使用国有资金的项目,并可以暂停项目执行或者暂停资金拨付。"

《建设工程质量管理条例》第五十六规定:"建设单位有下列行为之一的,责令改正,处 20 万元以上 50 万元以下的罚款:

(一)迫使承包方以低于成本的价格竞标的;
(二)任意压缩合理工期的;
(三)明示或者暗示设计单位或者施工单位违反工程建设强制性标准,降低工程质量的;
(四)施工图设计文件未经审查或者审查不合格,擅自施工的;
(五)建设项目必须实行工程监理而未实行工程监理的;
(六)未按照国家规定办理工程质量监督手续的;
(七)明示或者暗示施工单位使用不合格的建筑材料、建筑构配件和设备的;
(八)未按照国家规定将竣工验收报告、有关认可文件或者准许使用文件报送备案的。"

任务 7.3 施工单位的质量责任和义务

案例引入

承包商甲通过招投标获得了某单位家属楼工程施工任务,后经发包单位同意,承包商甲将该家属楼的附属工程分包给杨某负责的工程队,并签订了分包合同。1 年后,工程按期完成。但是,经工程质量监督机构检验发现,该家属楼附属工程存在严重的质量问题。发包单位便要求承包商甲承担责任。承包商甲却称该附属工程系经发包单位同意后分包给杨某负责的工程队,所以与己无关。发包单位又找到分包人杨某,杨某亦以种种理由拒绝承担工程的质量责任。

问题:

承包商甲是否应该对该家属楼附属工程的质量负责?

《建筑法》第五十五条规定,建筑工程实行总承包的,工程质量由工程总承包单位负责,总承包单位将建筑工程分包给其他单位的,应当对分包工程的质量与分包单位承担连带责任。分包单位应当接受总承包单位的质量管理。

同时,分包单位应当接受总承包单位的质量管理。总承包单位与分包单位对分包工程的质量还要依法承担连带责任。当分包工程发生质量问题时,建设单位或其他受害人既可以向分包单位请求赔偿,也可以向总承包单位请求赔偿;进行赔偿的一方,有权依据分包合同的约定,对不属于自己责任的那部分赔偿向对方追偿。

7.3.1 施工单位的质量责任及义务

1. 依法承揽工程

《建设工程质量管理条例》第二十五条规定,施工单位应当依法取得相应等级的资质证书，并在其资质等级许可的范围内承揽工程。

禁止施工单位超越本单位资质等级许可的业务范围或者以其他施工单位的名义承揽工程。禁止施工单位允许其他单位或者个人以本单位的名义承揽工程。施工单位不得转包或者违法分包工程。

2. 建立质量保证体系

《建设工程质量管理条例》第二十六条规定，施工单位对建设工程的施工质量负责。施工单位应当建立质量责任制，确定工程项目的项目经理、技术负责人和施工管理负责人。

建设工程实行总承包的，总承包单位应当对全部建设工程质量负责；建设工程勘察、设计、施工、设备采购的一项或者多项实行总承包的，总承包单位应当对其承包的建设工程或者采购的设备的质量负责。

3. 分包单位的职责

《建设工程质量管理条例》第二十七条规定，总承包单位依法将建设工程分包给其他单位的，分包单位应当按照分包合同的约定对其分包工程的质量向总承包单位负责，总承包单位与分包单位对分包工程的质量承担连带责任。

4. 按图施工，遵守标准

《建设工程质量管理条例》第二十八条规定，施工单位必须按照工程设计图纸和施工技术标准施工，不得擅自修改工程设计，不得偷工减料。施工单位在施工过程中发现设计文件和图纸有差错的，应当及时提出意见和建议。

5. 依法对建筑材料、设备进行检测

《建设工程质量管理条例》第二十九条规定，施工单位必须按照工程设计要求、施工技术标准和合同约定，对建筑材料、建筑构配件、设备和商品混凝土进行检验，检验应当有书面记录和专人签字；未经检验或者检验不合格的，不得使用。

检测机构不得转包检测业务。检测机构应当对其检测数据和检测报告的真实性和准确性负责。检测机构应当将检测过程中发现的建设单位、监理单位、施工单位违反有关法律、法规和工程建设强制性标准的情况，以及涉及结构安全检测结果的不合格情况，及时报告工程所在地建设主管部门。

《建设工程质量管理条例》第三十一条进一步规定，施工人员对涉及结构安全的试块、试件以及有关材料，应当在建设单位或者工程监理单位监督下现场取样，并送具有相应资质等级的质量检测单位进行检测。

建设部《房屋建筑工程和市政基础设施工程实行见证取样和送检的规定》中规定，涉及结构安全的试块、试件和材料见证取样和送检的比例不得低于有关技术标准中规定应取样数量的30%。下列试块、试件和材料必须实施见证取样和送检：
① 用于承重结构的混凝土试块；
② 用于承重墙体的砌筑砂浆试块；
③ 用于承重结构的钢筋及连接接头试件；
④ 用于承重墙的砖和混凝土小型砌块；

⑤ 用于拌制混凝土和砌筑砂浆的水泥；
⑥ 用于承重结构的混凝土中使用的掺加剂；
⑦ 地下、屋面、厕浴间使用的防水材料；
⑧ 国家规定必须实行见证取样和送检的其他试块、试件和材料。

6. 依法对施工质量进行检验

《建设工程质量管理条例》第三十条规定，施工单位必须建立、健全施工质量的检验制度，严格工序管理，作好隐蔽工程的质量检查和记录。隐蔽工程在隐蔽前，施工单位应当通知建设单位和建设工程质量监督机构。

7. 依法对工程进行返修保修

《建设工程质量管理条例》第三十二条规定，施工单位对施工中出现质量问题的建设工程或者竣工验收不合格的建设工程，应当负责返修。

8. 依法建立健全这个教育培训制度

《建设工程质量管理条例》第三十三条规定，施工单位应当建立、健全教育培训制度，加强对职工的教育培训；未经教育培训或者考核不合格的人员，不得上岗作业。

7.3.2 施工单位质量违法行为应承担的法律责任

1. 违反资质管理规定和转包、违法分包行为应承担的法律责任

《建设工程质量管理条例》第六十二条规定："违反本条例，承包单位将承包的工程转包或者违法分包的，责令改正，没收违法所得，"……"对施工单位处工程合同价款 0.5%以上1%以下的罚款；可以责令停业整顿，降低资质等级；情节严重的，吊销资质证书。"

2. 偷工减料违法行为应承担的法律责任

《建设工程质量管理条例》第六十四条规定："违反本条例规定，施工单位在施工中偷工减料的，使用不合格的建筑材料、建筑构配件和设备的，或者有不按照工程设计图纸或者施工技术标准施工的其他行为的，责令改正，处工程合同价款 2%以上 4%以下的罚款；造成建设工程质量不符合规定的质量标准的，负责返工、修理，并赔偿因此造成的损失；情节严重的，责令停业整顿，降低资质等级或者吊销资质证书。"

3. 检验检测违法行为应承担的法律责任

《建设工程质量管理条例》第六十五条规定："违反本条例规定，施工单位未对建筑材料、建筑构配件、设备和商品混凝土进行检验，或者未对涉及结构安全的试块、试件以及有关材料取样检测的，责令改正，并处 10 万元以上 20 万元以下的罚款；情节严重的，责令停业整顿，降低资质等级或者吊销资质证书；造成损失的，依法承担赔偿责任。"

4. 不履行保修义务应承担的法律责任

《建设工程质量管理条例》第六十六条规定："违反本条例规定，施工单位不履行保修义务或者拖延履行保修义务的，责令改正，处 10 万元以上 20 万元以下的罚款，并对在保修期内因质量缺陷造成的损失承担赔偿责任。"

5. 构成犯罪的追究刑事责任

建设、勘察、设计、施工、工程监理单位的工作人员因调动工作、退休等原因离开该单位后,被发现在该单位工作期间违反国家有关建设工程质量管理规定,造成重大工程质量事故的,仍应当依法追究法律责任。

《中华人民共和国刑法》第一百三十七条规定:"建设单位、设计单位、施工单位、工程监理单位违反国家规定,降低工程质量标准,造成重大安全事故的,对直接责任人员处五年以下有期徒刑或者拘役,并处罚金;后果特别严重的,处五年以上十年以下有期徒刑,并处罚金。"

任务 7.4　勘察、设计单位质量管理责任和义务

案例引入

某公司的 7 层办公楼于 2021 年 9 月 20 日倒塌,造成死一人、伤数十人,直接经济损失一千多万的较大事故。经调查、取证和鉴定发现:在技术上,设计单位将承台一律设计成 480 mm 厚,使绝大多数承台受冲切、受剪、受弯,承载力严重不足;大部分柱子下桩基的桩数不够,实际桩数与按规范计算的桩数比较相差 12%~30%;底层多数柱子达不到抗震设计规范规定,实际配筋小于按规范计算需要值,部分柱子配筋明显不足;大梁 L5 悬挑部分断面过小,配筋计算相差近 50%。

问题:
设计单位在设计过程中有何过错?应如何处理?

7.4.1　勘察、设计单位的质量责任和义务

1. 依法承揽工程的勘查、设计

从事建设工程勘察、设计的单位应当依法取得相应等级的资质证书,并在其资质等级许可的范围内承揽工程。禁止勘察、设计单位超越其资质等级许可的范围或者以其他勘察、设计单位的名义承揽工程。禁止勘察、设计单位允许其他单位或者个人以本单位的名义承揽工程。勘察、设计单位不得转包或者违法分包所承揽的工程。

2. 严格执行国家强制性标准

勘察、设计单位必须按照工程建设强制性标准进行勘察、设计,并对其勘察、设计的质量负责。注册建筑师、注册结构工程师等注册执业人员应当在设计文件上签字,对设计文件负责。对于建设单位降低工程强制性标准的要求,勘察设计单位拥有拒绝的权利。

3. 保证勘察设计成果的准确性

勘察是建设工作的基础,是设计、施工的基础资料和重要依据,其真实性和准确性直接影响到施工质量,因此勘察成果必须真实可靠。

设计单位应当根据勘察成果文件进行建设工程设计。设计文件应当符合国家规定的设计深度要求，并注明工程合理使用年限。

4. 合理选择建筑材料、设备及其配件

设计单位在设计文件中选用的建筑材料、建筑构配件和设备，应当注明规格、型号、性能等技术指标，其质量要求必须符合国家规定的标准。在通用产品能够保证工程质量的前提下，设计单位不得故意选择特殊要求的产品，增加业主成本压力，应提倡限额设计。

除有特殊要求的建筑材料、专用设备、工艺生产线等外，设计单位不得指定生产厂家、供应商。

5. 做好设计的技术交底工作和事故调查分析

设计单位应当就审查合格的施工图设计文件向施工单位作出详细说明。在建设单位的主持下，由设计单位向各施工单位(土建施工单位与各设备专业施工单位)进行的交底，主要交代以下几点建筑物的功能与特点、设计意图与要求；施工现场的自然条件，工程地质及水文地质条件等；设计主导思想、建设要求与构思，使用的规范；抗震烈度的确定；基础设计、主体结构设计装修设计、设备设计(设备选型)等；对基础、机构及装修施工的要求；对建材的要求，对使用新材料、新技术、新工艺的要求；施工中应特别注意的事项等；设计单位对监理单位和承包单位提出的施工图纸中的问题的答复。设计单位还应当参与建设工程质量事故分析，并对因设计造成的质量事故，提出相应的技术处理方案。

7.4.2 勘察、设计单位的违法行为应承担的法律责任

按照《建设工程质量管理条例》第六十条规定，勘察、设计单位超越本单位资质等级承揽工程的，责令停止违法行为，对勘察、设计单位或者工程监理单位处合同约定的勘察费、设计费或者监理酬金1倍以上2倍以下的罚款；对施工单位处工程合同价款2%以上4%以下的罚款，可以责令停业整顿，降低资质等级；情节严重的，吊销资质证书；有违法所得的，予以没收。

未取得资质证书承揽工程的，予以取缔，依照前款规定处以罚款；有违法所得的，予以没收。以欺骗手段取得资质证书承揽工程的，吊销资质证书，依照上述条款规定处以罚款；有违法所得的，予以没收。

违反《建设工程质量管理条例》规定，有下列行为之一的，责令改正，并处10万元以上30万元以下的罚款：

① 勘察单位未按照工程建设强制性标准进行勘察的；
② 设计单位未根据勘察成果文件进行工程设计的；
③ 设计单位指定建筑材料、建筑构配件的生产厂、供应商的；
④ 设计单位未按照工程建设强制性标准进行设计的。

有以上所列行为，造成工程质量事故的，责令停业整顿，降低资质等级；情节严重的，吊销资质证书；造成损失的，依法承担赔偿责任。

任务 7.5 监理单位质量管理责任和义务

案例引入

横跨秦淮河的汉中门大桥是南京沟通中心城区和河西新城的重要交通要道,从 2007 年开始,项目总投资约 3 559 万元进行改造,这座大桥还获得了"2009 年南京市市级优秀工程勘察设计奖"二等奖。

2009 年年底,整个大桥共有 55 根栏杆立柱根部出现裂缝,占到这座大桥总栏杆数的一半。其中情况较为严重的南侧,主桥人行道就有 39 根栏杆的立柱根部出现斜裂缝,北侧主桥人行道则有 5 根立柱根部出现斜裂缝。此外,北侧引桥还有 11 根已开裂。桥栏开裂的主要原因在于装配桥栏时没有预留合理的缝隙。设计方案中虽然留有缝隙,但对材质和施工时间的膨胀系数考虑不够;而施工单位在栏杆施工过程中,又没有严格按设计来做,原本设计方案中的某些缝隙,也被忽略了;在整个过程中,监理单位也没有认真履行监理职责。此外,相关管理单位在建设、验收过程中也存在管理不严的问题。

(资料来源:https://lvshi.sogou.com/article/detail/8QPAS9AHIQKO.html)

问题:

在这次南京汉中门大桥栏杆质量问题中,南京某监理单位被罚款 50 万元。那么该监理单位的职责有哪些?

7.5.1 监理单位质量管理责任及义务

1. 依法承揽工程监理业务

《建筑法》第三十四条规定,工程监理单位应当在其资质等级许可的监理范围内,承担工程监理业务。工程监理单位不得转让工程监理业务。

《建设工程质量管理条例》第三十四条进一步规定,工程监理单位应当依法取得相应等级的资质证书,并在其资质等级许可的范围内承担工程监理业务。禁止工程监理单位超越本单位资质等级许可的范围或者以其他工程监理单位的名义承担工程监理业务。禁止工程监理单位允许其他单位或者个人以本单位的名义承担工程监理业务。工程监理单位不得转让工程监理业务。

2. 不得与被监理单位有经济利益关系

《建设工程质量管理条例》第三十五条规定,工程监理单位与被监理工程的施工单位以及建筑材料、建筑构配件和设备供应单位有隶属关系或者其他利害关系的,不得承担该项建设工程的监理业务。

为了保证客观、公正执行监理任务,工程监理单位与上述单位不能有隶属关系或者其他利害关系。如果有这种关系,工程监理单位在接受监理委托前,应当自行回避;对于没有回避而被发现的,建设单位可以依法解除委托关系。

3. 依法实行监理

《建设工程质量管理条例》第三十六条规定,工程监理单位应当依照法律、法规以及有

关技术标准、设计文件和建设工程承包合同，代表建设单位对施工质量实施监理，并对施工质量承担监理责任。

监理单位对施工质量承担监理责任，包括违约责任和违反责任两个方面：

(1) 违约责任。如果监理单位不按照监理合同约定履行监理义务，给建设单位或者其他单位造成损失的，应当承担相应的赔偿责任。

(2) 违法责任。如果监理单位违法监理，或者降低工程质量标准，造成质量事故的，要承担相应的法律责任。

7.5.2 监理单位违法行为应承担的法律责任

《建筑法》第六十九规定，工程监理单位与建设单位或者建筑施工企业串通，弄虚作假、降低工程质量的，责令改正，处以罚款，降低资质等级或者吊销资质证书；有违法所得的，予以没收；造成损失的，承担连带赔偿责任；构成犯罪的，依法追究刑事责任。

《建设工程质量管理条例》第六十七条规定，工程监理单位有下列行为之一的，责令改正，并处50万元以上100万元以下的罚款，降低资质等级或者吊销资质证书；有违法所得的，予以没收；造成损失的，承担连带赔偿责任：

① 与建设单位或者建筑施工企业串通，弄虚作假、降低工程质量的；

② 将不合格的建设工程、建筑材料、建筑构配件和设备按照合格签字的。

任务7.6 建设工程质量保修制度

案例引入

2019年，某建筑公司甲与A市某公司乙就某商业大厦的建设签订总承包合同，并由某境外建筑设计公司承担建设设计和施工管理工作。

2020年11月，在该商业大厦完工后验收时，虽然该工程通过了当地质量监督部门的验收，但发包人发现多项缺陷部位和需整改项目，因此，没有直接核发竣工证明，而是要求承包商予以修缮和尽快完工。

此后，2021年3月12日，建筑设计公司才向承包商发出"实际竣工证明书"，确认实际竣工日期是2020年11月16日，保修期为1年，至2021年11月15日止。同时指出，未完善的项目应按期进行修缮，未调试的系统自系统通过测试之日起计算保修期。

2021年5月，发包人和承包人达成最终结算书，确认工程总价款，发包人未按期履约。

2021年12月20日，承包人以欠付工程款为由向法院起诉，发包人则以承包人质量缺陷造成的违约损失、租金损失、修复工作的费用以及其他费用提出反诉。本案起诉中的工程欠款，在司法鉴定后双方质证没有什么分歧，但是对本案的反诉则存在较大的争议。

问题：

(1) 本案工程约定的保修期是否有效？

(2) 保修期内所发生的质量缺陷的责任如何承担？

(3) 保修期届满后对于质量缺陷责任如何承担？

7.6.1 质量保修书和最低保修期限的规定

1. 建设工程质量保修书

《建设工程质量管理条例》第三十九条规定,建设工程承包单位在向建设单位提交工程竣工验收报告时,应当向建设单位出具质量保修书。质量保修书中应当明确建设工程的保修范围、保修期限和保修责任等。

建设工程质量的保修(微课)

施工单位在建设工程质量保修书中,应当对建设单位合理使用建设工程有所提示。如果是因建设单位或用户使用不当或擅自改动结构、设备位置以及不当装修等造成质量问题的,施工单位不承担保修责任;由此而造成的质量受损或其他用户损失,应当由责任人承担相应的责任。

2. 建设工程质量的最低保修期限

《建设工程质量管理条例》第四十条规定:"在正常使用条件下,建设工程的最低保修期限为:

(一)基础设施工程、房屋建筑的地基基础工程和主体结构工程,为设计文件规定的该工程的合理使用年限;

(二)屋面防水工程、有防水要求的卫生间、房间和外墙面的防渗漏,为5年;

(三)供热与供冷系统,为2个采暖期、供冷期;

(四)电气管线、给排水管道、设备安装和装修工程,为2年。

其他项目的保修期限由发包方与承包方约定。

建设工程的保修期自竣工验收合格之日起计算。"

实际竣工日期和竣工验收合格之日的区别

《建设工程质量管理条例》第四十二条规定,建设工程在超过合理使用年限后需要继续使用的,产权所有人应当委托具有相应资质等级的勘察、设计单位鉴定,并根据鉴定结果采取加固、维修等措施,重新界定使用期。

7.6.2 质量责任的损失赔偿

《建设工程质量管理条例》第四十一条规定,建设工程在保修范围和保修期限内发生质量问题的,施工单位应当履行保修义务,并对造成的损失承担赔偿责任。

1. 保修义务的责任落实与损失赔偿责任的承担

《最高人民法院关于审理建设工程施工合同纠纷案件适用法律问题的解释(一)》第十八条规定,因保修人未及时履行保修义务,导致建筑物损毁或者造成人身、财产损害的,保修人应当承担赔偿责任。保修人与建筑物所有人或者发包人对建筑物毁损均有过错的,各自承担相应的责任。

建设工程保修的质量问题是指在保修范围和保修期限内的质量问题。对于保修义务的承担和维修的经济责任承担应当按下述原则处理。

(1) 施工单位未按照国家有关标准规范和设计要求施工所造成的质量缺陷,由施工单

位负责返修并承担经济责任。

(2) 由于设计问题造成的质量缺陷，先由施工单位负责维修，其经济责任按有关规定通过建设单位向设计单位索赔。

(3) 因建筑材料、构配件和设备质量不合格引起的质量缺陷，先由施工单位负责维修，其经济责任属于施工单位采购的或经其验收同意的，由施工单位承担经济责任；属于建设单位采购的，由建设单位承担经济责任。

(4) 因建设单位(含监理单位)错误管理而造成的质量缺陷，先由施工单位负责维修，其经济责任由建设单位承担；如属监理单位责任，则由建设单位向监理单位索赔。

(5) 因使用单位使用不当造成的损坏问题，先由施工单位负责维修，其经济责任由使用单位自行负责。

(6) 因地震、台风、洪水等自然灾害或其他不可抗拒原因造成的损坏问题，先由施工单位负责维修，建设参与各方再根据国家具体政策分担经济责任。

2. 建设工程质量保证金

2005年，建设部(现为住房和城乡建设部)、财政部《建设工程质量保证金管理暂行办法》规定，建设工程质量保证金(保修金)(以下简称保证金)是指发包人与承包人在建设工程承包合同中约定，从应付的工程款中预留，用以保证承包人在缺陷责任期内对建设工程出现的缺陷进行维修的资金。

(1) 缺陷责任期的确定。所谓缺陷，是指建设工程质量不符合工程建设强制性标准、设计文件，以及承包合同的约定。缺陷责任期一般为6个月、12个月或24个月，具体可由发承包双方在合同中约定。

缺陷责任期从工程通过竣(交)工验收之日起计。由于承包人原因导致工程无法按规定期限进行竣(交)工验收的，缺陷责任期从实际通过竣(交)工验收之日起计。由于发包人原因导致工程无法按规定期限进行竣(交)工验收的，在承包人提交竣(交)工验收报告90天后，工程自动进入缺陷责任期。

(2) 预留保证金的比例。全部或者部分使用政府投资的建设项目，按工程价款结算总额5%左右的比例预留保证金。社会投资项目采用预留保证金方式的，预留保证金的比例可参照执行。

缺陷责任期内，由承包人原因造成的缺陷，承包人应负责维修，并承担鉴定及维修费用。如承包人不维修也不承担费用，发包人可按合同约定扣除保证金，并由承包人承担违约责任。承包人维修并承担相应费用后，不免除对工程的一般损失赔偿责任。由他人原因造成的缺陷，发包人负责组织维修，承包人不承担费用，且发包人不得从保证金中扣除费用。

(3) 质量保证金的返还。缺陷责任期内，承包人认真履行合同约定的责任，到期后，承包人向发包人申请返还保证金。

发包人在接到承包人返还保证金申请后，应于14日内会同承包人按照合同约定的内容进行核实。如无异议，发包人应当在核实后14日内将保证金返还给承包人，逾期支付的，从逾期之日起，按照同期银行贷款利率计付利息，并承担违约责任。发包人在接到承包人返还保证金申请后14日内不予答复，经催告后14日内仍不予答复，视同认可承包人的返还保证金申请。

发包人和承包人对保证金预留、返还以及工程维修质量、费用有争议的，按承包合同约定的争议和纠纷解决程序处理。

7.6.3 违法行为应承担的法律责任

建设工程质量保修违法行为应承担的主要法律责任如下：

《建筑法》第七十五条规定，建筑施工企业违反本法规定，不履行保修义务的责令改正，可以处以罚款，并对在保修期内因屋顶、墙面渗漏、开裂等质量缺陷造成的损失，承担赔偿责任。

《建设工程质量管理条例》第六十六条规定，施工单位不履行保修义务或者拖延履行保修义务的责令改正，处 10 万元以上 20 万元以下的罚款，并对在保修期内因质量缺陷造成的损失承担赔偿责任。

《建设工程质量保证金管理暂行办法》规定，缺陷责任期内，由承包人原因造成的缺陷，承包人应负责维修，并承担鉴定及维修费用。如承包人不维修也不承担费用，发包人可按合同约定扣除保证金，并由承包人承担违约责任。承包人维修并承担相应费用后，不免除对工程的一般损失赔偿责任。

《建筑业企业资质管理规定》规定，建筑业企业申请晋升资质等级或者主项资质以外的资质，在申请之日前 1 年内有未履行保修义务，造成严重后果的情形的，建设行政主管部门不予批准。

素质提升

项目 8　解决建设工程纠纷的相关法律制度

学习目标

(1) 掌握建设工程纠纷的主要种类和法律解决途径。
(2) 了解民事诉讼的法院管辖和民事诉讼当事人与代理人相关规定。
(3) 掌握民事诉讼时效的规定。
(4) 了解仲裁协议的相关规定。
(5) 了解仲裁的开庭与裁决。

思政课堂

甲公司(发包方)与乙公司(承包方)在某项目的基坑支护工程竣工结算时,双方对部分工程"预应力锚索"工程量产生争议,乙公司诉至法院。

甲公司主张,2018 年 7 月 22 日由三方签字盖章确认的"××工程已完工程量"中记载,预应力锚索工程量为 10 150 m,并以此为结算依据。

乙公司认可该工程量完成表的真实性,否认该表的完整性。同时,另提交了一份 2018 年 7 月 15 日由三方签字盖章确认的"××工程已完工程量表",该表中也记载了部分工程量,乙公司完成的工程量应为二张工程量表中记载的工程量之和。甲公司则辩称乙公司提供的表格系分表,"7 月 22 日工程量表"系总表,后者系三方对最终工程量的确认。

一审采信甲公司的辩解,以"7 月 22 日工程量表"完成时间在后,系总表为由,据此判令甲公司向乙公司支付该部分工程款二百余万元。

乙公司对一审判决不服,以实际工程量应为两张工程量表记载的工程量之和为由提起上诉。

二审查明,乙公司表格中关于预应力锚索的记载是"1、南侧第二道锚索完成工程量 2016 m;2、西侧第二道锚索完成数 280 m;3、东侧第三道(-9.40 m)锚索完成数 2016 m"。甲公司表格中关于预应力锚索的记载是"西、北、南侧第一道、东侧第一道、第二道锚索工程量 10 150 m",二者记载的工程范围名称并不重合。庭审中甲公司不能当庭确认两张表格中记载的重合内容,据此,二审认定两份工程量表中确认的工程量不存在重合。据此,二审判定乙公司上诉理由成立,并改判。

请就以上消息思考:

读完案例后你有什么看法?谈谈这对你今后学习、工作有什么帮助,并将你的想法写入空白处。

任务 8.1 建设工程纠纷的主要种类和法律解决途径

案例引入

某建筑公司诉某开发公司施工合同纠纷一案,法院终审判决开发公司应在第一年 11 月 12 日前一次性支付所欠工程款 300 万元,建筑公司胜诉。但开发公司没有在规定的履行期限内支付欠款。第三年 9 月,建筑公司的领导要求公司有关人员向法院申请强制执行时,有关人员汇报说,公司现在才申请强制执行,已超过规定的 6 个月申请强制执行期限,法院不会再受理了,只能与开发公司协商解决。

问题:

建筑公司有关人员的说法是否正确?该公司还能否对开发公司的欠款向法院申请强制执行?

所谓法律纠纷,是指公民、法人、其他组织之间因人身、财产或其他法律关系所发生的对抗冲突(或者争议),主要包括民事纠纷、行政纠纷、刑事纠纷。在建设工程领域里常见的是民事纠纷和行政纠纷。

8.1.1 建设工程纠纷的主要种类

1. 建设工程民事纠纷掌握

民事纠纷和行政纠纷的区分

建设工程民事纠纷,是在建设工程活动中平等主体之间发生的以民事权利义务法律关系为内容的争议。民事纠纷可分为两大类:一类是财产关系方面的民事纠纷,如合同纠纷等;另一类是人身关系的民事纠纷,如名誉权纠纷、继承权纠纷等。

民事纠纷有以下几个特点。

① 民事纠纷主体之间的法律地位平等;
② 民事纠纷的内容是对民事权利义务的争议;
③ 民事纠纷的可处分性。

在建设工程领域,较为普遍和重要的民事纠纷主要是合同纠纷、侵权纠纷。

合同纠纷,是指因合同的生效、解释、履行、变更、终止等行为而引起的合同当事人之间的所有争议。合同纠纷的范围涵盖了一项合同从成立到终止的整个过程。在建设工程领域,合同纠纷主要有工程咨询合同纠纷、工程总承包合同纠纷、工程勘察合同纠纷、工程设计合同纠纷、工程施工合同纠纷、工程监理合同纠纷、工程分包合同纠纷、材料设备采购合同纠纷以及劳动合同纠纷等。

侵权纠纷,是指因侵害民事权益而产生的纠纷。在建设工程领域也易发生侵权纠纷,如施工单位在施工中未采取相应防范措施造成对他方损害而产生的侵权纠纷,未经许可使用他方的专利、工法等而造成的知识产权侵权纠纷等。

发包人和承包人就有关工期、质量、造价等产生的建设工程合同争议,是建设工程领域最常见的民事纠纷。

项目 8　解决建设工程纠纷的相关法律制度

2. 建设工程行政纠纷

建设工程行政纠纷，是在建设工程活动中行政机关之间或行政机关同公民、法人和其他组织之间由于行政行为而引起的纠纷，包括行政争议和行政案件。

行政机关的行政行为具有以下特征：
① 行政行为是执行法律的行为；
② 行政行为具有一定的裁量性；
③ 单方意志性；
④ 行政行为是以国家强制力保障实施的，带有强制性；
⑤ 行政行为以无偿为原则，以有偿为例外。

在建设工程领域，易引发行政纠纷的具体行政行为主要有以下几种：
① 行政许可；
② 行政处罚；
③ 行政奖励；
④ 行政裁决。

8.1.2　民事纠纷的法律解决途径

民事纠纷的法律解决途径主要有四种：和解、调解、仲裁、诉讼。当事人可以通过和解或者调解解决民事争议。当事人不愿和解、调解或者和解、调解不成的，可以根据仲裁协议向仲裁机构申请仲裁。当事人没有订立仲裁协议或者仲裁协议无效的，可以向人民法院提起诉讼。当事人应当履行发生法律效力的判决书、仲裁裁决书、调解书；拒不履行的，对方可以请求人民法院强制执行。

1. 和解

和解是民事纠纷的当事人在自愿互谅的基础上，就已经发生的争议进行协商、妥协与让步并达成协议，自行(无第三方参与劝说)解决争议的一种方式。

和解可以在民事纠纷的任何阶段进行。和解达成的协议不具有强制执行力，在性质上仍属于当事人之间的约定。如果一方当事人不按照和解协议执行，另一方当事人不可以请求法院强制执行，但可要求对方就不执行该和解协议承担违约责任。

2. 调解

调解是指双方当事人以外的第三方，应纠纷当事人的请求，以国家法律、法规和政策以及社会公德为依据，对纠纷双方进行疏导、劝说，促使他们相互谅解，进行协商，自愿达成协议，解决纠纷的活动。

我国调解方式主要是人民调解、行政调解、仲裁调解、司法调解、行业调解以及专业机构调解。

3. 仲裁

仲裁是指当事人在纠纷发生之前或发生之后，签订书面协议，自愿将纠纷提交双方所同意的第三方(仲裁机构)予以裁决，以解决纠纷的一种方式。

仲裁协议有两种形式：一种是在争议发生之前订立的，它通常作为合同中的一项仲裁条款出现；另一种是在争议之后订立的，它是把已经发生的争议提交给仲裁的协议。这两种形式的仲裁协议，其法律效力是相同的。

根据2017年9月修改后的《中华人民共和国仲裁法》（以下简称《仲裁法》）规定，该法的调整范围仅限于民事仲裁，即"平等主体的公民、法人和其他组织之间发生的合同纠纷和其他财产权纠纷"；劳动争议仲裁等不受《仲裁法》的调整，依法应当由行政机关处理的行政争议等不能仲裁。

仲裁的基本特点如下：
① 自愿性；
② 专业性；
③ 独立性；
④ 保密性；
⑤ 快捷性；
⑥ 裁决在国际上得到承认和执行。

4. 诉讼

民事诉讼，是指人民法院在当事人和其他诉讼参与人的参加下，以审理、裁判、执行等方式解决民事纠纷的活动，以及由此产生的各种诉讼关系的总和。

诉讼参与人包括原告、被告、第三人、证人、鉴定人、勘验人等。

民事诉讼的基本特征如下：
① 公权性；
② 程序性；
③ 强制性。

5. 行政纠纷的法律解决途径

行政纠纷的法律解决途径主要有两种，即行政复议和行政诉讼。

(1) 行政复议。行政复议是公民、法人或其他组织认为行政机关的具体行政行为侵犯其合法权益，依法请求法定的行政复议机关审查该具体行政行为的合法性、适当性，该复议机关依照法定程序对该具体行政行为进行审查，并作出行政复议决定的法律制度。

(2) 行政诉讼。行政诉讼是公民、法人或其他组织依法请求法院对行政机关行政行为的合法性进行审查并依法裁判的法律制度。2017年6月经修改后公布的《中华人民共和国行政诉讼法》（以下简称《行政诉讼法》）规定，公民、法人或者其他组织认为行政机关和行政机关工作人员的行政行为侵犯其合法权益，有权依照本法向人民法院提起诉讼。

任务8.2　民事诉讼制度

案例引入

A省的运输个体户赵某由B省的甲县运3吨混凝土外加剂到丙县，途经B省的甲、乙、丙三县交界处时，混凝土外加剂外溢，污染了甲县王某、乙县李某和丙县张某的稻田，造成禾苗枯死。受害村民要求赔偿，但由于赔偿数额争议较大，未能达成协议。为此，甲县的王某首先向甲县人民法院提起诉讼。甲县人民法院受理后，认为该案应由被告所在地人民法院管辖，于是将案件移送到赵某所在地的基层人民法院。与此同时，村民李某、张某也分别向自己所在地的基层人民法院提起诉讼，要求赔偿损失。乙县和丙县人民法院都认为对该案有管辖权，与 A 省赵某住所地的基层人民法院就管辖问题发生争议，协商不成，A 省赵某住所地的基层法院即向 A 省某中级人民法院报请指定管辖。

问题：
(1) 哪个法院对此案有管辖权？
(2) 甲县人民法院的移送是否正确？
(3) A 省基层人民法院报请指定管辖是否正确？

8.2.1 民事诉讼的法院管辖

民事诉讼中的管辖是指各级法院之间和同级法院之间受理第一审民事案件的分工和权限。

各级人民法院的管辖范围

1. 级别管辖

级别管辖是指按照一定的标准，划分上下级法院之间受理第一审民事案件的分工和权限。我国法院有四级，分别是：基层人民法院、中级人民法院、高级人民法院和最高人民法院，每一级均受理一审民事案件。我国《民事诉讼法》主要根据案件的性质、复杂程度和案件影响来确定级别管辖。在实践中，争议标的金额的大小，往往是确定级别管辖的重要依据，但各地人民法院确定的级别管辖争议标的数额标准不尽相同。

中级人民法院管辖的第一审民商事案件由高级人民法院自行确定，并经最高人民法院批准。

2. 地域管辖

地域管辖是指按照各法院的辖区和民事案件的隶属关系，划分同级法院受理第一审民事案件的分工和权限。地域管辖实际上是以法院与当事人、诉讼标的以及法律事实之间的隶属关系和关联关系来确定的，主要包括如下几种情况：

(1) 一般地域管辖。一般地域管辖，是以当事人与法院的隶属关系来确定诉讼管辖，通常实行"原告就被告"原则，即以被告住所地作为确定管辖的标准。

(2) 特殊地域管辖。特殊地域管辖，是指以被告住所地、诉讼标的所在地、法律事实所在地为标准确定的管辖。我国《民事诉讼法》规定了 9 种特殊地域管辖的诉讼，其中与工程建设领域关系最为密切的是因合同纠纷提起的诉讼。

《民事诉讼法》规定如下："因合同纠纷提起的诉讼，由被告住所地或者合同履行地人民法院管辖。"

合同履行地是指合同约定的履行义务的地点，主要是指合同标的的交付地点。合同履行地应当在合同中明确约定，没有约定或约定不明的，当事人既不能协商确定，又不能按照合同有关条款和交易习惯确定的，按照《民法典》第五百一十一条的有关规定确定，即"履行地点不明确，给付货币的，在接受货币一方所在地履行；交付不动产的，在不动产所在地履行；其他标的，在履行义务一方所在地履行"。对于建设工程施工合同纠纷，2004年10月发布的《最高人民法院关于审理建设工程施工合同纠纷案件适用法律问题的解释》中规定："建设工程施工合同纠纷以施工行为地为合同履行地。"

(3) 专属管辖。专属管辖，是指法律规定某些特殊类型的案件专门由特定的法院管辖。专属管辖是排他性管辖，排除了诉讼当事人协议选择管辖法院的权利。专属管辖与一般地域管辖和特殊地域的关系是：凡法律规定为专属管辖的诉讼，均适用专属管辖。

《民事诉讼法》中规定了三种适用专属管辖的案件，其中因不动产纠纷提起的诉讼，由不动产所在地人民法院管辖，如房屋买卖纠纷、土地使用权转让纠纷等。应当注意的是，按照《最高人民法院关于审理建设工程施工合同纠纷案件适用法律问题的解释》，建设工程施工合同纠纷不适用专属管辖，而应当依照《民事诉讼法》规定，适用合同纠纷的地域管辖原则，即由被告住所地或合同履行地人民法院管辖。发包人和承包人也可根据《民事诉讼法》的规定，在发包人住所地、承包人住所地、合同签订地、施工行为地(工程所在地)的范围内，通过协议确定管辖法院。

3. 移送管辖和指定管辖

(1) 移送管辖。人民法院发现受理的案件不属于本院管辖的，应当移送有管辖权的人民法院，受移送的人民法院应当受理。受移送的人民法院认为受移送的案件依照规定不属于本院管辖的，应当报请上级人民法院指定管辖，不得再自行移送。

民事诉讼管辖级别的区别

(2) 指定管辖。有管辖权的人民法院由于特殊原因，不能行使管辖权的，由上级人民法院指定管辖。人民法院之间因管辖权发生争议，由争议双方协商解决；协商解决不了的，报请其共同上级人民法院指定管辖。

4. 管辖权异议

管辖权异议是指当事人向受诉法院提出的该法院对案件无管辖权的主张。《民事诉讼法》规定，人民法院受理案件后，当事人对管辖权有异议的，应当在提交答辩状期间提出。人民法院对当事人提出的异议，应当审查。异议成立的，裁定将案件移交有管辖权的人民法院；异议不成立的，裁定驳回。

8.2.2 民事诉讼当事人和代理人的规定

1. 当事人

民事诉讼中的当事人，是指因民事权利和义务发生争议，以自己的名义进行诉讼，请求人民法院进行裁判的公民、法人或其他组织。狭义的民事诉讼当事人包括原告和被告。广义的民事诉讼当事人包括原告、被告、共同诉讼人和第三人。

(1) 原告和被告。原告是指维护自己的权益或自己所管理的他人权益，以自己名义起诉，从而引起民事诉讼程序的当事人。被告，是指原告诉称侵犯原告民事权益而由法院通知其应诉的当事人。

(2) 共同诉讼人。共同诉讼人是指当事人一方或双方为2人以上(含2人)，诉讼标的是共同的，或者诉讼标的是同一种类、人民法院认为可以合并审理并经当事人同意，一同在人民法院进行诉讼的人。

(3) 第三人。第三人，是指对他人争议的诉讼标的有独立的请求权，或者虽无独立的请求权，但案件的处理结果与其有法律上的利害关系，而参加到原告、被告已经开始的诉讼中进行诉讼的人。

2. 诉讼代理人

诉讼代理人，是指根据法律规定或当事人的委托，代理当事人进行民事诉讼活动的人。

诉讼代理人可分为法定诉讼代理人、委托诉讼代理人和指定诉讼代理人。在建设工程领域，最常见的是委托诉讼代理人。

《民事诉讼法》第五十八条规定，当事人、法定代理人可以委托一至二人作为诉讼代理人。律师、当事人的近亲属、有关的社会团体或者所在单位推荐的人、经人民法院许可的其他公民，都可以被委托为诉讼代理人。

《民事诉讼法》第五十九条规定，委托他人代为诉讼的，须向人民法院提交由委托人签名或盖章的授权委托书，授权委托书必须记明委托事项和权限。

针对实践中经常出现的授权委托书仅写"全权代理"而无具体授权的情形，最高人民法院还特别规定，在这种情况下不能认定为诉讼代理人已获得特别授权，即诉讼代理人无权代为承认、放弃、变更诉讼请求，进行和解、提起反诉或者上诉。

8.2.3 民事诉讼时效的规定

1. 诉讼时效的概念

诉讼时效是指权利人在法定的时效期间内，未向法院提起诉讼请求保护其权利时，依据法律规定消灭其胜诉权的制度。

当事人未提出诉讼时效抗辩，法院不应对诉讼时效问题进行释明及主动适用诉讼时效的规定进行裁判。当事人违反法律规定，约定延长或者缩短诉讼时效期间、预先放弃诉讼时效利益的，法院不予认可。

2. 不适用于诉讼时效的情形

当事人可以对债权请求权提出诉讼时效抗辩，但对下列债权请求权提出诉讼时效抗辩的，法院不予支持：

① 支付存款本金及利息请求权；
② 兑付国债、金融债券以及向不特定对象发行的企业债券本息请求权；
③ 基于投资关系产生的缴付出资请求权；
④ 其他依法不适用诉讼时效规定的债权请求权。

3. 诉讼时效期间的种类

根据我国《民法典》及有关法律的规定，诉讼时效期间通常可划分为以下四类。

(1) 普通诉讼时效，普通诉讼时效期间通常为 3 年。

(2) 短期诉讼时效。身体受到伤害要求赔偿的、延付或拒付租金的、出售质量不合格的商品未声明的、寄存财物被丢失或损毁的诉讼时效期间为 1 年。

(3) 特殊诉讼时效。特殊诉讼时效不是由民法规定的，而是由特别法规定的诉讼时效。

例如，因国际货物买卖合同和技术进出口合同争议的有效期间为4年。

(4) 权利的最长保护期限。诉讼时效期间从知道或应当知道权利被侵害时起计算。但是，从权利被侵害之日起超过20年的，法院不予保护。

4. 诉讼时效期间的起算

《民法典》规定，诉讼时效期间自权利人知道或者应当知道权利受到损害以及义务人之日起计算。

当事人约定同一债务分期履行的，诉讼时效期间自最后一期履行期限届满之日起计算。

5. 诉讼时效中止和中断

(1) 诉讼时效中止。《民法典》规定，在诉讼时效期间的最后6个月内，因不可抗力或者其他障碍不能行使请求权的，诉讼时效中止。从中止时效的原因消除之日起，诉讼时效期间继续计算。

根据上述规定，诉讼时效中止，应当同时满足两个条件：
① 权利人由于不可抗力或者其他障碍，不能行使请求权；
② 导致权利人不能行使请求权的事由发生在诉讼时效期间的最后6个月内。

诉讼时效中止，即诉讼时效期间暂时停止计算。在导致诉讼时效中止的原因消除后，也就是权利人开始可以行使请求权时起，诉讼时效期间继续计算。

(2) 诉讼时效中断。《民法典》规定，有下列情形之一的，诉讼时效中断，从中断、有关程序终结时起，诉讼时效期间重新计算：
① 权利人向义务人提出履行请求；
② 义务人同意履行义务；
③ 权利人提起诉讼或者申请仲裁；
④ 与提起诉讼或者申请仲裁具有同等效力的其他情形。

8.2.4 民事诉讼的执行程序

1. 执行程序的概念

执行程序，是指人民法院的执行机构依照法定的程序，对发生法律效力并具有给付内容的法律文书，以国家强制力为后盾，依法采取强制措施，迫使具有给付义务的当事人履行其给付义务的行为。

2. 执行根据

执行根据是当事人申请执行，人民法院移交执行以及人民法院采取强制措施的依据。
执行根据主要有以下几种。
(1) 人民法院制作的发生法律效力的民事判决书、裁定书以及生效的调解书等。
(2) 人民法院作出的具有财产给付内容的发生法律效力的刑事判决书、裁定书。
(3) 仲裁机构制作的依法由人民法院执行的生效仲裁裁决书、仲裁调解书。
(4) 公证机关依法作出的赋予强制执行效力的公证债权文书。
(5) 人民法院作出的先予执行的裁定、执行回转的裁定以及承认并协助执行外国判决、裁定或裁决的裁定。

(6) 我国行政机关作出的法律明确规定由人民法院执行的行政决定。

3. 执行案件的管辖

发生法律效力的民事判决、裁定，以及刑事判决、裁定中的财产部分，由第一审人民法院或者与第一审人民法院同级的被执行的财产所在地人民法院执行。

4. 执行程序

(1) 申请。人民法院作出的判决、裁定等法律文书，当事人必须履行。如果无故不履行，另一方当事人可向有管辖权的人民法院申请强制执行。申请强制执行应提交申请强制执行书，申请执行的期间为两年。

(2) 执行。提交执行的案件有三类：具有给付或者履行内容的生效民事判决、裁定(包括先予执行的抚恤金、医疗费用等)；具有财产执行内容的刑事判决书、裁定书；审判人员认为涉及国家、集体或公民重大利益的案件。

(3) 向上级人民法院申请执行。人民法院自收到申请执行书之日起超过6个月未执行的，申请执行人可以向上一级人民法院申请执行。

5. 执行措施

执行措施是指人民法院依照程序强制执行生效法律文书的方法和手段。常见的执行措施主要有以下几种。

(1) 查封、冻结、划拨被执行人的存款。

(2) 扣留、提取被执行人的收入。

(3) 查封、扣押、拍卖、变卖被执行人的财产。

(4) 对被执行人及其住所或财产隐匿地进行搜查。

(5) 强制被执行人和有关单位、公民交付法律文书指定的财物或票证。

(6) 强制被执行人迁出房屋或退出土地。

(7) 强制被执行人履行法律文书指定的行为。

(8) 办理财产权证照转移手续。

(9) 强制被执行人支付迟延履行期间的债务利息或迟延履行金。

(10) 依申请执行人申请，通知对被执行人负有到期债务的第三人向申请执行人履行债务。

6. 执行中止和终结

(1) 执行中止。执行中止是指在执行过程中，因发生特殊情况，需要暂时停止执行程序。有下列情况之一的，人民法院应裁定中止执行：

① 申请人表示可以延期执行的；

② 案外人对执行标的提出确有理由异议的；

③ 作为一方当事人的公民死亡，需要等待继承人继承权利或承担义务的；

④ 作为一方当事人的法人或其他组织终止，尚未确定权利义务承受人的；

⑤ 人民法院认为应当中止执行的其他情形，如被执行人确无财产可供执行等。

中止的情形消失后，恢复执行。

(2) 执行终结。在执行过程中，由于出现某些特殊情况，执行工作无法继续进行或没有必要继续进行的，结束执行程序。有下列情况之一的，人民法院应当裁定终结执行：

① 申请人撤销申请的；
② 据以执行的法律文书被撤销的；
③ 为被执行人的公民死亡，无遗产可供执行，又无义务承担人的；
④ 追索赡养费、扶养费、抚育费案件的权利人死亡的；
⑤ 作为被执行人的公民因生活困难无力偿还借款，无收入来源，又丧失劳动能力的；
⑥ 人民法院认为应当终结执行的其他情形。

任务 8.3 仲裁制度

案例引入

甲公司与乙公司签订了一份买卖钢材的合同。双方在合同中约定：如果发生纠纷，应提交仲裁委员会仲裁。后来乙公司作为买方提货时发现甲公司提供的钢筋有严重的质量问题，于是向甲公司提出赔偿损失的要求，甲公司不同意，双方协商未果。乙公司遂向仲裁委员会申请仲裁，提出申请的时间为 8 月 25 日，仲裁委员会于 8 月 28 日受理此案，并决定由 3 名仲裁员组成仲裁庭。甲、乙公司分别选定了一名仲裁员。乙公司作为申请方又委托仲裁委员会主任指定了首席仲裁员。乙公司所选的仲裁员恰好是乙公司上级单位的常年法律顾问。此三名仲裁员公开对此案进行了审理。当事人当庭达成了和解协议，仲裁庭依和解协议制作了仲裁调解书，此案圆满结束。

问题：

仲裁委员会在程序上有无不当之处？请指出并说明理由。

仲裁有以下三项基本制度。

1. 协议仲裁制度

《仲裁法》第四条规定，当事人采用仲裁方法解决纠纷，应当双方自愿，达成仲裁协议。没有仲裁协议，一方申请仲裁的，仲裁委员会不予受理。

2. 或裁或审制度

仲裁和诉讼是两种不同的争议解决方式，当事人只能选择其中一种。《仲裁法》第五条规定，当事人达成仲裁协议，一方向人民法院起诉的，人民法院不予受理，但仲裁协议无效的除外。

3. 一裁终局制度

《仲裁法》第九条规定，仲裁实行一裁终局的制度。裁决作出后，当事人就同一纠纷再申请仲裁或者向人民法院起诉的，仲裁委员会或者人民法院不予受理。

8.3.1 仲裁协议的规定

1. 仲裁协议的形式

仲裁协议是指当事人自愿将已经发生或者可能发生的争议通过仲裁解决的书面协议。

《仲裁法》第十六条规定，仲裁协议包括合同中订立的仲裁条款和以其他书面方法在纠纷发生前或者纠纷发生后达成的请求仲裁的协议。

2. 仲裁协议的内容

《仲裁法》第十六条规定，仲裁协议应当具有下列内容：
① 请求仲裁的意思表示；
② 仲裁事项；
③ 选定的仲裁委员会。

《仲裁法》第十七条规定，有下列情形之一的，仲裁协议无效：
① 约定的仲裁事项超出法律规定的仲裁范围的；
② 无民事行为能力人或者限制民事行为能力人订立的仲裁协议；
③ 一方采取胁迫手段，迫使对方订立仲裁协议的。

《仲裁法》第十八条进一步规定，仲裁协议对仲裁事项或者仲裁委员会没有约定或者约定不明确的，当事人可以补充协议；达不成补充协议的，仲裁协议无效。

3. 仲裁协议的效力

（1）对当事人的法律效力。仲裁协议一经有效成立，即对当事人产生法律约束力。发生纠纷后，当事人只能向仲裁协议中所约定的仲裁机构申请仲裁，而不能就该纠纷向法院提起诉讼。

（2）对法院的约束力。有效的仲裁协议排除法院的司法管辖权。《仲裁法》规定，当事人达成仲裁协议，一方向人民法院起诉未声明有仲裁协议，人民法院受理后，另一方在首次开庭前提交仲裁协议的，人民法院应当驳回起诉，但仲裁协议无效的除外。

（3）对仲裁机构的法律效力。仲裁协议是仲裁委员会受理仲裁案件的基础，是仲裁庭审理和裁决案件的依据。没有有效的仲裁协议，仲裁委员会就不能获得仲裁案件的管辖权。同时，仲裁委员会只能对当事人在仲裁协议中约定的争议事项进行仲裁，对超出仲裁协议约定范围的其他争议无权仲裁。

（4）仲裁协议的独立。仲裁协议独立存在，合同的变更、解除、终止或者无效，不影响仲裁协议的效力。

8.3.2 仲裁的开庭与裁决

1. 仲裁庭的组成

仲裁庭的组成形式包括合议仲裁庭和独任仲裁庭两种，即仲裁庭可以由 3 名仲裁员或者 1 名仲裁员组成。

(1) 合议仲裁庭。当事人约定由 3 名仲裁员组成仲裁庭的，应当各自选定或者各自委托仲裁委员会主任指定 1 名仲裁员，第 3 名仲裁员由当事人共同选定或者共同委托仲裁委员会主任指定。第 3 名仲裁员是首席仲裁员。

(2) 独任仲裁庭。当事人约定 1 名仲裁员成立仲裁庭的，应当由当事人共同选定或者共同委托仲裁委员会主任指定仲裁员。但是，当事人没有在仲裁规定的期限内约定仲裁庭的组成方式或者选定仲裁员的，由仲裁委员会主任指定。

仲裁员有下列情形之一的，必须回避，当事人也有权提出回避申请：
① 是本案当事人或者当事人、代理人的近亲属；
② 与本案有利害关系的；
③ 与本案当事人、代理人有其他关系，可能影响公正仲裁的；
④ 私自会见当事人、代理人，或者接受当事人、代理人的请客送礼的。

当事人提出回避申请，应当说明理由，在首次开庭前提出。回避事由在首次开庭后知道的，可以在最后一次开庭结束前提出。

2．开庭和审理

仲裁应当开庭进行，当事人可以协议不开庭。当事人应当对自己的主张提供证据。仲裁庭认为有必要搜集的证据，可以自行搜集。证据应当在开庭时出示，当事人可以质证。当事人在仲裁过程中有权进行辩论。

仲裁庭可以作出缺席裁决。

有关"翻案"的相关说法

3．仲裁中的和解与调解

当事人申请仲裁后，可以自行和解。达成和解协议的，可以请求仲裁庭根据和解协议作出裁决书，也可以撤回仲裁申请。当事人达成和解协议，撤回仲裁申请后反悔的，仍可以根据仲裁协议申请仲裁。

仲裁庭在作出裁决前，可以先行调解。当事人自愿调解的，仲裁庭应当调解。调解不成的，应当及时作出裁决。调解达成协议的，仲裁庭应当制作调解书或者根据协议的结果制作裁决书。调解书与裁决书具有同等法律效力。调解书经双方当事人签收后，即发生法律效力。在调解书签收前当事人反悔的，仲裁庭应当及时作出裁决。

4．仲裁裁决

仲裁裁决应当按照多数仲裁员的意见作出，少数仲裁员的不同意见可以记入笔录。仲裁庭不能形成多数意见时，裁决应当按照首席仲裁员的意见作出。裁决书自作出之日起发生法律效力。

裁决书的效力如下。

(1) 裁决书一裁终局，当事人不得就已经裁决的事项再申请仲裁，也不得就此提起诉讼。

(2) 仲裁裁决具有强制执行力，一方当事人不履行的，对方当事人可以到法院申请强制执行。

(3) 仲裁裁决在所有《承认和执行外国仲裁裁决公约》缔约国(或地区)可以得到承认和执行。

8.3.3 仲裁裁决的执行

1. 仲裁裁决的强制执行力

《仲裁法》规定,仲裁裁决作出后,当事人应当履行裁决。一方当事人不履行的,另一方当事人可以依照民事诉讼法的有关规定,向人民法院申请执行。

申请仲裁裁决强制执行必须在法律规定的期限内提出。

根据《民事诉讼法》第二百三十九条的规定,申请执行的期间为两年。申请执行时效的中止、中断,适用法律有关诉讼时效中止、中断的规定。

申请仲裁裁决强制执行的期限,自仲裁裁决书规定履行期限或仲裁机构的仲裁规则规定履行期间的最后1日起计算。仲裁裁决书规定分期履行的,自规定的每次履行期间的最后1日起计算。

2. 仲裁裁决的不予执行

根据《仲裁法》和《民事诉讼法》的规定,被申请人提出证据证明裁决有下列情形之一的,经人民法院组成合议庭审查核实,裁定不予执行:

① 当事人在合同中没有仲裁条款或者事后没有达成书面仲裁协议的;
② 裁决的事项不属于仲裁协议的范围或者仲裁机构无权仲裁的;
③ 仲裁庭的组成或者仲裁的程序违反法定程序的;
④ 认定事实的主要证据不足的;
⑤ 适用法律确有错误的;
⑥ 仲裁员在仲裁该案时有索贿受贿、徇私舞弊、枉法裁决行为的。

仲裁裁决被法院依法裁定不予执行的,当事人就该纠纷可以重新达成仲裁协议,并依据该仲裁协议申请仲裁,也可以向法院提起诉讼。

素质提升

参 考 文 献

[1] 王维，代莎莎. 建设工程法规[M]. 北京：清华大学出版社，2018.
[2] 祝连波. 建设工程法规[M]. 北京：中国建筑工业出版社，2018.
[3] 全国一级建造师职业资格考试用书编写委员会. 建设工程法规及相关知识[M]. 北京：中国建筑工业出版社，2020.
[4] 胡六星，肖洋. 工程建设法规教程[M]. 北京：清华大学出版社，2019.
[5] 鲁正. 建设工程法规[M]. 北京：机械工业出版社，2018.
[6] 全国二级建造师职业资格考试用书编写委员会. 建设工程法规及相关知识[M]. 北京：中国建筑工业出版社，2020.